EDUA GONZÁLEZ

ESTA ES SU HISTORIA

D<small>ANIEL</small> G<small>ONZÁLEZ</small>

ISBN 979-8-88644-408-7 (Edición de bolsillo)
ISBN 979-8-88644-409-4 (Digital)

Covenant Books
11661 Hwy 707
Murrells Inlet, SC 29576
www.covenantbooks.com

INTRODUCCIÓN

RECORDANDO A EDUARDO Y COMO IMPACTO SUS VIDAS

Esteban González:

¿Como resumir la vida de un padre como fue el mío, que a pesar de fallecer a los 60 años, vivió más de lo que muchos podríamos vivir en cien? Un padre que no solo tuvo siete hijos biológicos, sino que también tuvo muchos hijos espirituales a los cuales impactó con su testimonio y poderosas predicaciones. La vida no siempre resulta como la planificamos, y aunque la de mi padre dio muchos giros inesperados, sé que fue mucho mejor de lo que él se imaginaba que podría haber sido. Él tuvo unos inicios muy humildes en un pequeño ranchito en Montevideo, la capital de un país también pequeño, y que luego comenzó a recorrer y a predicar por varios países alrededor del mundo, y que terminó haciendo a Guayaquil, Ecuador su hogar. Allí precisamente se hizo conocido gracias a su incursión en el mundo de la televisión y gracias a su famosa frase: "Esto ya es historia", con la cual despedía el noticiero que él presentaba. Recuerdo recorrer muchas veces las calles junto a él y ver cómo la gente se le acercaba y le repetía su célebre frase. Algunos ni se acordaban de su nombre, pero lo recordaban como: "Historia". Cuando le pregunté un día ¿cómo se le había ocurrido esa frase?, él me dijo que cuando estuvo en Estados Unidos había un periodista que admiraba, el cual siempre terminaba su noticiero con una misma frase, así que mi papá decidió cuando él ya fue informativista, inventar una frase para utilizarla siempre como el cierre del informativo. Mi padre fue creciendo en el mundo del periodismo en Guayaquil, comenzando como traductor, hasta llegar a ser el anchor principal del noticiero de las 7 p. m. en TC Televisión, uno de los noticieros más vistos en esa época. Pero para poder comenzar con esta historia y contestando la pregunta que hice al inicio de este párrafo, me gustaría empezar por el final.

Recuerdo con mucha claridad la mañana del jueves 20 de agosto del 2015, cuando mi hermano me fue a buscar a mi cuarto diciéndome que mi papá estaba tirado en el piso sufriendo nuevamente un infarto cerebral. Sabíamos que era un infarto porque habíamos vivido el mismo episodio cinco años atrás, en esa ocasión, entre todos logramos cargarlo y llevarlo al hospital, y una vez allí, estuvo en cuidados intensivos por varios meses. Esa vez, él nunca había dejado de respirar, esta mañana fue diferente porque él ya no respiraba, tuvimos que llamar al 911; mientras le dábamos respiración boca a boca y seguíamos las instrucciones de la operadora que se mantuvo en línea mientras esperábamos que llegara la ambulancia. Después de unos eternos veinte o treinta minutos finalmente llegaron, pero enseguida nos dijeron que tenía rato de fallecido y que no había nada que podían hacer. Fue un duro golpe, ya que durante esos cinco duros años donde mi papá siempre sacó a relucir su auténtica garra charrúa, habíamos vivido muchos triunfos en su recuperación. A pesar de que los médicos pronosticaron que iba a quedar como un vegetal y que no iba a poder reconocer a nadie; mi papá salió del hospital reconociendo a todos. El lado derecho de su cuerpo estaba paralizado y no podía hablar, pero no había duda de que su mente estaba intacta. Salió del hospital en silla de ruedas, pero gracias a muchas horas de terapia física y repeticiones de movimientos en la piscina, poco a poco empezó a tener movilidad en la pierna derecha, lo cual le permitió llegar a moverse por su propia cuenta con la ayuda de un bastón. Pero ahora, a pesar de todo el esfuerzo, habíamos perdido a nuestro guerrero, perdimos a aquel que nos dejó el legado de nunca darse por vencido luchando hasta el final, y a estar agradecidos con la vida a pesar de los golpes que esta nos pueda dar.

Decidí comenzar por el final, porque su lucha fue una de las lecciones más grandes que me dejó mi papá. Su cuerpo y su capacidad de comunicarse verbalmente estaban quebradas, pero no su espíritu. Por cinco años se levantó cada día decidido a recuperarse y a seguir adelante. No se ocultó nunca, ni vio su incapacidad como algo de lo cual avergonzarse. Lo recuerdo siempre sonriendo y luchando por su recuperación. Fueron cinco años que disfruté y aprendí mucho a su lado, ya que ese fervor y ganas de seguir viviendo, me enseñaron a que nuestros límites jamás deben ser un impedimento para seguir avanzando. Mi padre disfrutaba mucho de sus salidas, y cuando le pedían para entrevistarlo y hacerle seguimiento de sus avances, él siempre estaba feliz de que las cámaras llegaran a nuestra casa. Creo que él entendía que su lucha y su enfermedad eran la manera que tenía de continuar predicando. Es que, a partir del 2000, mi papá comenzó a involucrarse nuevamente en la iglesia y se reconcilió con el Señor después de estar años apartado. Tanto fue así que ya volviendo a ser pastor y cuando predicaba utilizaba su propio testimonio cada vez que tenía la oportunidad. Y ahora que no podía hablar, su enfermedad y la forma como la enfrentó era la predicación que Dios usaba para llegar a muchas personas que veían en él una fuente de inspiración en medio de sus tormentas personales. Mi papá fue un excelente predicador, y lo podrán verificar las miles de personas que escucharon alguna de sus predicaciones con su poderosa y fuerte voz. Pero por más buen predicador que fuera, nada superaría esos cinco años donde sin decir una palabra, pudo predicar con su ejemplo. Ahora cuando me preguntan: "¿Cuál fue la lección más importante que he aprendido en mi vida?", siempre hago referencia al ejemplo de mi padre y a sus ganas de salir adelante a pesar de las dificultades y de la adversidad.

Esto no es tanto una biografía sobre mi papá, sino simplemente una serie de recuerdos que tengo de él y de cómo impactó mi vida. Por eso no podía comenzar de otra manera que no fuera por el final, ya que fue en ese tiempo que recibí de él mi más grande legado, ese ejemplo de vida que nos dejó a todos. Es verdad que tengo muchísimos recuerdos junto a él, y lo recuerdo como un hombre activo con una capacidad de comunicar con sus palabras de una forma muy efectiva;

pero siempre me quedaré con esa lección de predicar sin decir nada, sino con su ejemplo para luchar contra las dificultades sin rendirse jamás. En esos cinco años tuve la oportunidad de acercarme mucho más a él y realmente sentir que le estaba pudiendo devolver un poco de lo mucho que él me había dado. Me sentí con propósito, creyendo que estaba en el lugar indicado para poder ayudarlo. Pero terminó siendo él quien una vez más me ayudó al mostrarme una lección de vida la cual impactó mi corazón, y con esa lección, él me dio más de lo que yo le pude dar.

Otro recuerdo que tengo de él y que marcó mucho mi vida, sobre todo mi adolescencia, fue el día que se fue de casa. Quizás nos guste recordar los momentos lindos, pero es importante, creo yo, reconocer tanto lo positivo como lo negativo, y de mi padre aprendí que aun reconociendo que cometió muchos errores, pero que supo reconocerlos y pedir perdón. Cuando yo tenía nueve años, él se fue de mi casa, dejándonos a mí, a mis dos hermanos y a mi madre embarazada, porque él se enamoró de otra mujer. Claro que un niño de nueve años no entiende, y por más que le digan que no tiene la culpa de nada, crece con ese sentimiento de rechazo o de pensar que algo mal habría hecho.

Eran otros tiempos y la comunicación no era tan sencilla como lo es ahora, pero dentro de todo mi padre intentó mantenerse en contacto con nosotros, y siempre trató de darme ese cariño que yo tanto necesitaba, la distancia no ayudó, pero reconozco que él lo intentó. No fue hasta los doce años cuando mi madre encontró una carta personal que yo había escrito sobre mi necesidad de tener a mi papá cerca, que ella decidió llevarme a Ecuador para que pudiera pasar mis vacaciones con él. Mi tío, el que ahora está escribiendo este libro, creo que pagó mi pasaje para que yo pudiera sorprender a mi papá. Recuerdo que llegamos a Guayaquil y nos quedamos en un hotel; y cuando prendimos la tele, justo ahí estaba mi padre como reportero haciendo una nota. ¡Mi madre me llevó al canal y allí lo sorprendimos! Fue un encuentro maravilloso y desde ahí mi relación con papá cambió completamente. A partir de ese viaje, prácticamente viajé todos los años a visitar a mi padre. Lo acompañaba a su trabajo y pasábamos todo el día juntos. Me encantaba pasar tiempo con él en el canal y ver su pasión y amor por lo que hacía. Aprendí mucho, disfruté mucho y poco a poco Dios fue sanando las heridas que yo tenía. Me ayudó mucho el ver que mi padre sí me quería y estaba orgulloso de mí.

Nunca me iba a imaginar que la primera predicación que recuerdo de mi padre cuando yo todavía era niño, fue sobre el hijo pródigo, una prédica que iba a terminar siendo un fiel reflejo de lo que fue la propia vida de mi padre. Antes de incursionar en el mundo de la televisión, mi padre fue misionero en Ecuador, y allí pastoreó varias iglesias. Recuerdo mucho en mi infancia cómo él viajaba bastante a diferentes países predicando. La noche de la primera predicación que recuerdo de él, era una especia de campaña al aire libre, y allí escuché por primera vez el relato del hijo pródigo. Recuerdo haberme impactado por la historia de este hijo que había hecho tantas cosas terribles, pero que decidió regresar a su casa y se encontró con el abrazo de un padre amoroso y misericordioso. Yo esperaba que este hijo fuera castigado. Yo solo tenía seis o siete años, pero la manera en que mi padre narró la historia, me impactó. Esa historia lo identificaba con lo vivido por él, y él siempre me repetía aun cuando estuvo alejado de la iglesia: "Esteban, por más que pienses que sabes de la misericordia de Dios, esta es mucho más grande de lo que te puedas imaginar". La misericordia de Dios fue la segunda gran lección que aprendí de mi padre. Décadas después se reconcilió con Dios y retomó su llamado a predicar y volvió a impactar vidas. En el 2000 se fue a un encuentro, y cuando regresó, llamó a mi mamá y le pidió perdón por haberla abandonado. Él ya tenía su familia y nosotros todos teníamos una excelente relación con su esposa e hijos; incluso habíamos pasado una Nochebuena todos juntos; pero, aun así, él sintió la necesidad de pedirle perdón. Dios restauró la vida de nuestras familias a través de su misericordia.

Mi padre fue una persona que tuvo una increíble pasión por Dios y por predicar el evangelio; y por eso me gusta compararlo mucho con la historia de David, el rey con el corazón conforme al de Dios. David fue un hombre que cometió muchos errores, pero la diferencia estuvo en que supo reconocer su pecado y no esconderle nada a Dios. Mi papá tuvo una actitud muy similar, a pesar de sus errores, reconoció siempre sus fallas y las usó para poder impactar otras vidas. Muchas de sus predicaciones fueron un testimonio de lo que él había hecho y cómo la misericordia de Dios lo había alcanzado. Mi padre nunca se presentó como una persona pura y perfecta. Los que lo conocíamos sabemos que tuvo sus fallas y un temperamento muy fuerte y explosivo, pero al mismo tiempo, él dejó obrar a Dios en su vida y se humilló delante de Dios, y la misericordia de Dios se reflejó en todo lo que hacía o decía. También fui experimentando de cerca todo el cambio que Dios fue realizando en su carácter.

Para cerrar mi pequeña reflexión sobre los recuerdos que tengo con papá, me gustaría contar sobre el tiempo que pude vivir con él al terminar yo la universidad. Mi plan siempre fue quedarme en Estados Unidos una vez que terminara los estudios, pero a las semanas de mi graduación, recibí una llamada de él contándome que había tenido un infarto. Hice las maletas y viajé enseguida a Ecuador; nunca me imaginé que después pasaría cerca de quince años viviendo en ese hermoso país. Lo que comenzó como una pequeña vacación, terminó siendo una etapa donde pude aprovechar a mi padre y recuperé esos años que había perdido de niño. Pude estar cerca viendo el cambio que Dios realizó en su vida y en la de su familia, y también ver como combinaba su éxito en la televisión con su llamado pastoral. Mi padre supo dedicarle su tiempo a Dios a pesar de todas las responsabilidades como periodista. Fue una persona muy activa y pese a eso, nunca rechazaba invitaciones para compartir su testimonio en diferentes iglesias, y sin descuidar su labor periodística. Otro de los grandes legados que me dejó mi papá fue ese sentido de responsabilidad hacia su trabajo, su familia y hacia Dios. No importaba lo cansado que pudiera estar, él seguía aceptando invitaciones, ya que él disfrutaba de poder compartir el mensaje de Dios. A veces nuestros trabajos y familia nos quitan tiempo y nos olvidamos de servir a Dios usando los dones y talentos que Él nos ha dado. Mi padre fue un vivo ejemplo de cómo poder balancear todos esos aspectos en su vida.

Esta breve reflexión no le hace justicia a todo lo que aprendí de mi padre, pero es una pequeña muestra de lo grande que fue y del gran legado que dejó en mi corazón. Lecciones de vida que sé que servirán para muchos, ya que de eso se trata la vida, se trata de continuar haciendo historia y dejando legados en las siguientes generaciones.

¡Gracias, papá!
Esteban González.

La noticia del día, desde dentro del canal.

Por Ana:

¡La mañana en que recibimos la noticia ya en el set se habían enterado de que Eduardo González había sufrido un ACV (ataque cardiovascular), el estudio se enmudeció, nos miramos, y a más de uno se nos llenaron los ojos de lágrimas, teníamos que salir al aire y no sabíamos cómo hacerlo!

Eduardo emprendía una nueva lucha por su vida, su esposa Lorena, sus hijos, su familia en general, y el país entero se puso en oración; los médicos no daban mucha esperanza, pero Dios sí, ¡y era a quien clamábamos, y Él lo volvió a hacer, lo levantó!

Durante todo ese tiempo lo visité varias veces a su casa; al comienzo casi ni hablaba, había perdido mucho peso, pero su sonrisa siempre estuvo intacta, y es como lo recuerdo. En alguna de mis visitas, le hice prometer que apenas pudiera caminar, lo primero que haría sería ir al canal a visitarnos, y que cuando lograra hablar, dijera mi nombre, ¡ambas cosas las cumplió! Me parece oírlo decir: "¡A…N…A!". Así que le puse un nuevo desafío, tenía que decir mi apellido: Buljubasich, y él se pegó una carcajada que nunca olvidaré.

Junto a Lorena organizamos su visita al canal; convoqué a todos los compañeros para con ellos hacerle una calle de honor. El programa sería en vivo; los pasillos del canal lo esperarían con una alfombra roja y él no tenía que saberlo. ¡Y así fue, mágico y emotivo! Eduardo con Lorena, algunos de sus hijos llegaron a TC Televisión, y apenas puso un pie en las instalaciones, los compañeros de todos los departamentos empezaron a aplaudirlo. Se emocionó tanto, recuerdo cómo temblaba, sus manos frías y una sonrisa que le iluminaba su rostro. Caminó despacio, reconociendo y saludando a cada uno de sus compañeros de tantos años, fue sencillamente maravilloso, perfecto. Ese día los televidentes hicieron explotar los teléfonos mandándole bendiciones y saludos desde todos los rincones del país. Se quedó con nosotros todo el programa y se lo dedicamos a él.

Cuando las luces se apagaron, Eduardo no quería irse, así que le pidió a Lorena que lo llevara a cada una de las oficinas para orar con cada compañero.

Podría contar muchas anécdotas más, hablar sobre los cientos de casos sociales en los que él y yo nos metimos las manos a los bolsillos hasta contar monedas y poder sumar para alguna de esas causas, o la intimidad de llamadas que hicieron pidiendo ayuda para diferentes causas, eso queda en nuestro corazón.

Eduardo fue un hombre bueno, bueno de verdad, él siempre encontró la forma de sembrar, y jamás desperdició una charla sin hablarnos de Dios y de su amor. Fue el hermano de todos y el ejemplo vivo de que la fe mueve montañas.

Ana Buljubasich.
Directora y Presentadora de: "A la Mañana".
Programa diario (lunes a viernes) por TC Televisión.

Eduardo González:

¿Cómo lo conocimos? Recuerdo que cuando estábamos jóvenes y éramos parte del templo Alianza ubicado en Quito y Primero de Mayo en Guayaquil, lo vimos por primera vez entrando al templo en la noche y sentarse en una de las bancas de atrás, pues esperaba su participación en el noticiero nocturno de Canal Cuatro, hoy RTS; solo lo conocíamos de vista.

Pasaron los años de nuestra juventud y nos unió el Ministerio Pastoral y su labor dentro de la Iglesia Galilea, él era parte del Equipo Pastoral de Neyo Pin, Pastor Principal, y nos fue presentado de esa manera; tras recibir un fuerte apretón de manos, desde ese momento pudimos conocerlo más profundamente y ya cada apretón de mano terminaba en un abrazo. Y hasta donde el Ministerio nos lo permitía y si no nos veíamos en alguna asamblea o programa especial; siempre estuvo a las órdenes con los "Hombres Fieles" que presidía su tocayo El Ñato García. Y estuvieron varias veces en Lomas de Sargentillo, siempre predicando al aire libre, en el estadio o en la calle. Eduardo es un excelente predicador y todo el grupo ayudaba con la "Caravana Médica".

No era de esos predicadores inaccesibles que no aceptan invitaciones a pueblos pequeños como el nuestro; y hasta recuerdo haberlo encontrado predicando en un lugar más pequeño que Lomas de Sargentillo, en Perillo. Ya creada la amistad, le invitamos a la celebración de nuestros cuarenta aniversarios, donde él terminó orando por nosotros. Eso fue en el año 2000, recuerdo que en la predicación él comenzó bailando el paso de Michael Jackson en "Moon Walk"; fue increíble. Después fuimos a comer unas deliciosas chuletas a un restaurante, ¡y cómo le gustaba comer! Y así feliz, salió para Guayaquil.

De allí tuvimos la bendición de ser parte del Comité Pastoral de Distrito y con Eduardo como nuestro presidente; fueron lindos años que compartimos con él, recuerdo que siempre era amiguero y le gustaba invitarnos a su casa de la playa, y allí disfrutamos momentos inolvidables y de estrecha comunión. Siempre llevaremos en alto su amistad y nos enorgullecía que nos preguntaran si éramos amigos del famoso Eduardo González, y era un gozo poder decir que: sí éramos amigos de Eduardo González.

Tengo un recuerdo más que fue algo que nunca hubiera esperado, viajamos por separado a Guatemala a un Congreso de "Casa de Dios" con el famoso predicador Cash Luna. Yo no sabía que él iría, pero fue lindo encontrarnos allá, él estaba con el Pastor Tomalá de Palmar. Yo había ido con lo justo, y mi esperanza era poder alojarme en alguna casa de algún hermano, pero me tocó hospedarme en un lugar muy bonito y acogedor, pero me dejó hasta sin dinero para la alimentación, yo estaba con un amigo de Ecuador, y él me ayudaba en lo que podía, pero yo no quería abusar. El primer día nos vimos con Eduardo y nos saludamos, fue una sorpresa encontrarlo allá. Yo solo oraba confiando en que, si Dios me había llevado hasta allí, él me proveería para todo lo que me faltara, pues quería hasta comprar el libro del Pastor Cash Luna. Amaneció y yo me preparé para recibir lo que el Espíritu Santo tenía para mí, en eso alguien se me acercó por atrás y me dio unos golpecitos en mis hombros, era Eduardo, él me dijo: "¡Dios me mandó que te diera esto!", y puso en mis manos un billete de cien dólares. Nos abrazamos y lloramos juntos, él también era llorón como yo, por eso me precio de ser su amigo, no por lo que recibí de él, sino por el ejemplo de sensibilidad a la voz de Dios, ¡algo que solo hace un *siervo de Dios*!

En las vísperas de su cumpleaños lo tuvimos en Lomas de Sargentillo por última vez, predicó su hermano Ricardo; estaba también Silvita, su esposa Lorena. Y aunque Eduardo no podía hablar a causa de su enfermedad, pero seguía teniendo su sonrisa y su abrazo fuerte, y aunque no había recuperado del todo su voz, con sus sonidos y gestos nos hacía comprender que nos amaba como familia más que amigos y consiervos. Hermanos del alma que el camino de Dios nos permitió conocernos y compartir tantos momentos para su gloria y para la historia que aún continúa.

Gracias Daniel por sacarme unas cuantas lágrimas al escribir sobre nuestro hermano Eduardo.

Samuel y Verónica Reyes.
Iglesia Alianza Betel.
Lomas de Sargentillo.

Tiempo feliz con mi doblemente tío.

Cristina González Armstrong:

La historia comienza así…, al menos mi historia: Cuando nací, y más allá de la que oficialmente se realiza en la sala de parto, la que a mí me quedó marcada como mi medida, fue la que me hizo mi tío Eduardo…sé que mi largura era la medida de dos de sus manos. Con una mano me sostuvo y con la otra me midió; puso su dedo en mi cabeza y abriendo bien su enorme mano, la estiró hasta llegar con su último dedo a mi pancita, y reajustando su muñeca, siguió la mano de Eduardo desde mi panza hasta mis piecitos. Así siempre supe que mi estatura al nacer era justo "dos manos de mi tío Eduardo".

¡Durante mis primeros tiempos de vida, mi tío estrella me llevó a conocer su mundo! Recorrimos juntos su rincón famoso en California, las playas, Disneyland y los Estudios Universal. Nos llevó en un tour para ver las casas en las cuales vivían los artistas famosos. Participó viéndome dar mis primeros pasos y fue justo en la vereda del "Paseo de las Estrellas" y la entrada al Teatro donde se entregaban los premios Oscar de la Academia de Hollywood que a mí se me dio por empezar a caminar solita. Así que siempre me sentí como la estrellita predilecta. ¡Su vida seguiría siempre al tanto de la mía, así como la mía seguía a los compases de la de él!

La primera sospecha de estar embarazada de mí que tuvo mi madre fue en Ecuador...mis padres habían ido allí a realizar por unos meses un trabajo misionero que sería luego el que desarrollarían por años mis tíos Eduardo y Beverly. Pero para el tiempo que yo nací en Texas, Eduardo y Beverly vivían allí sin imaginarse que su llamado un día sería para ir a Ecuador, ellos eran la única parte de la familia que vivían cerca de nosotros. Mis primeros meses de vida, Eduardo estaba a mi lado todos los días en mi casa, y serían esos meses, los últimos en los que viviríamos juntos en un mismo país. Desde entonces cada uno de mis pasaportes llevaban marcados viajes a Ecuador.

Mis padres se mudaron a Uruguay, y unos años después, Eduardo y Beverly recibieron la invitación para ir a Ecuador. Para mí fue precioso estar en Uruguay rodeada de mi familia González y por unos años más, disfrutar junto a mis abuelitos Armstrong que todavía eran misioneros en Uruguay y ya próximos a jubilarse. Y cuando ellos se jubilaron, el va y viene se hizo casi normal, y visitábamos a mis abuelos en Estados Unidos y a Eduardo y Beverly en Ecuador.

Desde entonces, comencé a entender cómo era de querido Eduardo y de cómo lo quería yo. ¡Me di cuenta de que no solo era tío porque se casó con la hermana de mi mamá, sino que también era tío por ser el hermano de mi papá! ¡Recuerdo esa sorpresa como un descubrimiento asombroso que me hizo sentir doblemente feliz! ¡Siempre y desde ese descubrimiento sentí que él sería la persona que me quería de una forma tan especial y cercana sin importar lo lejos que pudiéramos estar! Lo más precioso era que mi vida estaría llena de esas dobles alegrías cuando se tratara de Eduardo. Aprendería lo mucho que me quiso desde siempre, y compartiría conmigo todo lo que a él más le gustaba, en especial disfrutaba de revivir conmigo momentos del pasado y divertirse pensando en volver a disfrutar el estar conmigo, aunque fuera de forma momentánea. Todo, desde su risa y sus abrazos, la felicidad de estar juntos y viajar a sitios donde él me había llevado de bebé y de niña, hacían relindos y especiales esos encuentros con él. Él siempre parecía desbordarse de felicidad al estar conmigo, y lo mismo me pasaba a mí al estar con él. ¡Me conversaba sobre "estrellas" de la música y aún más sobre "estrellas del cine", me decía frases que venían a su mente…desde el beep beep del "corre caminos", o el cuack cuack del "Pato Donald"…Desde "hasta la vista baby", al grito de "Good morning Vietnam!". Los dos nos reíamos y disfrutábamos de sus imitaciones. Le gustaba todo, especialmente las películas de humor y le fascinaban las de acción como las de "Rambo" o "Rocky" con Sylvester Stallone o las de Arnold Schwarzenegger…y yo lo fui identificando a él con ciertos actores como Robin Williams y Mel Gibson, y más cuando me fui enterando de que a él también le gustaba identificarse con ellos. Mientras ellos actuaban en varias películas que se asemejaban a mi tío Eduardo, la vida de mi tío no eran actuaciones, ¡pero sí su vida era de película! ¡Él desarrolló su historia, amó la vida y desafió los imposibles! ¡Ellos serían "estrellas" para él, pero él era "estrella" para mí!

Un día cualquiera…llaman a la puerta de mi casa en Uruguay…fuimos a abrir y nos encontramos con la inesperada visita de Beverly…¡qué alegría!, mi madre la abraza…pero…¿venía acaso sola?…Eduardo, el de la idea bromista estaba escondido… mirando las maletas era evidente que él había venido también, así que la pregunta por Eduardo, no se hizo esperar…y a pura carcajada apareció él…¡qué manera de hacerse querer!, con su risa fuerte y sus abrazos saltó de la nada y nos sorprendió. ¡Qué momento hermoso e inolvidable! ¡Una vez más me di cuenta lo doblemente feliz que yo era con mi tío Eduardo!

Mis primeros recuerdos que tengo de Ecuador son de viajes para ir a visitar a mis tíos en Guayaquil y Quito. Él estaba siempre muy ocupado en el ministerio, así que mi recuerdo es el de tener que esperar y esperar en su casa o ir al Seminario a buscarlo y también esperarlo allí. Pero esas esperas desaparecían cuando él venía y cargándome en sus brazos me llevaba de un lado a otro.

Ojalá que cada lector lo mantenga presente a Eduardo y anhele volverlo a ver…Eduardo González es el recuerdo que hoy vive en el más allá…y nos ha dejado con un saludo de "hasta pronto" y una visión de esperanza y fe…pero, es Nochebuena…y como tantas otras veces esperé por Santa Claus o me encontraba feliz porque estaba Eduardo…me encuentro en esta, sola escribiendo sobre el impacto de la conexión que había entre mi tío y yo. Muchos piensan que los últimos años que Eduardo estuvo con nosotros fue por compasión de Dios. Para mí, cuando Eduardo tuvo su infarto en el 2010, lo encontré como que en ese tiempo él llegó a la perfección. Antes había sido un hombre obstinado con hacer un ministerio, pero ahora Dios hizo en él un trabajo restaurativo, Eduardo se quedó sin habla y sin un ministerio activo, pero Dios lo siguió usando igual, lo perfeccionó en su ser y vida y fue instrumento de Dios hasta su último día, y lo sigue siendo hoy. Y ocurrió que en una visión o sueño, aparecí de pronto atestiguando en el juicio de él, y hablé diciendo que ninguna falta hallaba yo en él, pedí, por lo tanto, a Dios, que le concediera a Eduardo lo que él le pidiese. ¡Al instante escuché el deseo y la felicidad de Eduardo que era volver a estar en nuestro medio! ¡Mañana celebraré la Navidad pensando en el amor de Dios que dejó todo para venir a nacer como uno de nosotros y ser como uno de nosotros con el fin de proveernos vida eterna junto a Él! ¡Me alegraré de saber que conocí también del amor de Eduardo y que fue por ese amor que estando a las puertas del paraíso, prefirió estar junto a su Ecuador! La familia, amigos y el país entero se alegró en gran manera y dio gracias a Dios. ¡Yo le agradezco a Eduardo por regresar y a Dios por concederle la petición a él, y me alegro por todos nosotros!

Yo no llegaría a verlo desde entonces, ya van diez años sin verlo, pero siento su presencia, su risa, sus abrazos. La distancia y el desencuentro de las oportunidades que no coincidieron desde aquel día de mi visión hasta que volvió a quedarse en el cielo no me permitieron verlo físicamente. Su partida me dolió insoportablemente. Igual, esos para mí fueron sus mejores años, el ser le brillaba de forma profunda, no podía expresarse como él quería, ¡pero irradiaba amor y alegría!

Esta vez nadie me llamó, nadie me avisó, ¡nadie estuvo conmigo para llorarlo! ¡Me enteré leyendo un comentario en el Facebook…cerré mi computadora y no la volví a abrir! Estaba conmigo mi hija quien despertó esa mañana sin saber lo sucedido y toda feliz me anunció que era un día especial, un día de gozo y celebración. Sin decirle nada, pensé que quizás ella también tiene esa conexión especial que yo tenía con Eduardo. Y ya sabiendo la noticia, ella me dijo ante lo que había pasado: "Hay que estar feliz"…y con esas palabras me hizo recordar a las muchas veces que Eduardo me había dicho lo mismo. Pensé: "¡Ya no sufre más!", y recordé cómo justo esa noche trasnoche y él pensó en mí y me saludó. Me acosté a dormir y en silencio dije: "Sé que sigues estando conmigo…aunque me sienta sola y sufriendo de amargura, sé que estás aquí". De forma repentina, en ese momento apareció una luz blanca resplandeciente junto al costado de mi cama. Con un suspiro de alivio le dije: "Ay, Eduardo, estás acá!".

No sé qué sucedió desde entonces porque el sueño que no conseguía me llegó. Pero desde ese momento, así como siempre lo presencié en la vida, lo vi ahora en el más allá. Se encontraba sobre su propia playa. Su postura más perfecta que nunca, con su distinguida forma atenta de ser; parecía confiado y profundamente feliz. Me fue mostrando su playa de una inigualable belleza…recorría la orilla caminando sobre una arena blanca y suave como talco…y las olas hermosas de un mar celeste cristalino parecían llegar suavemente a recibirlo acariciando sus pies. Él no baja su mirada, sabe que lo veo. Así como siempre tan fundido su ser en aliento compañero, pero esta vez le noto su satisfacción completa, su paz. Su postura y vista están fijas en mí…mientras que lo percibo, me dice que sabe que lo veo y que sigue conmigo y aunque yo no siempre pueda verlo, él sí me ve. Como quien mira en un espejo, él ve su reflejo, para su lado es solo un vidrio donde puede verme hasta el alma. Lo observé correr y divertirse…parece esperar por algo, se le nota esa expectativa de niño esperando algo…mira el horizonte seguramente esperando por la llegada de sus seres queridos, como quien espera un crucero que nos arrime a su playa paradisiaca, ahí está, te veo, estás esperando… su mensaje es que: ¡Está esperándonos!

Me lleva en la actualización de esta visión el mismo sentir que describe al palpar esa misma emoción por Eduardo, mi hijo Cristian publica su versión musical referente a Eduardo. Si gustarían podrán encontrarlo en YouTube, "Another Life" conjunto Abstract Horizons.

"I know I'm going to see you again in Another Life!

I know there's no need to be sad, you made me who I am, who I am!"-

(¡Porque sé que volveré a verte nuevamente en otra vida!

Yo sé que no hay necesidad de estar triste, tú me hiciste quien yo soy, ¡quién soy yo!).

Parte de esa canción escrita por mi hijo Cristian Andrew Betts González.

¡Ya voy tío!
Cristina Susana González Armstrong.

CAPÍTULO UNO

UN SUPUESTO "GOLPE" QUE AFECTÓ A EDUARDO GONZÁLEZ

Aún hoy, varios años después de sucedido, la discusión de si fue un real intento de "Golpe de Estado" o si fue todo un montaje creado para impactar a la sociedad ecuatoriana, sigue vigente. Lo real fue que afectó muy profundamente a Eduardo. ¿Que no tendría que haberlo afectado?, sí, pero lo afectó. Y más allá de ser un profesional integro e imparcial, Eduardo se tomaba las cosas muy en serio y las vivía intensamente. En casos como el de Eduardo, los uruguayos solemos decir que: "¡se toma las cosas demasiado a pecho!". Él amaba al Ecuador tanto como al Uruguay, y le afectaba lo que sucedía en el país. Para el que había tomado la vocación de ser periodista, le dolía en lo profundo de su corazón y su sistema físico y emocional, el constante asedio y control que ejercía el gobierno de Rafael Correa en contra de los medios de comunicación y con los comunicadores. Parecía que, para Correa, uno de "los enemigos del pueblo" eran gran parte del periodismo, así que estableció contra medios y periodistas, un severo control que limitaba su derecho a informar. Creo la figura del "interventor" con la cual a los medios "intervenidos" se asignaba una persona a la cual se le debía entregar por escrito antes de informar, todo lo que iba a decir. Ese control le resultaba incómodo a Eduardo que solía hablar más con el corazón que con lo estructurado para informar.

1

Le resultaba incómodo el tener que llevar al escritorio del interventor, cada día antes del informativo, las hojas escritas de lo que iba a informar, y tenía que esperar que se aprobaran o se le notificara las líneas "que no podía usar". Para una persona con el carácter explosivo como el de Eduardo, la situación a veces era más que incómoda, era más bien insoportable y decidió renunciar a su trabajo como informativista. Y ya para cuando sucedió esa revuelta confusa y rara, Eduardo no estaba a cargo del noticiero, así que transmitió en vivo desde la internet, todo lo que estaba sucediendo en las calles. Su transmisión fue más que nada para una audiencia numerosa de creyentes, los cuales, sin entrar en temas políticos, les preocupaba la situación de su país y del propio presidente Rafael Correa. Al ser por internet, desde Kansas yo seguí la transmisión de Eduardo, solo como escucha y con el afán de estar enterado de lo que estaba pasando. Eduardo se limitó totalmente a informar y nunca dio una opinión y tampoco lo hacían las personas que participaban, más bien se apoyaban unos a otros pidiendo oración por la situación.

Como Ecuador me quedaba en camino de mis vuelos, ya fuera a mis reuniones o actividades del Concilio Mundial de Jóvenes (JNI por sus siglas de Juventud Nazarena Internacional), o por mis viajes de vacaciones a Uruguay cuando yo ya vivía en Estados Unidos; como fuera siempre veía de arreglar para pasar unas semanas en Ecuador. Mi motivo era puramente familiar, en total habré ido como unas diez veces, así que estaba al tanto de la situación ecuatoriana. Mi primera vez fui como estudiante universitario enviado por la Iglesia Mundial del Nazareno en 1977 como Misionero Estudiantil y estuve por dos meses en el país. Ecuador me pareció un país muy bello y con muchas potenciales riquezas sin explotar, así que, aunque tenía todo para ser un país rico, era, sin embargo, un país pobre. Igual lo que más nos llamó la atención al grupo de cuatro jóvenes, fue la forma como se estaba construyendo por todos lados, y especialmente en Guayaquil; en lugar de antiguos edificios surgían otros enormes y modernos, lo cual indicaba que se venía ya un tiempo de transformación, y lo pude constatar cuando pocos años después de ese viaje misionero estudiantil, regresé a Guayaquil a visitar a Eduardo y Beverly. Y en cada viaje que pasaba por Ecuador me asombraba la transformación que se veía a simple vista. Y ya cuando llegó Rafael Correa a la Presidencia, los progresos eran notorios; modernas carreteras, surgimiento de Shoppings y edificios comerciales y mucha actividad. Por amar a Ecuador, me alegraba ver el progreso.

Nunca hablamos de política con Eduardo, él parecía contento con el progreso de su país. A mí la única duda que me preocupaba un poco era sobre los orígenes del dinero para toda esa transformación; y cuando analistas políticos y financieros comenzaron a investigar denuncias, eso fue creando una inestabilidad política en el país y hubo varios cambios de gobiernos. Cuando las denuncias e investigaciones llegaron en la presidencia de Rafael Correa, se creó una conflictividad entre gobierno y oposición y entre gobierno y medios de comunicación. A Correa pareció no agradarle que lo investigaran y aferrado al poder creó más conflictividad acusando al periodismo y oposición de crear noticias falsas. Pero lo cierto es que hubo involucración con terroristas de la FARC que incluso tenían sus campamentos en lado ecuatoriano y en contacto con personalidades gubernamentales. También estuvo en esos años en sonados casos de corrupción como el de "Los Papeles de Panamá", los sobornos de Odebrecht, usó y abusó de la riqueza petrolera y una cantidad de negocios raros, préstamos multimillonarios de China, entre otros. Como buen populista, Correa tenía un muy buen apoyo de las clases más necesitadas y carenciadas del Ecuador. Así que en las calles ya se palpaba un antagonismo entre seguidores de Correa y oposición. Igual de esos temas nunca lo hablamos con Eduardo, tanto es así, que yo ni sabía de qué lado estaba. Él era un "Presentador de Noticias", hacia su trabajo e informaba sin opinar. Y como predicador y pastor, lo mismo, jamás sentí en sus predicaciones ni en las iglesias a las que asistí, nada que tuviera un tinte político.

El país parecía mejor, pero el malestar estaba y no eran claros los problemas del déficit fiscal, deudas millonarias por préstamos de países extranjeros, ni toda esa carrada de denuncias por casos de corrupción. Y así en un clima de permanente enfrentamiento, se llegó a ese 30 de septiembre en el cual una huelga policial, algo no muy conveniente ni común, fue el foco de un incendio político que estalló en una revuelta en Quito y se extendió por todo el país.

Justo en ese momento de estos sucesos, Eduardo tenía una reunión con los pastores de la zona donde él era director de la Región Costa, el Pastor Samuel Reyes nos cuenta más de lo sucedido en la reunión y con ese levantamiento en las calles:

"En ese día de septiembre treinta, Eduardo nos había invitado a su casa en la antigua ciudadela Urdesa. Nos recibió con desayuno, y al finalizar la reunión de pastores, disfrutamos de sus famosos asados. Como yo viajaba desde Lomas de Sargentillo, lo hacía bien temprano y puntual, y ese día no fue la excepción, desayunamos y ya estando en plena reunión tocando temas pastorales de la región, a eso de la media mañana, nos enteramos de que estalla el caos y la anarquía por todo el Ecuador; el desorden fue tal por parte de la policía, que muchos aprovecharon el descuido policial de mantener el orden, y había robos y saqueos por todas partes. Como yo era quien venía de más lejos, le dije a Eduardo: 'Yo así no salgo, dame posada y así me quedo en tu casa por esta noche y mañana veremos lo que hacer'. Llamé a mi esposa para avisarle que me quedaba en lo de Eduardo y que, si las cosas seguían mal, iría para lo de mis padres que vivían al sur de Guayaquil. Cenamos el delicioso asado, "un tuco de carne" como le decimos acá, y disfrutando del asado y las Coca-Colas tratamos de distraer la atención de toda la tensión que se vivía en las calles. Eduardo me prestó uno de sus pijamas, y aunque a mí me quedó más o menos como a David con la armadura de Saúl, grande de todos lados. Me dieron la habitación de los huéspedes, y antes de dormirnos, vimos juntos en su cuarto, las noticias por televisión. Y como había tanta desinformación y distorsión de la verdad, muy preocupados oramos a Dios para que tomara Él el control de la situación. Eduardo entonces entró a su computadora y desde allí comenzó a escribir y compartir lo que iba viendo en las imágenes televisivas; cansado como estaba por el largo viaje, me retiré a mi habitación. Aparentemente, a la tarde de ese once de septiembre había sucedido un supuesto secuestro del presidente Correa, y a la noche culminó con algunos muertos del ejército.

"Hoy ya sabemos la verdad de todo ese engaño que desenmascaró a quien hoy recibió su justa condena. Volví a llamar a mi esposa y llamé a mis padres antes de dormir y les comuniqué que: '¡mañana volvía si así Dios lo permitía!', y así lo permitió".

La siguiente es la información que, sobre ese incidente en Ecuador, recopiló Wikipedia. La enciclopedia libre. Wikipedi.org

Crisis política en Ecuador 2010:

"La crisis política en Ecuador de 2010 se inició como policías contra una ley salarial el 30 de septiembre de 2010 en Ecuador, y que fue calificado por el gobierno de Rafael Correa como un planificado intento de golpe de Estado en su contra. Existe una importante discrepancia a estas versiones desde la oposición al gobierno y de varios periodistas y analistas políticos, quienes tienden a describirlo como un motín fortuito que incrementó su conflictividad por la acción del mismo presidente ecuatoriano y que a continuación el relato oficialista de una supuesta conspiración golpista ha sido usado mediáticamente para justificar la persecución política a críticos del gobierno ecuatoriano.

Generalidades:

El 30S inicia cuando elementos de la tropa de la Policía Nacional del Ecuador, en horas de la mañana, iniciaron una protesta contra la Ley de Servicio Público aprobada por la Asamblea Nacional del Ecuador el once de agosto de 2010. La protesta constó de las suspensiones de sus jornadas laborales, bloqueos de carreteras, y, además, impedir el ingreso al Parlamento en Quito.

El presidente de Ecuador, Rafael Correa, haciendo caso omiso a su guardia presidencial y a las recomendaciones de seguridad de su escolta, y tratando de negociar personalmente con los policías insurrectos, acudió personalmente al regimiento de policía principal foco de la huelga a intentar dialogar en busca de un entendimiento.

Varios de los policías presentes en dicha huelga, mostraron descontento de la presencia del presidente donde fue recibido con granadas de gas lacrimógeno, la situación se tornó caótica cuando los policías ecuatorianos no permitieron que el presidente Correa abandonara el recinto policial.

El presidente Correa aún convaleciente de una rodilla recientemente operada, fue puesto a buen recaudo en un edificio contiguo, y donde realizó un discurso desde una de sus ventanas, demostrando su indignación por los abusos de dicha protesta a la que les aseguró que no se iba a dar marcha atrás con la ley en cuestión y que, si deseaban, podían matarlo.

El presidente fue apartado con dificultad del tumulto que se convirtió en un campo de batalla entre bombas de gas y spray pimienta utilizados por los miembros policiales. Fue entonces cuando se tuvo que colocar una máscara antigases para ser llevado por su equipo de seguridad presidencial hacia el Hospital de la Policía adyacente al lugar de los hechos. Este edificio fue luego rodeado por policías inconformes. Correa alegó que estaba secuestrado, y declaró desde allí un estado de excepción que movilizó a las Fuerzas Armadas del Ecuador a las calles, argumentando que un golpe de Estado se estaba llevando a cabo y responsabilizando a la oposición. Ordenó además una cadena nacional, lo que para las leyes de Ecuador significa obligar a todos los medios de comunicación a transmitir la señal del canal público ECTV, esta cadena nacional duró ocho horas ininterrumpidas.

Hacia la tarde los líderes del gobierno de Alianza País convocaron a los simpatizantes de Correa a movilizarse; una multitud se formó frente al Palacio Presidencial y otra multitud en los alrededores del Hospital Policial. En el conflicto entre los policías y los manifestantes a favor de Correa en las afueras del Hospital Policial, murió un estudiante.

En distintas partes del país se reporta con manifestaciones, disturbios y saqueos durante estos acontecimientos. Al día siguiente, el ministro de salud de Ecuador, dijo que la crisis había dejado ocho muertos y 274 lesionados, de los cuales 25 se encontraban en estado crítico".

Cuando yo me enteré en Kansas sobre lo que estaba sucediendo en Ecuador, cambié mi acostumbrada rutina diaria y miré los dos canales ecuatorianos que mi satélite tenía, y, además, Eduardo me llamó para avisarme y me dio la dirección de internet por la cual él estaba transmitiendo. Así que cené mirando lo que sucedía allá y a la vez leyendo los comentarios de la gente con la cual Eduardo se comunicaba; la gran mayoría eran creyentes y coincidían en la necesidad de orar, no discutían de política ni buscaban supuestos culpables. Eduardo solo les transmitía lo que iba viendo en la televisión mientras que los canales no fueron interrumpidos y obligados a transmitir la famosa "cadena nacional" por donde se daba exclusivamente la versión del gobierno. Desde Kansas yo sí recibía esos canales ecuatorianos que llegaban a lo internacional por medio de los satélites, así que yo sabía más que los propios ecuatorianos del Ecuador, incluyendo a mi hermano Eduardo, y a veces él me preguntaba a mí sobre lo que estaba sucediendo en su país.

Yo vi bastante, eso sí, sin entender mucho. En mis años he visto muchos golpes de Estado o intentos, pero siempre fueron golpes dados por los ejércitos en sus diferentes ramas militares; nunca había visto un golpe de Estado dado por la policía. En los golpes que yo recordaba, se veían tanques y aviones de guerra volando por todos lados. En este caso, y pidiéndole perdón a los ecuatorianos, el golpe se parecía más a unos de esos tumultos que se dan en partidos clásicos, donde se rodea al árbitro y abundan los empujones y amenazas. Tan burdo fue el caso que cuando apareció el presidente y se encaró con los huelguistas de la policía, ¡hasta los desafió a que lo mataran! Después apareció desde la ventana de un edificio dando una especie de mensaje político, así que menos entendía ese "supuesto golpe" y "secuestro". Desde esa ventana, era un blanco perfecto. Por sus escoltas fue llevado al interior del Hospital Policial y aunque argumentó que estaba secuestrado, emitió varios decretos presidenciales, rarísimo todo. Entre esos decretos, llamó a la acción de las Fuerzas Armadas del país y estas sí aparecieron con todo su poderío armamentista. Y para colmo de males, a líderes de su partido se les ocurrió llamar a sus bases a salir a la calle y hasta les dieron instrucciones de lugares a donde ir. Y eso trajo enfrentamientos y muertos.

Ya para cuando pude hablar con Eduardo, ahí si lo encontré alterado, tan alterado que hasta me asustó de que le pudiera dar algo.

Traté de calmarlo, pero él estaba furioso. "¡No ganas nada poniéndote así!", recuerdo haberle dicho, pero él insistía en que: "Todo había sido un espectáculo", y hasta me decía ¡que era un show de Hollywood! Y que ni siquiera el presidente debía de haber ido a enfrentar a los manifestantes.

Conocía muy bien a mi hermano Eduardo, sabía que cuando se enojaba era difícil calmarlo, y sabía también que al tomarse las cosas tan a pecho, después él mismo sufría las consecuencias. Unas semanas después, tuve que ir a visitarlo, había tenido un ataque cardio cerebral y se salvó de milagro.

En muchos aspectos, el Eduardo que resucitó a ese infarto cerebral, era un Eduardo diferente, se veía más calmo y resignado, no miraba informativos, sino que lo que miraba en la tele era el canal cristiano con cultos y mensajes de predicadores conocidos. Era como que el mundo politizado y de las noticias, parecía no importarle, se sonreía de una forma de alivio y de paz interior. No guardaba rencor para con nadie, había vuelto a vivir, valoraba a la familia y disfrutaba de ella y disfrutaba de su vida. Y a los años cuando el Señor se lo llevó, el presidente Rafael Correa tuvo en enorme gesto de enviar una corona y condolencias para la familia.

✦

CAPÍTULO DOS

¿Quién fue Eduardo González?

Si usted hace esta pregunta en Uruguay, un país con apenas poco más de tres millones de habitantes y donde hay miles de uruguayos con el apellido González y muchos Eduardo González, le será muy difícil dar con alguien que conozca a los González de esta historia. Pero si la misma pregunta la hace en Ecuador y especialmente en Guayaquil, la mayoría le responderá: "¡Ah, sí, Eduardo González, el de 'Esto ya es Historia!'".

Andar con mi hermano por donde fuera en Guayaquil, era como andar con una celebridad. Fotos, saludos, autógrafos, y gente que lo rodeaba de cariño y admiración. Y si en algún semáforo o peaje, a la ventanilla del auto se acercaba algún vendedor de toda clase de productos y periódicos, exclamaba a toda voz: "¡Eduardo González!". Y no era de extrañar que alguno tratara de imitarle alguna de sus frases más utilizadas en los noticieros centrales de la televisión ecuatoriana, y tratarán de imitar el uso que Eduardo le daba a su inigualable voz. Un día que íbamos juntos en familia, nos detuvimos haciendo fila en un peaje, y se acercó un muchachito adolescente de pies descalzos que vendía ciruelas, y al verlo, abrió sus ojos llenos de asombro y dando un par de pasitos hacia atrás, dijo imitando a Eduardo: "¡Eeen Iraaaak!", y acto seguido se asomó a la ventana del auto para saludar y venderle uno de sus paquetitos de nylon con ciruelas mientras Eduardo se reía.

9

Pero para quienes nos criamos junto a Eduardo en aquel insignificante y humilde barrio de Montevideo, claro que a Eduardo lo conocíamos muy bien, ya que éramos como una familia extendida; sí, ¡el barrio era nuestra segunda familia! Y hasta nos identificábamos además de por el nombre, con apodos o sobrenombres que le calzaba mejor. Para nosotros, Eduardo siempre fue: "Waio" o "¡el Waio!". Es interesante cómo surgen a veces los sobrenombres o apodos; muchos de los sobrenombres de mis hermanos y primos, surgieron de un vecino al que llamábamos: "¡el loco Pitito!"; su nombre real era Agapito Núñez, era un exboxeador que quizás debido a las golpizas que se llevó en su frustrada carrera boxística, quedó así medio alocado. La cosa fue que "el loco Pitito", en sus bromas continuas, se burlaba de la forma que iba aprendiendo a hablar mi primo más chico, llamado Raúl. Y cuando Raúl estaba con "el Pitito" este le preguntaba: "¿Qué comiste hoy?", y Raúl en su media lengua le decía: "Filelitos con tuco!". Y ya conversando Raúl le decía a pedido del "Pitito", los nombres de sus hermanos y primos, al tratar de decir Eduardo le salía: "Waio", y en vez de decir Ricardo, le salía "Caio", en vez de Pedro, era "Peio". Así que, amaneciendo en el barrio, y aprontándose para ir a trabajar, el "loco Pitito" con sus gritos desde su casa era una especie de canto de gallo con el cual nos despertábamos: "Waio!", "Caio", "Peio", "tic tac Tola". Vez tras vez repetía ese canto mientras tomaba su mate y arrancaba la moto para irse a trabajar. La cosa fue que con el paso del tiempo y de oír todas las mañanas esas cantarolas, todos nos fuimos acostumbrando a llamarlos por su sobrenombre y ya a Eduardo lo llamábamos "Waio"; a mi hermano Ricardo, "Caio"; a mi primo Pedro, "Peio"; a Raúl, "Tola"; y se nos hacía hasta más común llamarlos por los apodos que por su nombre real.

Nuestro Mundo

¡Esas tres cuadras más íntimas del barrio era nuestro mundo! Todo lo demás nos importaba muy poco, y lo poco que sabíamos del mundo era por el fútbol o a través del fútbol. Todavía la hazaña del "Maracanazo" estaba muy fresca al igual que las conquistas olímpicas de Ámsterdam y Colombes, las acumulaciones de Copas Américas.

Así que quizás no sabíamos escribir muy bien, pero nadie escribía "fútbol" con "v" corta. Desde la mañana a la noche, era partido tras partido; la pelota podía ser de goma, de plástico hasta de trapo, pero no parábamos de jugar. La cancha daba lo mismo, jugar en la calle de hormigón o en canchitas que nosotros mismos construimos en el terreno baldío que había entre mi casa y la casa del "loco Pitito". La famosa "garra charrúa" tiene su origen en canchitas como estás, hechas por los propios gurises (apodo para referirse a niños) en su fantasía de ser campeones con la celeste de Uruguay. Esa pasión por el fútbol fue la llave para abrir la puerta a la gloria, las hazañas y las conquistas de un país pequeño y carente de recursos. Asombró al mundo y hasta hoy cuando uno anda por ahí y decimos que somos de Uruguay, tenemos que acompañar esa presentación con el nombre de algún famoso jugador de esos que un día también tuvieron su pelota de plástico o de goma o hicieron sus propias canchitas barriales de pura tierra y llena de piedras.

Por tradición familiar y por el dominio a nivel local e internacional, éramos parte de un barrio casi netamente simpatizantes de Peñarol. A los hinchas de otros equipos hasta los podías contar con los dedos: "el loco Pitito" era hincha de Danubio, mi tío "el Quito" fanático de Nacional al igual que otro vecino al que llamábamos "el Chiche"; Lizardo era de Liverpool, "el Zuco" decía ser de Cerro, pero por dentro era como la mayoría de nosotros: ¡hincha de Peñarol! Un barrio netamente "carbonero" como se le conoce a Peñarol que nació en los talleres de los ingleses que vinieron a Uruguay a instalar el servicio de trenes hace más de 130 años, y formaron un equipo, decano del fútbol uruguayo en los talleres del ferrocarril en el Barrio Peñarol.

Y si en ortografía éramos un desastre, no éramos mucho mejor en geografía. Sabíamos que el mundo era redondo porque tenía forma de pelota, sabíamos algo de Argentina y de Brasil porque eran nuestros rivales, que, aun siendo países más grandes, nunca habían llegado a ganar lo que ganó Uruguay. Eran vecinos nuestros y únicos países con los cuales teníamos fronteras. Así que cuando nos enteramos de que Peñarol traía a un ecuatoriano, de apuro tuvimos que buscar en "¿dónde quedaba el Ecuador?". En poco tiempo ya la mayoría de los uruguayos, amábamos al Ecuador a causa de Alberto Spencer. Lo de Alberto Pedro Spencer Herrera fue extraordinario. Le costó un poco al principio ya que sufrió por el clima frío de Uruguay y porque dentro de las canchas le tiraban a matar. Pero era veloz y fulminante como un rayo; cabeceaba como nadie debido a su agilidad para elevarse y por la asombrosa dirección que les daba a sus remates de cabeza. Uno de los apodos con el cual se le conocía en Uruguay era "Cabecita de Oro", debido a la cantidad de goles logrados con la cabeza y ya cerca de la finalización del partido.

Y aunque el fútbol uruguayo era de fuerza y con la premisa de que "la pelota pasa pero el jugador no", el ecuatoriano no se achicaba y a saltos para evitar los patadones que le tiraban, o a esquives tipo torero, dejaba rivales por el camino arrancando desde el medio de la cancha en velocidad, le sacaba 30 metros de ventaja en 50 y mirando la salida desesperada del guardameta rival, y con una suave caricia al balón se la picaba por arriba y sin esperar para ver el destino final del balón, se daba vuelta para festejar con la hinchada.

¡Yo estuve en el Centenario la noche en que jugo su primer partido con Peñarol y ya desde ahí cautivo a la hinchada "carbonera"! ¡Y toda su carrera fue brillante! Es hasta hoy el máximo anotador en la Copa Libertadores de América, principal certamen a nivel continental.

"Los máximos son Alberto Spencer, Pedro Virgilio Rocha, Fernando Morena (los tres de Peñarol de Uruguay); Daniel Onega (River Plate de Argentina) y Julio Cesar Morales (Nacional de Uruguay). Alberto Spencer es el goleador histórico con 54 tantos. Su época de esplendor fue en Peñarol desde 1960 a 1970..." (www.copalibertadores.com/goleadores en la historia de la Copa Libertadores/ información sobre los fragmentos destacados).

No fue fácil para Alberto Spencer venirse a Uruguay tan jovencito y todavía sin consagrarse, pero quien puso los ojos en él y se lo recomendó a Peñarol fue nada menos que Juan Carlos López, ex Coach de la Selección de Uruguay campeona del Mundo en el memorable "Maracanazo". En Uruguay todavía jugaban varios de los que habían ganado esa Copa del Mundo en Río de Janeiro frente al local y poderoso Brasil. Uruguay era una potencia mundial en fútbol;

en 1924 y en 1928 habían sido Campeones Olímpicos cuando todavía no se comenzaban a jugar mundiales, y se consideraba como ser campeón del Mundo, el ganar la medalla de oro en las Olimpiadas; en Montevideo, y luego de ir perdiendo dos a cero en la final de la Primera Copa del Mundo (Julies Rimet) contra Argentina, lo empató y terminó ganando por cuatro a dos. El clima de inviernos muy fríos de Uruguay contrastaba con el calor húmedo de la zona ecuatoriana de donde venía Spencer, y varias veces sus compañeros tuvieron que animarlo para que no se regresara al Ecuador. Y otra diferencia con el fútbol al cual Spencer estaba acostumbrado, era la fuerza desmedida con la que se jugaba en Uruguay; uno de los dichos particulares de la famosa "garra charrúa" era: "¡la pelota pasa pero el jugador no!".

Pedro Alberto Spencer Herrera se fue adaptando a todos esos cambios que le significaban el jugar en Uruguay y en un club cargado de gloria como Peñarol, y lo fue haciendo en base a sus notables cualidades, su humildad, y su don de gente. Nunca se supo de algún problema de grupo que tuviera con sus compañeros. Fue cosechando títulos hazañosos en lo personal y en lo colectivo. Goleador histórico del principal torneo continental, campeón del Mundo dos veces, campeón de América en tres ocasiones. Y cuando no se premiaba todavía a los mejores futbolistas del mundo, ¡hasta el mismísimo Pele reconocía la calidad y jerarquía de Alberto Spencer!

En Uruguay fue un ídolo total y uno de los mejores jugadores extranjeros que vinieron a jugar a nuestro país. De muy jovencito tuve la oportunidad de conocer a Spencer; él se recuperaba de una grave lesión de meniscos, y junto a Julio Cesar Abaddie que había retornado de Italia luego de una exitosa carrera, tuvieron que recuperarse fortaleciendo sus rodillas, andando en bicicleta en zonas de encumbrados repechos. Yo trabajaba en un almacén típico de aquellos días en Uruguay llevando pedidos a domicilio y asombrado me crucé con esas dos glorias inmensas del fútbol. Y como nos encontrábamos a cada rato escalando las subidas en la zona de Carrasco, Spencer cada vez que me veía, me tiraba alguna broma. Abaddie que era más serio, apenas si se sonreía ante las ocurrencias bromistas de Spencer hacia mí. En mi bicicleta yo llevaba la canasta llena de frutas y cosas que algunas personas habían pedido por teléfono, y una de las cosas que

13

Spencer me decía era: "¿Tenés algo para comer ahí?". Yo le decía que no podía darle nada porque eran pedidos de clientes. Y así cada vez que me veía, ¡me embromaba pidiéndome algo para comer!

Al recordar a Spencer, me hace pensar en la forma que mi hermano Eduardo González terminó conquistando al Ecuador años después que Spencer conquistó el corazón de los uruguayos. Ambos se ganaron la admiración de guayaquileños y uruguayos.

www.livefútbol.com nos da la lista de los 50 máximos goleadores de la Copa Libertadores, yo tomaré solo de esa lista a los diez primeros:

1. Alberto Spencer.	Peñarol, Uruguay.	53 goles.
2. Pedro Rocha.	Peñarol, Uruguay. San Pablo, Brasil. Palmeiras, Brasil.	38 goles.
3. Fernando Morena.	Peñarol, Uruguay.	32 goles
4. Daniel Onega.	River Plate, Argentina.	31 goles.
5. Julio Cesar Morales.	Nacional, Uruguay.	30 goles.
6. Anthony de Ávila	Barcelona, Ecuador	29 goles
7. Luisao	América de Cali, Colombia. San Pablo, Brasil. Corintias, Brasil. Gremio, Brasil. Vasco Da Gama, Brasil.	29 goles
8. Juan Samari	River Plate, Argentina. Universidad Católica, Chile. Universidad de Chile, Chile. Santa Fe, Colombia.	29 goles.
9. Alberto Acosta.	Boca Juniors, Argentina.	29 goles.
10. Luis Artime.	Independiente, Argentina. Nacional, Uruguay.	28 goles

Es imposible describir lo que significó para los uruguayos esos años llenos de gloria y conquistas, y lo que significó Alberto Spencer especialmente para los partidarios de Peñarol. Crecer en un barrio como el nuestro los festejos eran continuados. Claro no era solo Spencer, sino el equipo de estrellas que Peñarol logró juntar y que llevó a que en el mundo se le conociera como: "¡El Peñarol de los Milagros!". Con poco dinero, pero mucho ingenio, los directivos aurinegros formaron más que un equipo, una "¡Selección de América!", y en ese cuadro de estrellas dirigido mayormente por Roque Gastón Maspoli quien había sido el arquero de la Selección de Uruguay cuando salieron campeones del mundo en Maracaná, Spencer siempre fue titular y hasta se hizo famosa con una frase de un escritor uruguayo en uno de sus libros, cuando el personaje de la historia va caminando por la Plaza Libertad en un día gris y lluvioso de Montevideo, y al cruzarse con una solitaria persona que va escuchando la radio pegada a su oído, le pregunta: "¿Cómo va el partido?", y el hombre solo se detiene un poco y le responde: "Peñarol uno a cero, ¡gol de Spencer!". ¡Los goles de Spencer eran infaltables y a veces dramáticamente sobre el mismo final del juego! Y tan grande fue Spencer que jugando un amistoso en el místico Estadio Wembley invitado especialmente para jugar por Uruguay, el gol de Spencer no podía fallar y ¡con su gol le ganamos a Inglaterra uno a cero!

¡En un año insólito para el viejo barrio, nació "el ruso" Roberto Eduardo González Díaz!

Ese primer sobrenombre se lo puso mi tía Maruja, ya que, de bebé, Eduardo era gordito, fortachón, de ojos claros y con pelo enrulado y rubio, tenía toda la apariencia de la raza rusa, así que, ¡le llamaban "el ruso"! Y más allá de este primer sobrenombre y que se llamara Roberto Eduardo, ¡en casa siempre fue "Eduardo"!

¿No sé lo que pasó, ni sé si hubo alguna causa especial para que así se diera? ¡Pero ese año el barrio creció con la llegada de varios bebés de una forma insólita! Y si eso de la cigüeña trayendo "bebés por encargo desde París" fuera cierto, ¡pobre cigüeña!, ¡cuántos viajes extenuantes se hizo desde París hasta nuestro lejano barrio! Un día en una casa, a la semana en otra, y de pronto fue como cuando brotan y nacen las plantas. ¡Se multiplicó el barrio, y las cuerdas de colgar al sol la ropa lavada a mano en piletas o tinas, se llenaron de pañales! El barrio floreció con tantos niños; ¡las madres felices y orgullosas los cargaban por el barrio! Los viejos y los vecinos salían a conocerlos, y les encontraban parecidos: con los padres, los hermanos y hasta con los abuelos. "¡Se llama Roberto Eduardo!", decía mi madre. Era tan hermoso mi hermano que de tanto disputárnoslo con mi hermana Susana para tenerlo en brazos, ¡sin querer le producimos una hernia! Eduardo lloraba todo el día y mi madre tuvo que llevarlo de urgencia al hospital, y fue operado. Fueron horas de angustia y tristeza, como niños pequeños no teníamos idea de ¿qué había pasado? Pero ¡Eduardo se recuperó rápido y regresó pronto a la casa!

Roberto Eduardo González Díaz llegó justo cuando comenzó la primavera de 1955. Nació un 21 de septiembre y le ganó por siete días al nacimiento de Cesar Acland, hijo del "Coco" y "la Nena", hermano del "Coquin" Héctor Rudiman Acland, que, sin ser parientes, ¡siempre fueron como familiares nuestros! Ya en ese año había nacido mi primo Enrique. Que yo sepa, Enrique fue el que inauguró los viajes de ese año de la cigüeña trayendo desde París, niños a nuestro barrio. Más tarde en ese mismo año, en uno de los tantos vuelos que hizo la famosa "cigüeña", a la casa de mis otros tíos, ¡llegó nuestro primo Pedro! Después de Pedro, ya casi no sentimos hablar de "la cigüeña"; creo que posiblemente se jubiló o sencillamente se levantó en huelga y dijo: "¡Paren la mano que no es broma andar cargando gurises desde París a Montevideo!". Y si eso fue así, tenía razón el ave blanca, ¿por qué tenía que andar trayendo desde tan lejos niños que no eran de ella? O quizás fue que al ir creciendo ya no nos creímos más el "cuento de la cigüeña", y desapareció como desapareció también "el viejo de la bolsa" y otros cuentos que nuestros padres nos contaban.

En esas pocas cuadras a las cuales nosotros llamábamos "barrio", llegaron ese año entre otros: Rosa Vázquez, Alicia Bettoni, Rosa De León; "el Curra", "el Anto", Jorge Molina, Sergio Molina, Juan Carlos Pereyra, y otros que ahora se me escapan a mi memoria. ¡Y en la propia familia, nacieron mis primos Enrique y después "el Peio" también llegaron en ese mismo año!

Susana (la hermana mayor de Eduardo) sosteniéndolo en brazos.

Visitando a la abuela Liberata en Rocha.

Raul ("el Tola"), "el Caio", y "El Waio".

Le llamábamos "bomba", ya que la forma para sacar agua
de la profundidad era bombeando manualmente.

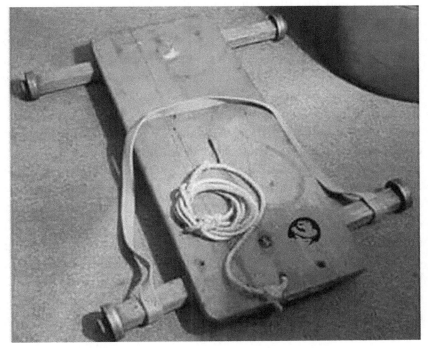

La llamábamos "chata" era una construcción propia
para los que gustaban de la velocidad

"El ruso" que no era ruso paso a ser "El Waio"

Por mucho tiempo y sin indagar mucho, tuvimos la idea de que éramos descendientes de rusos; siendo muy chico llegué a conocer a mi bisabuela y crecí con la idea de que ella era ucraniana, y como ella tuvo hijos y nietos a los que solo conocíamos como "los rusos", esa idea de que nuestros ancestros eran "rusos" o de esas zonas del mundo estuvo siempre en nosotros. ¡Hoy "viajando" al pasado en una especie de "Globo del Tiempo", mi hija Cristina se las ha ingeniado e interesado en encontrar las huellas y las raíces de donde hemos venido! Hasta ahora, en apasionante investigación, ¡hemos encontrado rastros y documentos de hasta los años 1700 y aun de años anteriores! Peregrinajes que nos llevan hasta Francia, Reino

Unido de Gran Bretaña, ¡Portugal, España y otros países de lejanos continentes!

Los abuelos de mi abuelo (con el apellido González) Pedro González Alonzo, son originarios de Lanzarote en las Islas Canarias. De allí vienen tanto los González como los Alonzo, y ya en Uruguay nacieron mi bisabuelo y mi abuelo. Mi abuelo se casó con María Ramona Maneiro Bustelo, hija de Epifanía Ciriaca Bustelo Fernández. Los Bustelo eran originarios de Galicia en España. Los Bustelo emigraron en los años 1800 y se desparramaron por el mundo, siendo sus principales destinos: Cuba, Venezuela y Uruguay. De nuestra rama, uno de los Bustelo se casó con Juana Leiva, originaria de la Isla Jersey y de Plymouth (Gran Bretaña). Todo hace suponer que "Los Leiva" quienes también aparecen como Leyva, Leibar, Leiba (según lo escribiera el encargado de turno de anotar sus nombres en documentos), eran de poderosas familias de "emprendedores" como se les llamaba en esos inicios a los piratas. El principal emprendimiento de los Leiva era la marina mercante con diferentes negocios alrededor del mundo. Cristina, en su búsqueda llegó a ver que Leiva viene de una traducción del apellido originalmente francés que era Le Bas. Juana Leiva se casó con uno de los Bustelo y tengo el certificado de defunción de ella; falleció en Minas Uruguay, donde mayormente se establecieron los Bustelo.

Del matrimonio de Baltazar Bustelo y Juana Leiva, nació José María Corazón de Jesús Bustelo Leiva. José María Bustelo Leiva se casó con Manuela Fernández y ellos fueron los padres de mi bisabuela Epifanía Ciriaca Bustelo Fernández. Los Fernández provenían de Trais Dos Montes, una región norteña de Portugal. Felizardo Fernández, a quien todos llamaban Félix se casó con Tomasa Fernández y ellos ya en Uruguay, tuvieron a Manuela Fernández la que se casaría con José María Bustelo Leiva.

Hija de padre español y madre descendiente de portugueses, Epifanía Ciriaca Bustelo Fernández se casó con un español llamado Antonio Maneiro y ellos tuvieron a María Ramona Maneiro Bustelo que vendría a ser la madre de mi padre, o sea, mi abuela y la abuela de Eduardo. María Ramona Maneiro Bustelo se casó con Pedro

González Alonzo y de ese matrimonio nació nuestro padre y nuestros tíos todos González Maneiro.

Nuestro padre: José Ramón González Maneiro se casó con María (Maruja) Madolina Díaz que también sus ancestros provenían de España y Francia. Nuestra abuela Liberata Díaz, vaya a saber por qué, ¡nunca se casó! Era una mujer atractiva de buen carácter (siempre feliz y bromista como Eduardo) y tuvo varios hijos con diferentes padres.

Estos son los orígenes de Eduardo, míos, de mis hermanos y mis primos. ¡Un familión como para llenar estadios! Y siendo emprendedores la mayoría se establecieron en Minas (por el lado de nuestro padre) y en Rocha (por el lado de nuestra madre).

¡La bendición de ser pobres!

Una de las riquezas más grandes que nos dio la vida es el haber sido tan pobres. "¡Éramos tan pobres!", fue una frase del famoso actor cómico argentino Alberto Olmedo quien en un sketch usaba esa frase para justificar ciertas acciones; para nosotros, en cambio, esa frase fue completamente diferente, y gracias al ejemplo de nuestros padres, el ser pobres nos capacitó para enfrentar las dificultades y progresar constantemente. Aprendimos a valorar el valor de las cosas y la importancia de ser honestos a la vez que buscábamos progresar y salir adelante. Éramos tan pobres que rara vez teníamos mantequilla para untarle al pan; ¡y si "no hay pan buenas son las tortas!", como dice un refrán típicamente uruguayo. Mi madre hacia unas "tortas fritas" deliciosas. ¿Refrescos de marca? ¡Eran solo para las fiestas de fin de año cuando llegaban los aguinaldos! Desayunos en base a leche que conseguíamos en lugares que el gobierno proveía para vender más barato a los necesitados; y la leche la hacíamos con "gofio", ("el gofio" viene a ser como una especie de maíz molido y tostado), siguiendo la tradición de los gauchos de nuestro campo. Y a veces, si no había dinero para la cena, ¡el "arroz con leche" era una delicia! A toda hora solíamos pedir: "un cacho de pan!", y nos peleábamos por "el codo" (punta del pan flauta). Otras comidas de pobres eran "los guisos", "la sopa de letritas", y "la polenta". Menos los guisos de habas, ¡todo lo demás eran bien ricos! Para comprarnos ropa mi madre nos llevaba a unas tiendas de ropa usada que había en barrios de gente rica. Para todo, mi madre sabía cómo encontrarle la vuelta, y cuando cobraban la asignación (un dinero que el gobierno daba por cada hijo), ella nos vestía llevándonos a ese tipo de tiendas.

Como país formado con principios de países "socialistas europeos", el Uruguay tenía muchos programas de ayuda social. Puestos de "Expendios Municipales" ya fuera para la leche y carne a precios más accesibles. A mí me gustaba eso de ir bien temprano en las aun oscuras mañanas a hacer fila para comprar la leche para el día; utilizábamos una tarjeta especial que nos la marcaba el hombre del Expendio Municipal, y en la tarjeta ya decía la cantidad de botellas de leche que cada familia tenía derecho a comprar. En las escuelas, los más pobres teníamos derecho a comer en el Comedor de la Escuela; almuerzo y merienda. En inmensas ollas, cada día robustas y amables señoras, nos daban de comer, y a la merienda, leche con chocolate y pan con dulce. Según lo estableció José Pedro Varela, la enseñanza en Uruguay debía ser: ¡laica, gratuita y obligatoria, en todos sus niveles! Servicios de Salud Pública gratuita o a bajos costos, según la necesidad de cada persona. Estudiantes universitarios o ya recibidos prestaban servicios voluntarios para que la salud fuera un derecho para todos.

Tanto se movía mi madre que nos consiguió por medio de Educación Física, el poder tomar cursos de natación en uno de los clubes privados más importante de la ciudad, y allí fuimos gratis por años becados por Educación Física, que también abría la posibilidad de que todos los uruguayos pudieran participar. Así mi hermana mayor, Susana, llegó a ser parte de la Selección de Natación y compitió a nivel internacional. Eduardo y mi primo Enrique también eran como "peces para el agua", en cambio, mi hermano Ricardo y yo, éramos un desastre. Más o menos yo la llevaba bien, pero un día me trataron de enseñarme a arrojarme desde un alto trampolín, y ahí yo me bajé y terminó mi carrera como nadador. Al contrario de Susana, Eduardo y Enrique, Ricardo y yo, ¡éramos como gatos para el agua!

Ese "socialismo" en el cual crecimos en Uruguay, era un "socialismo" que verdaderamente se preocupaba de darles a los que no teníamos, las mismas posibilidades de los más pudientes. Y se hacía de tal forma, que nunca sentimos, ¡ni nos hicieron sentir que éramos pobres! ¡Crecimos sabiendo que teníamos los mismos derechos que los demás!

Vivirlo para saber lo que es ser pobre

Eduardo nació en un rancho de paredes de barro con techo de paja y pisos de tierra, ¡pero nunca nos sentimos desgraciados por ser pobres y éramos felices! En mi casa no había luz eléctrica, agua corriente o servicios de saneamiento. Con un envase de botella de vidrio pequeña, se le ponía keroseno y a través de la tapa de metal se le introducía una mecha y al encender la parte que sobresalía de la tapa, ¡nos servía para alumbrar! A ese invento casero, le llamábamos candil y lo trasladábamos de un lado a otro. No teníamos televisión, así que con una radio Espica a pilas (baterías), escuchábamos los partidos de Peñarol, audiciones deportivas y programas cómicos. El agua era otro problemita y lo solucionábamos acarreando agua en baldes desde un pozo artesano que quedaba a dos cuadras de casa. Teníamos un balde que era solo para tomar con un jarro (tipo de vaso con asa), y otros baldes con los cuales llenábamos un tanque para tener reservas a mano, y esa agua se usaba para bañarnos y hasta para regar la infaltable quinta que cosechaba mi mamá. Para bañarnos usábamos una palangana de plástico y con agua tibia nos enjabonábamos bien y después con otro jarro nos echábamos agua para enjuagarnos. Como no teníamos servicio de saneamiento ni un pozo adecuado como para llamar a una barométrica, cada tanto mi padre hacía un pozo nuevo y entre todos limpiábamos tarde en la noche el viejo pozo. ¡Era un asco, pero no dejaba de ser una aventura! La cosa primordial era ingeniárselas para suplir carencias. Yo sé que mis hijos (gracias a Dios) ni idea tienen de lo que es ser pobre, ¡yo recuerdo esos días con la alegría de haberlo vivido! Claro que mucho de la pobreza se debe también a aspectos culturales; en nuestro caso, mi padre era de la idea de que: "el hombre es quien debe mantener a la familia". Un concepto machista que era común en nuestro barrio, los hombres se iban a trabajar y las esposas atendían la casa y a los hijos. Mi madre que desde antes de tener diez años ya trabajaba como empleada, se fue rebelando contra esa idea de mi padre y ella comenzó a trabajar. Y ya cuando mi madre consiguió trabajo, las cosas empezaron a mejorar. ¡Se pudo traer corriente eléctrica y en el ranchito de los González "se hizo la luz"! Al tiempo nos conectamos al agua corriente, y para cuando los hijos más grandes ya no vivíamos en casa, también "doña Maruja" consiguió que pusieran saneamiento.

Poco a poco las cosas fueron cambiando y hasta "Don José" aceptó la idea de que mi madre trabajara. ¡Mi madre nos mostró, que en vez de lamentarse hay que creer en uno mismo y buscar la forma de superarse! Y así cada uno de sus hijos, seguimos su ejemplo y con sueños y confianza, fuimos saliendo adelante.

Parecido al rancho de esta foto fue que un 21 de
setiembre de 1955 nació Eduardo González

Para hacer o renovar el rancho, era una tarea de todos…las paredes se hacían de barro cubriendo chircas (un yuyo resistente) que quedaba en el medio del barro que a ambos lados se le iba poniendo… chircas, palos, alambres, todo se cubría con el barro, y a Eduardo y a mí nos divertía ese trabajo…quedábamos más sucios nosotros que el propio rancho. La diversión se acababa cuando rezongo por medio tanto mi padre como mi madre, nos mandaban a lavarnos y a hacer otra cosa que no fuera con el barro. La verdad que nosotros mucho no ayudábamos, pero sí nos divertíamos de lo lindo…Y para el techo, se buscaba algún bañado que tuviera pajonales con bastante paja en las orillas. Mientras mis padres y algún tío que ayudaba, se iban haciendo manojos con la paja que cortaban, nosotros jugábamos al fútbol con una pelota de plástico; no nos dejaban ni tocar la paja, ya que sus hojas eran filosas y te dejaban sangrando los dedos…en las noches mi padre dormía cerca de los manojos con tal de evitar que alguien se los llevara, y cuando ya había suficiente, se pagaba al camionero del barrio y él venía a buscarlo y a llevarlo a nuestra casa… entre tirantes de palo y líneas de alambre se iba tejiendo la paja hasta que el techo quedaba bien cubierto como para impedir que la lluvia lo traspasara; en fin, hacer un rancho era toda una ciencia, y allí teníamos una casa fresquita en verano y abrigada en invierno, aunque alguna gotera siempre quedaba y había que poner baldes para que los días de lluvia no se hiciera barro en los pisos de tierra. ¡Para nosotros ese tipo de casa era la mejor casa que hemos tenido! La razón se debió a que allí fuimos inmensamente felices.

Anécdota del "Ñato" Eduardo García

Habiendo tenido ya la oportunidad de conocer personalmente a Eduardo García en Guayaquil, me encantó oír una anécdota que él contó un día en una de sus predicaciones. Yo conocía a Eduardo García de verlo desde la tribuna y él en la cancha del Estadio Centenario siendo arquero de Peñarol. Era en ese entonces el "Peñarol de los Milagros", debido a sus conquistas asombrosas, y siendo Peñarol y campeón de América y del Mundo; un día Luis Maidana, ¡arquero titular tuvo un problema personal con el preparador físico y fue separado de los planteles! Todo hacía parecer que el sustituto de Maidana iba a ser Eduardo García, incluso fue titular en algunos partidos, pero finalmente los técnicos aurinegros se decidieron por otro joven llamado Ladislao Mazurkiewicz, y eso motivó que Eduardo García llegara a Emelec de Ecuador donde tuvo una carrera fabulosa y fue un ídolo del equipo "Azul". La anécdota que nos contó

Eduardo García fue de los comienzos de su carrera en Peñarol. Él en ese entonces vivía en un pequeño pueblito de Colonia y para ir a practicar a Montevideo, tenía que caminar kilómetros cruzando campos y llegar a donde pasaba el ómnibus que lo llevaba a la capital de Uruguay. En Peñarol le vieron las condiciones y lo contrataron y él nos contó que cuando cobró el primer sueldo, le compró una heladera a su madre y recién se dio cuenta de que en casa de su madre no tenían corriente eléctrica cuando le llevaron la heladera a la casa. ¡Así era el Uruguay de entonces! Lo paradójico e interesante del caso fue que, siendo compatriotas y contemporáneos, los dos Eduardo (Eduardo González y Eduardo García) iban a conocerse años después en el Guayaquil que tanto amaron.

Los Hijos del Peluquero

Nuestro padre había sido aprendiz de peluquero y aunque trabajaba como peón en la construcción, ya cuando estaba en casa atendía a vecinos y cortaba el pelo a familias enteras. Y le fue tan bien como peluquero, que se dedicó tiempo completo a eso. Nuestra casa siempre estaba llena de gente esperando turno o cortándose el pelo. ¡No importaba a la hora que fuera, mientras hubiera luz natural (ya que no teníamos corriente eléctrica) siempre había gente o aparecía alguien! ¡La fama de "la peluquería barata" traía gente de todos lados! Uno tras otro mi padre casi ni paraba; para media mañana ya había hecho suficiente dinero como para que fuéramos al almacén y compráramos lo que mi madre necesitaba para cocinar. "Esto no alcanza", decía mi madre y él le contestaba: "Que te lo apunte y más tarde le pagamos". El almacenero sabía que éramos "buenos pagadores", así que en un papel de estraza o en una libreta, el almacenero apuntaba lo que debíamos. Eso sí, hasta más importante que el pan, era su infaltable litro de vino. Con Eduardo todavía pequeño, los mandaderos en casa éramos Susana y yo. Al almacén se le decía: "boliche" y al almacenero: "el bolichero", en una especie de lunfardo típicamente uruguayo. A veces íbamos repetidas veces al almacén, ya que todo se iba comprando de a poco y para el momento; "cuarto quilo de arroz", "cuatro o cinco papas", "un puñado de sal" (que a veces venía de yapa y no te la cobraban), "un cuarto litro de aceite', "tres huevos", y "el litro de vino"; "Dice mi mamá que lo apunte y que más tarde le paga". Así el bolichero ganaba por todos lados; ganaba al tenerte como cliente y que no cambiáramos de boliche, ganaba en el peso de una balanza que no era muy confiable, y ganaba hasta en el vino al agregarle un poco de agua; y al apuntar siempre algún recargo había.

En un barrio repleto de personajes, el almacenero era uno de ellos, andaba ahí, cabeza a cabeza con el peluquero, o sea con mi padre: pero no eran los únicos, todos de una manera u otra éramos personajes de aquel singular barrio. De recordar a nuestro padre, surgen como del sombrero de un mago, toda clase de anécdotas como para compartir: "¡José! ¡José! ¿No viste el fregón?", le preguntó un día mi madre cuando al querer lavar los platos, no encontraba el trapo de lavar (comúnmente llamado "fregón") por ningún lado. "¡No sé, Maruja! ¡Yo no lo vi!", le contestó de primera mi padre mientras fumaba un cigarro caminando por el terreno baldío junto a nuestra casa. Pero como la pregunta de mi madre lo hizo reaccionar, automáticamente se tocó el bolsillo de atrás de su pantalón, ¡y al sacar lo que él pensaba que era su pañuelo con el cual se secaba la frente, apareció el fregón de doña Maruja! Así que, del enojo de ambos, pasaron los dos a reírse sin parar y sin que nadie se diera cuenta de la causa de esa risa hasta con lágrimas.

Otro día llegó "el negro Baltazar" a cortarse el pelo. Baltazar era otro de esos personajes especiales que abundaban en nuestro barrio; nunca había ido a la escuela, ya que a lo único que había aprendido era a trabajar. Tenía un carro tirado por un caballo y con él se ganaba la vida haciendo jardines o lo que fuera. Baltazar esperó su turno, aunque él era todavía muy joven, le gustaba conversar bien al estilo de personas mayores, haciendo como si dominara temas de los cuales ni idea tenía. Esperó su turno pacientemente, y ya cuando el anterior cliente pagó y se fue, mi padre sacudió el trozo de sabana que usaba para proteger la ropa de los clientes y evitar que se llenaran de pelos; Baltazar se sentó en el sillón de peluquero que tenía mi papá. Mi padre lo cubrió con la sabana que abrochaba con un alfiler ajustando la sabana alrededor del cuello con un alfiler de gancho. Y mirándolo por el espejo mi padre se quedó esperando que Baltazar le dijera cómo quería el corte de pelo. ¡Pero Baltazar metió la pata y enfureció a mi padre, una furia que en ocasiones pude ver en Eduardo cuando se enojaba con alguien! También por medio del espejo, Baltazar se acomodó en el asiento y le dijo a mi padre: "Usted corte nomas don José, eso sí, ¡no me asesine como la última vez!". ¿Para qué le habrá dicho eso Baltazar? Ni terminó de decir la famosa frase cuando mi padre le sacó la sabana de alrededor del cuello y a toda voz le dijo: "¡Mira…, te me vas ya mismo y no vengas nunca más!". ¡El negrito Baltazar salió volando y nunca más volvió!

Baltazar era otro de esos casos que se dan mucho en Uruguay y en otros países latinos en donde a personas se les llama "negro" o "negrito" de una forma cariñosa, aun cuando no sean realmente de ese color, Baltazar no era negro, pero al igual que mi primo ("el negro Enrique"), el primo del "Coquin" y del "Zucu", y muchos otros, los llamábamos "negro" sin que lo fueran. Hoy en día, de forma equivocada se ha creado una especie de represión que intenta eliminar el racismo, prohibiendo el uso de adjetivos o palabras, cuando ese no es el problema del racismo que lamentablemente existe en el mundo…la cosa es no tanto lo que se dice sino la forma como se dice; ojalá todos nos llamáramos unos a otros "negro" o "negrito" de forma cariñosa; hay parejas que en su relación de amor usan la palabra "negro o negra" como una expresión amorosa, y así lo siente tanto el que lo dice como el que lo recibe.

Jugando a la Taba

El uruguayo de entonces era muy tradicionalista y gustaba de imitar a sus ancestros en todo lo que fueran costumbres y tradiciones, y una de ella era el jugar a la taba, un juego muy común en las Pulperías de los gauchos que se reunían en este tipo de comercio que era un poco de todo (almacén, bar, ferretería y lo que fuera). ¡A "la taba" se jugaba por plata y aunque era un juego sencillo, a veces terminaba en pleitos y hasta en cuchilladas! Se le llama taba al hueso de animales como las vacas o los corderos, que está justo en la rodilla para permitir el movimiento de las piernas al caminar; ese hueso tiene cuatro lados bien formados, y ya limpia y preparada (hasta chapas de metal le ponen en sus lados principales)…los que participan se ponen a una distancia acordada y marcan líneas, se juega de a dos, pero los de afuera también apuestan a adivinar de qué lado caerá el hueso, si cae del lado donde el hueso parece una "s" y se le llama: "suerte", el que tira y los que apostaron unos contra otros a favor de "suerte", todos ellos ganan y se llevan el dinero apostado; si el hueso cae del otro lado al lado de la "s", pierde el que tira y todos los que apostaron a la "s": si cae de cualquiera de los dos costados ("panza" o "ombligo") se sigue jugando y el turno pasa a ser del otro y los apostadores confirman si siguen apostando o no.

Para aprovechar los feriados del primero de mayo (día de los trabajadores), o los días de elecciones en los que no hay mucha policía en las calles, en el terreno junto a mi casa se reunían cantidad de personas para "jugar a la Taba", y tanto se entusiasmaban con ese juego, que lo seguían jugando aunque ya hubiera pasado el feriado… no sé si alguien cansado de tanto bullicio, decidió llamar a la policía, pero un día que estaban jugando, los policías aparecieron de todos lados y aquello fue el desbande, hasta en mi casa se escondieron y mi padre hacía de cuenta que les estaba cortando el pelo. Era tal el vicio que ese juego les producía, que aún jugaban entrada la noche y sin tener luz, eso hizo que mi tío "el Quito" y su infaltable ingenio, planeara cómo ganar dinero fácil, junto a la taba él tomaba en su mano una piedra, y en vez de tirar la taba, tiraba la piedra y corría con la taba acomodada y antes que lo vieran colocaba la taba en posición de "suerte" y cuando prendían luces o antorchas, efectivamente "era suerte", nadie lo descubrió, pero él después lo contaba como una gracia.

Barrio

"Barrio; viejo barrio, ¡perdona si al evocarte se me escapa un lagrimón…!", cantaba Carlos Gardel, ¡y ese es mi sentimiento al recordar a mi viejo barrio hoy! Y aunque para nosotros el barrio era un radio de no más de tres cuadras donde todos nos conocíamos y era una ampliación de la familia, el barrio se extendía más allá de esas tres cuadras. Igual nuestra sede estaba en esas tres cuadras a la redonda y a lo que estaba más allá como que lo considerábamos otro barrio. Íbamos a la escuela juntos y como que a cada dos o tres cuadras ya eran "otro barrio"; nos desafiábamos al fútbol y jugábamos partidos con ellos en "clásicos del barrio". ¡La "barrita" nuestra no se iba más allá de esas dos o tres cuadras! Ese era nuestro mundo; jugábamos al fútbol entre nosotros, a los cowboys; nos reíamos y compartíamos historias y chismes. Entre las peculiaridades de nuestro barrio, se dio que casi todos compraron sus lotes al mismo tiempo y al mismo tiempo fueron construyendo sus casas. El terreno donde vivíamos lo compró el abuelo Pedro, y los tres hijos varones con sus esposas se vinieron a vivir con él, construyeron sus casas en fila y allí fuimos naciendo todos; así que éramos hermanos y primos. Otra peculiaridad del barrio fue que, entre los comparadores de terrenos para la construcción de sus viviendas, aparecieron varios extranjeros que escapando de guerras o buscando una vida mejor se vinieron para Uruguay. Fue algo bien interesante que nos permitió crecer con amigos de otros países; portugueses, españoles, italianos, alemanes, rusos; y eso sin alejarnos a más de dos cuadras de nuestra casa. Así que crecimos en una comunidad bien cosmopolita y siendo superamigos. ¡Nunca hubo discriminación ni ningún problema racial, éramos todos iguales!

"El que hace el gol elige", era una de las pocas reglas que teníamos en aquellos partidos que jugábamos en la calle en un entrevero de padres e hijos, chicos y grandes. Con dos piedras se hacían los arcos, se marcaba el área donde nadie podía estar allí, se podía pasar, pero no quedarse allí. ¡No había límite de cantidad de jugadores y los "equipos" se formaban cuando dos "capitanes electos", iban eligiendo por turno a los que iban a ser compañeros de equipo! Estos dos "capitanes" se ponían a cierta distancia uno del otro y poniendo un pie delante del otro, iban avanzando de forma alternada; el que llegaba primero a pisar el pie del otro "capitán" tenía el derecho a elegir primero y los que iba eligiendo se iban parando detrás de él. A ese tipo de forma para elegir se le conocía como "la pisadita". Los que llegaban después que "los capitanes" habían elegido por medio de "la pisadita" y querían jugar, tenían que esperar hasta que el que hiciera el gol eligiera. A veces éramos veinte contra veinte; no había juez, y las veces que los hubo, resultaba más problemático que el jugar sin juez. Los partidos eran eternos y solo se detenían cuando alguien avisaba: "Viene un auto", o cuando alguna señora mayor pasaba; después era puro juego sin descuentos y hasta el cordón de la vereda parecía jugar haciendo "paredes" con los más hábiles.

Y en las charlas post partido, entre Rómulo, Lizaro y otros, fue naciendo la idea de crear El Club Atlético Sacachispas. Y los que quedamos afuera del equipo enseguida formamos el "Salerno Fútbol Club", y nombramos a mi tía Ester como nuestra técnica. ¡Hicimos rifas y colectas hasta llegar a comprar los uniformes! El Salerno F. C. nos decidimos por usar la camiseta de Boca Juniors argentino; y el Sacachispas se mandó a hacer sus propias camisetas de un color amarillo clarito. En parte de una de las quintas que rodeaban al barrio y bien sobre la calle Salerno, hicimos una preciosa cancha para el Salerno F. C.

Cada cuadro tenía sus propios partidos y campeonatos, y cuando no teníamos contra quién jugar, jugábamos el "clásico del barrio". ¡Y solía suceder que a veces a último momento algún jugador de uno de los equipos aparecía jugando en el otro! Mi primo Enrique que era hijo de nuestra D. T. jugaba en El Sacachispas; y así se daban casos de hermanos o primos que jugaban "el clásico del barrio" como rivales y terminado el partido se iban para la misma casa. Al fin y al cabo, más que jugar en uno u otro equipo, todos éramos amigos o familiares; y como éramos parte de familias numerosas, había en "nuestro barrio de tres cuadras" suficientes jugadores como para formar hasta más de dos equipos.

¡Vamos a la Playa ooohhh!

Caminando y cortando camino por campos y montes, mi madre nos llevaba a todos los que, con autorización de sus padres, le pedían "para ir a la playa". ¡Eran 15 o 20 cuadras que se hacían fácil al ir felices charlando y riendo! No sé cómo hacía mi madre, pero nos llevaba a todos y éramos como veinte. Íbamos a la "Playa de los

Ingleses", que era una playa segura y tranquila y nunca tuvo ningún problema.

Vivir en Montevideo es estar rodeado de playas, rambla y hermosos paisajes; no hay tal cosa como "playas privadas", y si bien es cierto que la franja costera es uno de los lugares donde viven los más ricos, los pobres también tenemos acceso a ellas. La rambla es un parque natural que bordea toda la ciudad y es un placer transitarla disfrutando de sus curvas, terraplenes, jardines y cientos de actividades que allí se desarrollan. A mí siempre me gustó para ir al centro de Montevideo, tomar algún ómnibus que fuera por la rambla, aunque me tomara un poco más de tiempo. En la rambla había de todo, desde una simple caminata por sus amplias veredas hasta tomar mate con amigos en algún banco del murito que bordea toda la rambla; recuerdo amanecer los primero de año jugando al fútbol en la arena de alguna playa con nuestro grupo de amigos, y era común y barato el paseo en las nochecitas montevideanas de parejitas de enamorados. ¡En las zonas rocosas o en muelles especiales abundan los pescadores, y en sus aguas hay todo tipo de pesca! El pescador que usa ese medio para con su "chalana" (nombre común del bote pequeño de los pescadores) entrar al "río como mar" que es el Río de la Plata, retorna generalmente con cajones plásticos repletos de pescados y es el asombro de las personas que al ver que el pescador regresa a la playa, se acerca curioso para ver el resultado de un día de pesca. Pero lo hay también, pescadores que de a pie ingresan con sus redes hasta que el agua sobrepasa sus hombros, y allí entre varios van jalando la red repleta de pescado hasta la orilla, y ya cuando se ve que la red viene pesada uno puede ver que trae una buena carga de todo tipo de peces.

En las noches de verano, las aguas de las playas se llenan de lucecitas de los faroles de grupito de personas que, con el agua hasta la cintura, camina detrás del farol, llevando en sus manos unas redes pequeñas llamadas "calderines"; el pez se encandila con la luz del farol y flotando sobre las aguas es fácil presa de los amantes de este deporte. Con Eduardo, Ricardo, mis primos, y amigos, ¡nos encantaba esta actividad veraniega! Otro tipo de pesca unipersonal que rendía buenos resultados, era la que realizaba mi tío "El Quito", y era la pesca con una especie de calderín mucho más grande, llamado "medio mundo"; se elige un lugar en zonas de rocas, donde no hay muchas olas y sostenido por una caña gruesa tipo bambú, se deja hundir esa red circular y se levanta cada tanto, cuando hay algún pez, ya este se ve saltar dentro del "medio mundo". Pero sin duda, la pesca más utilizada es la del ril y la caña, a diario, cientos de personas se acercan a sus lugares preferidos y disfrutan de este deporte que les hará seguramente también disfrutar de una buena cena.

¡La rambla montevideana bordea toda la Capital de Uruguay serpenteando por decenas de kilómetros, playas, puertos, y barrios; es el Parque Natural más grande que tiene el país! Ancianos caminando, gente corriendo o caminando, andando en bicicleta, pescando, conversando, tomando mate y comiendo algo, respirando y disfrutando. De niño yo disfrutaba cuando en las noches mi tío "Quito" me llevaba en su bicicleta al "Cine Malvin", un cine en la Playa Malvin donde se podían ver películas gratis sentados en la arena o en el murito de la rambla.

Carnaval Montevideano

Uruguay tiene el carnaval más largo del mundo; comienza a fines de enero y termina a principios de marzo. Y aunque hay desfiles carnavalescos, corsos y otras celebraciones alocadas, lo que lo hace tan largo es la competencia entre diferentes conjuntos artísticos populares. Además de participar ante un jurado que los va calificando en el Teatro del Parque Rodó, un teatro al aire libre sobre la rambla montevideana, estos conjuntos van a clubes y lugares barriales llamados "teatros" o simplemente "tablados" donde cobran por su participación y presentan sus coloridos y alegres espectáculos. Los conjuntos se dividen en diferentes agrupaciones, la más popular son "Las Murgas", pero también hay categorías de: "Humoristas", "Parodistas", "Revistas Musicales", "Comparsas Lubolas" y otros artistas que dan sus espectáculos sin participar en el Concurso Oficial del Carnaval.

Unos vecinos que tenían un camión como medio de trabajo, en las noches de carnaval, ¡llevaban a medio barrio hasta el Teatro de Barrio Malvín! Niños y padres, todos nos subíamos al camión de "don Manuel" e íbamos a ver las actuaciones de los conjuntos carnavalescos. Teníamos varias formas de poder ver las actuaciones: una era pagar una entrada y mirar los espectáculos en el área donde había bancos para sentarse; otra forma, era pararse (si había lugar) junto al muro perimetral del teatro; y la tercera, como el camión se estacionaba en la calle junto al teatro, desde su altura de la parte de atrás, ¡podíamos disfrutar sin tener que pagar la entrada!

Por supuesto que la contagiosa alegría carnavalera nos animaba a formar nuestras propias "Murguitas"; así que usando de nuestros ingenios y de la ayuda de nuestros padres y tíos, nos disfrazábamos y pintarrajeábamos las caras, y ensayábamos alguna canción para nuestras presentaciones. Así íbamos por las casas del barrio y hasta pasábamos los límites del barrio con la idea de aumentar las recaudaciones. Para eso teníamos una canción especial como cierre de nuestra actuación, y moviéndonos al estilo murga cantábamos: "el perro tiene cola, el pescado tiene espina, usted no se haga el desentendido y denos la propina". Y así uno de la murguita juntaba monedas pasando con una latita entre la gente. ¡No sé si juntábamos mucho dinero, pero sí sé que nos divertíamos pila!

Llegó el agua al barrio

Por medio de un club político que se había formado en su casa, Rómulo consiguió que la Intendencia de Montevideo construyera un pozo artesanal en el barrio. Perforando hasta encontrar agua, los obreros municipales fueron entubando caños de hierro y ya cuando hallaron una fuente de agua, en la parte exterior colocaron un aparato que todos llamábamos "bomba", y por ese aparato y su palanca se bombeaba manualmente hasta que salía un chorro de agua bien limpia y fresca; de esa agua bebimos por años y la usamos para motivos higiénicos, para cocinar, bañarse, y hasta para el riego de plantas. Gracias a Rómulo y otros como él, de a poco se fueron consiguiendo mejoras en el barrio; era un trabajo que él hacía con gusto a pesar de lo complicado que eran los trámites y la burocracia de los municipios, se pavimentaron calles, se consiguió el alumbrado público y para el gran problema del agua, ¡se consiguió "La bomba"!

Antes de la instalación de "la bomba", para conseguir agua había que molestar a algún vecino que tenía pozo en su casa; estos pozos se hacían a pico y pala, y a veces eran profundos y no era fácil llegar a donde manaba el agua, se forraban interiormente con paredes circulares de ladrillo. El agua se sacaba bajando una cadena con un balde en la punta y había que maniobrar para que el balde se hundiera en el agua, y ya cundo el balde se llenaba se recogía la cadena por medio de una rondana que colgaba en un hierro en la parte alta del pozo. Algunos vecinos más pudientes e ingeniosos hacían de su pozo toda una instalación eléctrica y por medio de tubos y un motor hasta instalaban el agua en su casa y en sus jardines y quintas, pero la mayoría era a cadena, balde y rondana.

A veces los progresos también generan nuevos problemas; en calles pavimentadas, hay que tener mayor cuidado con los autos y también con los "vehículos" de niños y jóvenes que pueden hasta lograr velocidades más rápidas que el viento, en nuestro caso el uso de unos carritos con rulemanes como ruedas, que llamábamos "chatas" por su forma plana, y también de bicicletas, ¡llenaban la calle en bajada con carreras veloces y peligrosas! Y si bien la luz en la calle fue una bendición para la seguridad del barrio, el jugar "fútbol nocturno" incomodaba a algunos vecinos.

La bomba también tuvo sus contrariedades, ya que para la gurisada era un lugar especial para jugar guerrillas de agua o andar siempre alrededor. Y como el que consiguió la construcción del pozo era un poco el dueño de este, su padre, un hombre mayor, gordo y corpulento, con acento abrasilerado, era de quien más teníamos que cuidarnos cuando jugábamos guerrillas de agua. Entre nosotros le llamábamos: "El viejo de la bumba!", ya que cuando nos veía alrededor de ella jugando, aparecía él diciéndonos a toda voz: "¡Salgan de la bumba!".

Rodeados de quintas

El límite de nuestro barrio finalizaba con una serie interminable de quintas de diferentes plantaciones que los quinteros vendían a los mercados. Algunas quintas estaban abandonadas, y en una de ellas fue que hicimos la canchita del Salerno F. C. Cuando los gurises queríamos algo, nos ingeniábamos para hacerlo, conseguíamos las herramientas en nuestras casas, conseguimos dinero para comprar palos en la barraca y así hacer los arcos, ¡y hasta juntamos dinero y compramos unas redes! La cancha quedó preciosa; con buena tierra el pasto la cubrió, y los árboles todo alrededor, hicieron un cerco que hacía de nuestra canchita, ¡todo un estadio cerrado! Además de la cancha de fútbol, la quinta abandonada era como un parque de diversiones para nosotros; teníamos "piscina privada", gracias al inmenso tanque de metal que en un tiempo había sido usado como colector de agua para el riego. Era una quinta como de 300 metros de largo por 200 de ancho, y había de todo; más o menos en el medio estaban los edificios donde vivían y tenían un almacén los portugueses, en un costado había varios ranchitos construidos de barro y techo de paja, y alejado ya casi lindando con otra quinta del mismo tamaño o más grande, una especie de establo donde de noche guardaban los caballos; en la parte más baja del terreno de la quinta había un laguito e hileras de cañas que ellos usaban en la quinta para encañar las tomateras y otras plantas; por entre esa hilera de cañas nosotros hacíamos caminos y pasábamos a través de ellas cuando jugábamos a las escondidas. Y en los árboles que pegaditos uno al otro parecía hacer fila rodeando toda la quinta, nosotros hacíamos carreras al estilo Tarzán yendo de rama en rama y de árbol en árbol; en un pino bien alto y viejo, nos construimos una casita de ramas y canas casi en la punta del árbol, era un club exclusivo para varones, y allí nos reuníamos para charlar y vigilar el barrio. Saliendo de la quinta por la calle Salerno, en el 2288 estaban nuestras casas donde nos criamos.

Aparte de esa quinta abandonada que nosotros la hicimos nuestra, había una cantidad de quintas donde se plantaban toda clase de hortalizas; a esas quintas no pasábamos por miedo a los perros y a los quinteros, pero en una de ellas, cantidad de naranjos rodeaban los surcos de hortalizas; un día nos venció la tentación y a escondidas entramos a buscar naranjas. Y cuando estábamos en lo mejor de "la cosecha", apareció el quintero y al grito de: "¡Viene Ferrino!", corrimos de forma desbandada dejando un desparramo de naranjas por el suelo. Pasamos para nuestra quinta donde sabíamos de varios escondites, así que casi todos desaparecimos, Enrique siguió corriendo y cuando ya estaba saliendo a la calle Salerno se encontró cara a cara con Ferrino que lo estaba esperando al otro lado de la quinta.

A unas pocas cuadras de nuestro barrio, estaba la famosa Granja Mendizábal con cuadras y cuadras de viñedos a los dos lados de la Avenida Italia. Por estar superbién alambradas y custodiadas por unos vascos españoles con unos rifles más grandes que ellos, no hacíamos locuras y esperábamos sabiendo que después que levantaran la cosecha, doña Pepita Mendizábal era la dueña de toda la granja, y ella al ser muy creyente, seguía la costumbre bíblica de dejar sectores sin recoger, permitiendo que la gente de alrededor, siempre y cuando no dañaran los viñedos, podían recoger sin problemas las uvas que encontraran. ¡Era normal en la tardecita vernos volver al barrio con bolsas bien grandes cargadas de uvas!

Eran otros tiempos aquellos tiempos de antes, abundaban las higueras, los manzanos, los perales, los ciruelos y todo tipo de árboles frutales en terrenos que, habiendo sido parte de quintas, ahora esperaban por nuevos dueños siendo mientras tanto de nadie. Mi tío "el Quito" era un experto en saber dónde había terrenos baldíos con árboles frutales; a él le encantaban los higos, así que salíamos de nuestros ranchos con largas canas y bolsos para juntar lo que encontráramos, y créanme que a la tarde volvíamos con las bolsas llenas de fruta, traíamos tantas, ¡que con ellas mi madre hacía dulces y mermeladas! Nuestro barrio era como la tierra prometida y había abundancia de toda clase de fruta. Fieles a nuestros antepasados charrúas, vivíamos de la caza y de la pesca; ah, y también de los frutales.

La pasábamos tan bien y nos divertíamos tanto, que no nos quedaba tiempo para darnos cuenta de que éramos pobres; ¡era jugar todo el día con hermanos, primos y amigos, jugábamos a lo que fuera, desde jugar a los cowboys hasta a la "Rayuela" y "la farolera"! Niñas y niños jugábamos juntos sin precisar de costosos aparatos o juguetes, con dos piedras jugábamos al "chante y piedra"; jugábamos al "cruz y raya", a "las canicas", "los trompos", "el parcito", "a la arrimadita", y cantidad de juegos más que había en aquellos tiempos o que nuestro ingenio inagotable inventaba. El ingenio nos daba lo que la vida nos había negado, y quizás éramos hasta más felices que los solitarios niños ricos. No parecía importarnos el no tener bicicletas, construíamos "chatas" para deslizarnos por la bajada de Charry; hacíamos "andadores" con ruedas de bicicleta que encontrábamos y empujándolas y sosteniéndolas con un mango de alambre grueso, corríamos carreras. ¡Todo servía para jugar y no aburrirse! Y, además, creaba en nosotros un ingenio inventivo del cual otros carecían.

La iglesia de la esquina

¡Ubicada en el amplio terreno de la esquina de Av. Bolivia y Charry, la iglesia del Nazareno se constituyó rápidamente en "la Iglesia del Barrio"! Uno de los métodos que usaron fue imitar "al flautista de Emelin", y así el misionero se animó a bajar hasta nuestro barrio con su motoneta y un parlante anunciando que, el sábado a las tres de la tarde, iba a haber una merienda y reparto de globos para todos los niños del barrio. ¡Y atrás de esa motoneta nos fuimos todos la gurisada del barrio, y "los hijos del peluquero" también! ¡Fuimos más por curiosidad que por el globito, pero fuimos y seguimos yendo cada tanto! Y en uno de esos domingos en los cuales íbamos a la iglesia del barrio, vi una hermosa niña rubia vestidita como una reina, y apenas la vi, al estilo Tom Sawyer, ¡me enamoré de ella! Después me enteré de que esa rubia que me impactó era la hija del nuevo misionero que había venido a Uruguay. Así que desde que la vi, iba a la iglesia por ella y no por "globitos" u otras cosas, ¡y apenas se abría la puerta de la iglesia yo ya estaba ahí! Eduardo era aún muy chico, pero mi hermana Susana que siempre fue una madrecita para todos nosotros, cargaba con Eduardo y desde bebé lo llevaba a la iglesia. Mi madre solo venía a la iglesia en días especiales con programas donde nosotros participábamos; venía para el día de las madres, y también para el programa de Navidad. Igual mi madre siempre nos animaba a ir cada domingo a la escuela dominical; no nos obligaba, pero el que no iba, tenía que acarrear agua en baldes desde "la bomba" y regar sus plantas y su quintita. Mi hermano Ricardo (hoy pastor de la Iglesia) prefería acarrear agua con tal de no ir a la iglesia.

Cada domingo, tres señores de la iglesia venían hasta nuestro barrio para asegurarse de que fuéramos a la iglesia. Nosotros (sin que ellos lo supieran) los llamábamos: "los tres Reyes Magos". ¡No faltaban nunca, ni, aunque lloviera! A veces hasta jugaban a "la bolita" (canicas) mientras esperábamos por alguno que había ido a avisar a sus padres "que se iba a la iglesia". Y se fueron ganando nuestra simpatía y amistad y dejaron de ser los "tres Reyes Magos" para ser: Jorge Rodríguez, Pablo Dotta y Eustaquio Esturla.

La iglesia siempre fue parte del barrio y siempre se las ingeniaba para llevarnos con algún motivo, a toda la gurisada del barrio. Yo iba al estar atrapado por ese amor imposible para con la hija del misionero, Susana, porque le gustaba la iglesia y nunca faltaba; Susana iba a cuanta reunión había y empezó a llevarme también a mí a los cultos de la noche. La iglesia proveía una gama de actividades superatrayentes y parecía tener personas encargadas para cada actividad. La esposa del misionero era una señora encantadora y amorosa, ella nos contaba historias de la Biblia en un franelógrafo donde iba colocando a los diferentes personajes bíblicos, y nos atrapaba a todos con sus inolvidables historias y forma de contarlas. Ella también dirigía por dos semanas durante las vacaciones, lo que llamaban: "Escuela Bíblica Vacacional"; eran unas horas con cantos, clases, manualidades, deportes, merienda, y otras actividades que a todos nos encantaba. Sinceramente, creo que esa iglesia desde sus comienzos, impactó al barrio con sus actividades y su mensaje. Campamentos, pícnics, paseos, ¡siempre había algo en la iglesia que nos atraía y entusiasmaba! Y ya para cuando aquella generación del 55 crecieron, por idea e iniciativa del misionero que, por ser descendiente inglés, le gustaba el fútbol, surgió el primer "Nazareno" como equipo de fútbol, y ahí estaban entre otros: Eduardo, Enrique y hasta mi hermano Ricardo que con tal de jugar en el equipo, cambió el acarrear agua los domingos y comenzó a venir a la iglesia.

Campamentos

De todas las actividades que la iglesia nos daba, los campamentos en el verano y en las vacaciones eran lo máximo. Además de un encuentro con Dios y algún noviazgo juvenil que siempre surgía, los campamentos eran un cúmulo de constantes aventuras y de diversión. La canción lema decía más o menos así:

Campamento Nazareno
Donde brilla el sol
Campamento Nazareno
Donde reina el amor,
Todos juntos entonamos
¡Cristo me salvó!
Campamento Nazareno
Donde reina el amor

En los campamentos conocíamos a niños y jóvenes que venían de otras iglesias en otros barrios y ciudades, y enseguida nos hacíamos amigos. Y con otros nos reencontrábamos del campamento del año anterior. Los viejos autobuses (bañaderas) particulares nos iban recogiendo por las diferentes iglesias, y ya en el viaje surgía otro canto popular:

Chofer, chofer,
Apure ese motor
Que en esta cafetera
¡Nos morimos de calor!

Y así entre risas, gritos y cantos, llegábamos al lugar donde las carpas parecían estar esperándonos siempre cercano a alguna playa, con bosques y hermosos paisajes. Cielo, mar y aire, todo era diferente, y más para los que veníamos de barrios pobres; ¡ir a los campamentos era como ir a otro mundo! De un lado estaban las carpas de las mujeres; en el medio, una carpa bien grande que hacía tanto de comedor como un lugar de cultos, representaciones y programas especiales; y del otro lado de esa enorme carpa, estaban las carpas de los varones. Las camas eran camas cuchetas de dos y tres camas por "cucheta"; a todos nos dividían por grupos según nuestras edades y nos asignaban a un consejero que era responsable y guía del grupo. Bien al estilo gitano, unos días antes un grupo de voluntarios entre cuando fuimos ya jóvenes, estábamos Eduardo y yo, íbamos y armábamos las carpas y preparábamos todo lo que fueran a ser los campamentos de esos años. Hasta esa tarea de armar el campamento, resultaba atrayente y disfrutábamos haciéndolo; ¡era como ya estar en el campamento! Los campamentos eran de una semana de duración, pero se hacían hasta tres o cuatro campamentos, uno para niños (8 a 12 años), otro para adolescentes (12 a 16 años), otro para jóvenes (de 16 hasta que uno siguiera sintiéndose joven), y otro para familias.

Para cada campamento, con tiempo se elegía a un director y este escogía a sus evangelistas, director de música, encargado de los deportes y a consejeros para cada grupo. Sobre los directores, había un administrador, él se encargaba de lo que fuera armado y desarmar el campamento, elegía a las cocineras y era el encargado de abastecer con alimentos y otros productos necesarios.

Era tan bueno el campamento que era difícil saber lo que era mejor; las playas fantásticas, los campeonatos deportivos emocionantes, los cultos con enormes fogatas (cultos de fogón) era el medio más eficaz para encontrarnos con Dios, las comidas deliciosas al igual que todas las actividades del día. En los deportes, se organizaban campeonatos de fútbol, vóley, carreras en varios estilos, y en todos se iban adjudicando puntos en busca de los campeones. ¡En cada competencia, los que no jugaban se divertían siendo ruidosas hinchadas! Lo único del campamento que mucho no gustaba, eran las siestas, y más que, aunque no durmieras, silencio absoluto debías guardar. Las noches también tenían su programación; después de cenar era el tiempo para las "representaciones" divertidas que comenzaban cuando algunas de las cocineras aparecían cargadas con una enorme bolsa y de ella comenzaba a sacar cosas que a alguien se le había perdido, y cuando reconocíamos algo de lo que ella mostraba, entonces debíamos pasar al frente a buscarlo mientras un grito de "ooooooooooohhhh" salía de las gargantas de los demás, acompañado por un golpeteo de platos y tazas. Ya cuando pasaba la bolsa, enseguida aparecían los que hacían el diario del campamento y los golpeteos de tasas y platos continuaban cuando el diario delataba el romance de alguno de los acampantes y el "oooooooooohhhh" no se hacía esperar.

También cada grupo tenía que preparar alguna representación cómica y presentarla a los demás. Era todo superdivertido; tan divertido que la alegría continuaba aun cuando a algunos de los grupos les tocaba lavar y limpiar todo lo que se había usado para la cena.

El fogón

> ¡Arde el fuego, arde el fuego
> es la hora del culto
> venid y adoremos!
> Arde el fuego, arde el fuego
> dejad vuestras tareas,
> es la hora del culto, venid.

Cantando suavemente esa canción, nos íbamos acercando a la fogata enorme y nos sentábamos en el pasto; comenzaba la hora del culto, allí cantábamos con toda esa alegría que ya nos desbordaba el corazón. El evangelista especial para esos cultos a veces era argentino, pero fuera de donde fuera, él se preparaba todo el día para ese momento del "fogón"; entonces la alegría pasaba a un gozo más profundo, permanente y espiritual. ¡Dios hablaba y alrededor de lo que quedaba de fuego, muchos encontraban a Dios como su Salvador!

Subiendo al pan de Azúcar.

Por lo general, los campamentos se hacían en zonas cercanas al Balneario Piriápolis en Maldonado; allí había sierras, campos y playas, lugares ideales para realizar paseos y caminatas divertidas. De la playa lo que más recuerdo eran los partidos de fútbol jugados en la arena y también lo que llamábamos "La Lucha de la Sandia". Para este singular deporte o divertimento, se traía una de esas sandias redondas y grandes, se la untaba con aceite o algún líquido resbaloso resistente al agua; se formaban dos equipos y el juego parecido al fútbol americano, consistía en llevar la sandía hasta el arco del equipo contrario, algo que no era fácil, pero sí divertido.

También las "búsquedas del tesoro", eran otras de las actividades que a todos nos gustaba; se formaban dos equipos y ganaba el que primero encontraba "el tesoro". A los capitanes se les daba un papelito que contenía la primera clave en el largo camino a encontrar el tesoro, ese primer papelito te llevaba a encontrar un segundo papelito con la siguiente clave; cada equipo tenía caminos diferentes para llegar al tesoro, así que los grupos corrían de un lado a otro encontrando las diferentes claves, y ya en la última, esta te guiaba al anhelado "tesoro".

Todo muy lindo, pero de lo mejor de cada campamento, eran las famosas subidas al Cerro Pan de Azúcar. ¡Más que una tradición era el momento esperado, ideal para sellar algún noviazgo o para conseguir subir a uno de los puntos más altos del Uruguay! Ya en la base del cerro, se formaban los grupos mixtos y los consejeros que se encargaría del cuidado de esos grupos. El Pan de Azúcar es un cerro de pura roca y ya en el anillo inferior repleto de altos eucaliptus, están las vías y lo que en algún día fue una cantera de sacar piedras. ¡Con la excusa de ayudarlas a subir, los varones buscábamos a "nuestras" chicas y hasta les dábamos la mano cuando la roca era muy grande! En el tope del cerro hay una cruz hueca alta y grande con escalera caracol que parece nunca acabar, pero ya adentro hay asientos y ventanas a cada lado de los brazos de la cruz y se puede observar un panorama hermoso de toda la zona de Piriápolis.

La cena romántica.

Esas subidas al Pan de Azúcar servían también para concretar la invitación a la cena del viernes a la noche; la famosa "cena romántica" con la cual prácticamente se cerraba el campamento de ese año. ¡La regla era que hasta donde fuera posible, a esa cena se debía ir en pareja!

La semana se nos iba volando y el final era la hora más triste, pero aún hasta con lágrimas en los ojos, ¡nos prometíamos "el año que viene volver a vernos!".

Encontrando a Dios

Así, ya fuera en algún campamento o en la iglesia, íbamos encontrando una experiencia real de perdón de nuestros pecados y una dirección y ayuda permanente de Dios en nuestras vidas. En lo personal encontré una compañía constante que era como una amistad íntima con un ser superior; seguía siendo el mismo Daniel, el "hijo del peluquero", pero ahora con una luz interior que parecía guiarme, me daba versículos bíblicos que yo iba apuntando en mi vieja Biblia de tapas duras. "Mira que te mando que te esfuerces y seas valiente; no temas ni desmayes, porque Jehová tu Dios estará contigo en dondequiera que vayas", Josué 1, 9. "Cuando pases por las aguas, yo estaré contigo; y si por los ríos, no te anegaran. Cuando pases por el fuego, no te quemarás, ni la llama arderá en ti", Isaías 43, 2. "Clama a mí, y yo te responderé, y te enseñaré cosas grandes y ocultas que tú no conoces", Jeremías 33, 3. Con estos y otros versículos Dios me fue guiando de una forma bien clara e íntima; Jesucristo no solo era mi Salvador, sino que era también mi mejor amigo, y pronto agregué el versículo de Filipenses 4, 13, donde dice: "Todo lo puedo en Cristo que me fortalece".

¡Yo tenía doce o trece años y ya sentía esa dulce voz interior que me hablaba y guiaba! Recuerdo que, en las mañanas, estando aún en la cama, observaba una luz del sol colándose por entre el techo de paja de mi casa y para mí era como la demostración de la luz de Dios que me guiaba hacia un camino de fe y confianza. ¡No era una ilusión, era algo real que ya desde muy chico lo comencé a experimentar y a darme cuenta de que "para Dios no hay nada imposible". Y esa confianza se sumó a la confianza que ya tenía en mí mismo. Susana y Eduardo, mis hermanos y mis primos y amigos, en algún momento, también fueron adquiriendo lo mismo. Claro que a veces caíamos y nos desanimábamos, ¡pero la mano de Dios siempre nos levantaba!

Nuestra madre de joven.

Susana, yo, Eduardo y Ricardo en la playa
(Silvia todavía no había nacido).

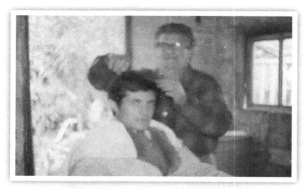

Mi padre cortándome el pelo.

Sacachispas (el equipo del barrio).

El barrio era como una "familia más grande".

"El Nazareno" equipo de niños de la iglesia…
Eduardo está ahí, ¡encuéntrelo!

Capilla de la esquina principal del barrio.

Eduardo en el Campamento.

✤

CAPÍTULO TRES

El Waio

Por la diferencia de edades, no estuve muy al tanto de la niñez de Eduardo, pero ya cuando él llegó a adolescente y Susana y yo éramos jóvenes, fue como que de pronto surgieron Eduardo y Ricardo y ya teníamos cosas en común; pienso que de parte de ellos había una cierta admiración y respeto hacia los hermanos mayores, y de parte nuestra, más interés en ellos y en sus cosas. Eduardo era entusiasta y como que siempre andaba alegre.

Por esta diferencia de edades, por lo general, a Susana y a mí nos tocaba ir a uno de los campamentos y a Eduardo y Ricardo a otro; Silvia era muy chica y ella empezó a ir cuando todos nosotros ya íbamos al de jóvenes, pero ella tenía su grupo de amigos o en el campamento se hacía de otros.

Esa diferencia de edades también te lleva a tener diferentes intereses, pero a medida que fuimos creciendo, los intereses se fueron aproximando y comenzamos a hacer cosas juntos; ir al estadio a ver a Peñarol, a la playa, a los cumpleaños, ¡a ser todos parte de una misma barra! Claro, así como yo era: "el hermano de Susana" a Eduardo le toco ser "el hermano de Daniel". Y aunque uno siempre se quiere, ya cuando compartís intereses y más tiempo juntos, además de ser hermanos, se comienza a forjar una amistad. La Biblia dice que: "Amigo hay más unido que un hermano", en nuestro caso éramos tanto amigos como hermanos. Yo ya soy viejo y mirando atrás a mi vida, no recuerdo jamás haber tenido una pelea con alguno de mis hermanos; a veces sí pensamos diferente, pero aun en las diferencias seguimos siendo amigos.

Eduardo en el liceo

Tengo de ese tiempo, un recuerdo que define muy bien lo que Eduardo es; él iba a un liceo que quedaba un poco alejado de casa y del barrio, así que allí él volvía a ser "Roberto González"; no era "el Waio" como lo conocíamos en el barrio, ni era "Eduardo" como le llamábamos en casa, en el liceo ni siquiera te daban la opción, veían en los documentos que te llamabas "Roberto" y en todas las listas aparecía como "Roberto", y es que Roberto es en verdad su primer nombre. La cosa fue que un día a mi madre uno de los profesores, le mandó una nota pidiéndole para hablar con ella sobre "Roberto". ¿Qué sería? ¡Nadie sabía, ni siquiera Eduardo! Mi madre tuvo que dejar de trabajar ese día para ir a hablar con el maestro de Eduardo. El maestro de una de las materias que Eduardo tomaba estaba preocupado por "Roberto" y quería saber por mi madre si Roberto era normal. Al maestro le preocupaba (según le contó a mi madre), que cada vez que sentado en su escritorio, levantaba la cabeza para mirar a la clase, se encontraba con la amplia sonrisa de Roberto. ¡No entendía de qué se reía, pero ahí estaba la enorme sonrisa de Roberto en medio de toda la clase!

Ay ese Waio, él era así, siempre embromando y riendo, ¡pero era lo más normal! ¡Era un niño feliz y bromista!

Formando su propia identidad

Comenzar en su adolescencia y por propia decisión, cursar la secundaria en un liceo donde no conocían a sus hermanos ni familiares, hacerse amigos con desconocidos y ser parte de un nuevo grupo de amigos, ¡eso le dio a Eduardo un sentimiento de independencia y le dio alas propias para volar y ser el mismo! Así que a veces, los sábados a la noche no regresaba por casa y ya todo sabíamos que Eduardo andaba en alguna fiesta; y si venía por casa era porque necesitaba algo de dinero y sabía que mi padre era quien se lo podía dar.

Así "el Waio" fue forjando su propio perfil y personalidad. Fue dejando de ser "el hermano de Daniel" y ser: "el Waio". Bromista y juguetón, a la vez con un carácter fuerte y explosivo, tan explosivo que su enojo a veces pasaba a ser furia; "una calderita de lata" que se calienta rápido (como decíamos en el barrio a los que enseguida se enojaban). Un día fuimos la barra del barrio a ver a Peñarol en el Estadio Centenario, y para llamar la atención de la gente "el Waio" y el Sergio Molina, fingieron que se estaban peleando, y como un incendio, ¡enseguida toda la tribuna comenzó a ponerse de pie para ver qué estaba pasando. No sé si a alguno de ellos que fingían pelear, se les fue la mano; ¡pero de repente estaban enfrascados en una pelea de verdad! Tuvimos que separarlos y cuando se calmaron, se saludaron dándose la mano y todos nos reímos.

La calle Salerno todavía era de tierra y casi intransitable debido a las zanjas y a los pozos; los días de lluvia el agua corría por las zanjas y las agrandaba aún más. Una tarde volvía a casa tranquilo después de trabajar, y desde lejos vi al Waio sentado al borde de una zanja. Nos saludamos con un "¡hola!", y cuando me senté junto a él para seguir conversando, él se levantó gritando: "¡Cuidado! ¡Una víbora!", y comenzó a correr; al ver a la víbora yo también corrí junto a él, y, ¡la víbora corría atrás de nosotros! Más corríamos, más corría la víbora, ¡y como que siempre estaba cerca de mis piernas! ¡Y recién me di cuenta de que era una broma de Eduardo, cuando él no aguantó más y a las risas se arrojó al suelo riéndose! La víbora era una víbora de juguete que Eduardo la tenía atada de un hilo de tal forma que el hilo no se veía, y la víbora siempre estaba cerca de mis pies, y como Eduardo corría junto a mí llevando la viborita, por más que yo corriera, la víbora no se apartaba de mí.

A trabajar

Conseguir "plata" (dinero) en casa era bastante complicado, así que cuando íbamos llegando a cierta edad, para darnos los gustos y tener dinero para vestirnos, todos fuimos encontrando nuestros propios trabajos; Susana que era muy buena cuidando niños, ya cuidaba al hijo de unos americanos, y ellos la llevaban con ellos para todos lados; yo a los 11 ayudaba a algún vecino jardinero y ya a los 14 encontré trabajo como repartidor en bicicleta en un almacén en Carrasco; Eduardo a los 13 años ya también trabajaba, aunque Eduardo para lo que más facilidad tenía era para gastar la plata, y además no duraba mucho en los trabajos e iba de uno a otro. A Ricardo le gustaba el dinero y desde muy joven se dedicó a trabajar, era responsable y cumplidor; sabía administrar bien lo que ganaba y ascendió muy rápido en la compañía para la que trabajaba. Y ya para cuando mi hermana Silvia era parte de la familia, mi madre empezó a trabajar como empleada doméstica y se llevaba a Silvia con ella. Y con mi madre trabajando, pese a la oposición de mi padre, ¡en nuestro ranchito se hizo la luz!; por fin teníamos luz eléctrica, y con ella apareció: la heladera, la cocina y hasta el lujo de la televisión. Se consiguió instalar el agua corriente en la casa y hasta para las plantas. "Los mecheros" a kerosene, el farol a mantilla, el primus y hasta el acarreo de agua desde "la bomba" pasaron a ser: "Esto ya es historia".

Creo que el primer trabajo que consiguió Eduardo fue con un hombre que tenía un vivero de plantas en su casa. Era un trabajo artesanal y con un vivero hecho a "lo uruguayo", o sea con muchas cosas "atadas con alambre". ¡Me contó un amigo que trabajó con "el Viejo Costa", que toda la construcción del vivero era bastante rudimentaria y que parecía venirse abajo en cualquier momento. Más o menos a la misma hora, todos los días, "el Waio" iba caminando un par de kilómetros para llegar al vivero. Parte de su trabajo era regar las plantas. Un día nos llamó la atención que, al poco rato de haberse ido a trabajar, él regresó y se metió derecho para adentro de la casa sin siquiera detenerse a hablar con nosotros. Al ratito nomas que el Waio había regresado, con su auto cargado de plantas y preguntando por "Eduardito", apareció el jefe de Eduardo. Como Eduardo no aparecía, a Costa lo atendió mi padre, ¡y mi padre hizo que Eduardo saliera y atendiera a su jefe! Cuando todo se solucionó, nos enteramos de lo sucedido: Eduardo estaba regando las plantas de interior con una manguera, y al jalar de la manguera, esta se enredó en uno de los postes que sostenía todo el techo de nylon y toda la estructura de ese lugar para plantas de interior, y tras el jalón de la manguera cayó el poste principal y todo el techo del vivero cayó sobre Eduardo y el planterío; y como Costa no estaba, Eduardo cerró la llave del agua y se vino para mi casa. El Waio no pensaba volver a ese trabajo, y, además, ¡se imaginaba que lo iban a echar por el desastre que había cometido! Pero como Costa lo vino a buscar y no parecía enojado, el Waio siguió trabajando allí hasta que consiguió trabajo como cadete en una fábrica de cierres.

Jardineros los Primos

Nuestro primo Walter González nos cuenta ahora un recuerdo de cuando "el Waio" y él decidieron trabajar como jardineros:

Con Eduardo comenzamos a trabajar con "el indio padre" (apodo de un vecino que tenía su propia empresa de jardines) y nos iba bien, tan bien que hasta nos pasó algunos jardines para nosotros. El caso es que un día estábamos haciendo un jardín que tenía tremenda bajada toda de césped y que terminaba casi en la calle (a la gente rica que vive en la rambla o cerca de ella, sus jardines tienen terraplenes enormes) y no es fácil cortar el pasto con una máquina de mano como la que teníamos nosotros, es peligroso cuando bajas y es bravo cuando hay que volver a las alturas. En un momento en que nadie nos veía, se nos dio por ponernos a jugar deslizándonos por la montaña usando la máquina manual de cortar pasto como vehículo; mientras uno bajaba, el otro esperaba abajo para detener la alocada marcha de la "máquina de cortar césped". Era una de esas máquinas sin motor, que para que ande y corte el pasto, hay que empujarla haciendo que las cuchillas rueden y al girar vayan cortando el césped. ¡Así desde la cima del terraplén usábamos la vieja máquina para tirarnos por la bajada! ¡Era de lo más divertido hasta que en un momento dado, nos quedamos con las cuchillas, por un lado, y el mango por otro! Guardamos la destartalada máquina en el garaje de la casa, tratando de que no se notara que estaba rota, y nos fuimos diciéndole a la señora, que al otro día regresábamos con el patrón para terminar de cortar. ¡Cosa que nunca sucedió y que terminó con nuestra expectativa de ser jardineros! No regresamos a trabajar y ni siquiera renunciamos ni volvimos a ver "al Indio". Igual para mí y el Waio fue divertido.

Recuperando terreno perdido

Remar de atrás es algo que nos suele suceder en nuestra adolescencia, y más cuando no tenemos una guía o un ejemplo visible de a quién seguir. Mis padres, tíos, mis vecinos, tenían como común denominador el no haber terminado ni siquiera primaría, a duras penas si sabían escribir; según cuenta mi madre, ella a los seis años ya trabajaba con cama cuidando niños de familias adineradas, y otro tanto sucedió con mi padre que desde su niñez fue de trabajo a trabajo; repartidos de pan en carro tirado a caballo, jardinero, empleado de la construcción y aprendiz de peluquero; mi abuelo fue labrador y ya en Montevideo cargaba camiones con arena a pura pala trabajando doce horas por día. ¡Un enorme sacrificio el que ellos hicieron para darnos a nosotros la posibilidad de una vida mejor! Pero la mayoría de nosotros nos descarriábamos al llegar a la adolescencia y dejábamos los estudios al llegar a la secundaria. Eso nos llevaba inevitablemente a cambiar libros por trabajo.

¡Ahí en ese tiempo creo que quizás me di cuenta de que "era pobre"! Y en uno de los tantos conflictos que nos llegan con la adolescencia, como que me fui dando cuenta también de "mi amor imposible" y eso me tiró un poco al abandono; dejé de estudiar y en "busca del mango" (como cantaba Carlos Gardel), ¡trabajé en lo que fuera! Me di cuenta de que en mi casa no había luz eléctrica y usábamos una botellita a mecha y con keroseno, mientras que "ella" a unas pocas cuadras vivía en un chalet en una zona distinguida de Montevideo; y a veces yo llegaba hasta su casa para verla o estar cerca, y el misionero al atenderme en la puerta, me daba una escoba para que le barriera el jardín y todo alrededor de su casa, a mí no me importaba hacerlo, ni tampoco me importaba lo que me pagara, a mí me importa estar allí si ella salía a jugar afuera y me saludaba. Cosas de adolescencia, al fin y al cabo, ella no era tan rica y la diferencia estaba en el trasfondo, venía de un país más próspero que el mío, sus padres habían trabajado y estudiado y se merecían tener lo que tenían.

Y para cuando me di cuenta de muchas cosas, entre ellas, que uno no puede condenarse a vivir subsistiendo con trabajitos mal pagados, ya había perdido demasiado terreno. Así que de jovencito y con la ayuda y dirección de Dios y de gente buena que está lista a dar una mano, un consejo, una ayuda, seguí trabajando, pero también me interesé en estudiar y en prepararme en cosas que me gustaban.

Conseguí trabajo en una fábrica de cerámicas y me tocó la sección donde se hacen los moldes en yeso para que en ellos se vierta la arcilla que ya después al ponerlas en hornos especiales se irán convirtiendo en utensilios hermosos de cerámica (juegos de té, tazas, jarras, platos, etc.). Así que me especialicé en eso de construir los moldes de yeso y me pagaban un buen sueldo para mi edad. De toda la fábrica, la única sección que no tenía que cumplir un horario estricto de trabajo, era la mía, ¡era un trabajo independiente y lo importante era hacer los moldes que otros creaban, eso me permitió tener un horario flexible y ser mi propio jefe y sin más empleados que yo mismo! ¡Aproveché esa oportunidad y me registré en una Escuela de Periodismo Deportivo! En pleno centro de Montevideo y en la principal avenida, funcionaba el Círculo de Periodistas Deportivos y allí ofrecían clases a interesados. Impactó mi vida esa vuelta a los estudios tomando cursos de algo que me apasionaba; ¡antes había cometido el error de cursar secundaria tomando clases de mecánica solo por la idea de que eso "eran cosas de hombres" y yo de mecánica ¡nada de nada! Ahora al tomar estas clases de periodismo, mis profesores en las diferentes especialidades deportivas eran gente famosa y profesionales del deporte. En "técnica del fútbol" tuve la fortuna de tener como maestro a Juan Alberto Schiaffino, un campeón del Mundo con Uruguay y autor de uno de los goles del "Maracanazo"; destacado jugador uruguayo que brillara en Peñarol, en la selección uruguaya e italiana, y que ya jugando en Italia fue considerado en su momento, como uno de los mejores jugadores de mundo.

El curso duró dos años y no recuerdo haberme perdido ni una sola clase; ¡mi sueño era ir como periodista deportivo a un mundial! Pero "a veces uno propone y Dios dispone" (dice un dicho uruguayo), y Dios tenía otros planes para mí.

Y aunque "mi amor imposible" se había ido para siempre a estudiar y vivir en Estados Unidos, yo ya tenía la fortaleza interior con la cual Dios nos alumbra y guía. "Por Jehová son ordenados

los pasos del hombre y Él aprueba su camino", Salmo 37, 23. Fue
una promesa de Dios que me fortalecía interiormente. "Deléitate
asimismo en Jehová y Él te concederá las peticiones de tu corazón.
Encomienda a Jehová tu camino, y confía en Él; y Él hará", Salmos
37, 4 y 5. Así que con promesas como estas y con su compañía
constante, me anoté a tomar cursos de jardinería en el Jardín Botánico
de Montevideo; y como había dejado de trabajar en la fábrica de
cerámicas y necesitaba dinero, se me dio por probar ser "vendedor de
helados". ¿Vendedor de helados? ¡Nunca me lo hubiera imaginado! El
trabajo como heladero era de venta callejera cargando los helados en
una pesada heladera de espuma plast repleta de todo tipo de helados
mantenidos por hielo seco, y era esa carga lo que hacía que la heladera
estuviera tan pesada, y lo único que aliviaba el caminar cargando
colgada al hombro, era vender la mercadería lo más rápido posible.
Me gustaba eso de ser mi propio jefe, así que saliendo al medio día
de mis clases de jardinería, sin comer me iba para la heladería, dejaba
allí mis libros y mis cuadernos; podía elegir la ruta a hacer, mi idea
era terminar la ruta en mi barrio. ¡Me atemorizaba la idea de tener
que gritar "helados"! ¿Y no sabía muy bien cómo hacerlo para ofrecer
los diferentes tipos de helados que tenía? Caminando y meditando
llegué a una zona de puro campos, y allí aproveché para ensayar mi
grito. Entré a esos baldíos practicando en voz baja y ya cuando salí
a la calle, era todo un heladero cantando a toda voz: "Heladooos;
palitos, vasitos, sándwiches, bombón; ¡Heladooos!". Y me fue tan
bien que nunca llegué a mi barrio con mercadería, ya que vendía (o
regalaba a algún niño que veía que quería, pero no tenía dinero) todo
y solo me quedaba el hielo seco.

 ¡Volvía a la heladería, pagaba la mercadería que había llevado
y el resto de la plata era mía! ¡Y era buena plata! Me gustó tanto la
ruta que había elegido, que la hacía todos los días y me fui haciendo
mi propia clientela. Recorría barrios pobres y con mucha gurisada; a
veces me llamaban desde adentro de sus casitas de lata y yo entraba
a venderles helados. Ver las caritas de felicidad de esos niños a los
cuales el padre le compraba helados, era algo que no tenía precio, y
más cuando todos los días ellos parecían esperarme.

Lo interesante de mi ruta como vendedor de helados era que a diario pasaba frente a una pequeña iglesia de mi denominación, y en esa zona era donde más vendía y era más popular. La iglesia se llamaba por el nombre de la calle, y como la calle se llamaba provisoriamente: Avenida 30 Metros, a la iglesia le llamaban "30 Metros"; nada muy original, pero así la llamaban. A mí se me dio por empezar a asistir a esa iglesia y me fui encariñando de la gente de la iglesia y del barrio, y la gente se encariñó conmigo. Y como la iglesia tenía planes de construir un nuevo templo en la esquina de la misma calle, resultó que me ofrecieron a mí la posibilidad de ser sereno (guardián) de la obra. ¡Dejé mi negocio de heladero y acepté la oferta de Felicce Garavelli y su empresa constructora! Don Felicce Garavelli era un italiano grandote, bondadoso y cristiano que ya me conocía por haber trabajado también para él como sereno cuando construyo en la iglesia de Carrasco.

¡Ser el sereno de la construcción de la iglesia me dio la oportunidad de crecer con ella! Vi cómo hacían los pozos para poner los fundamentos, vi cuando ponían los ladrillos y levantaban las paredes; y de la misma forma Dios me iba edificando. Comencé trabajando con niños, hice un cuadro de fútbol de niños del barrio, los ayudé a conseguir dinero para que fueran al campamento; después trabajé con jóvenes, y cuando yo ya estaba estudiando en el Instituto Bíblico Nazareno, me ofrecieron ser copastor de la iglesia de 30 Metros.

Dos hermanos y una cruz

Al ser Montevideo una ciudad pequeña, hace que todo quede cerca; 30 Metros estaba a una distancia en ómnibus de no más de 15 minutos de mi viejo barrio y de la Iglesia de Carrasco, y eso me permitió al ser pastor de 30 Metros que familiares y amigos comenzaran a venir a la iglesia donde éramos copastores con Luis Esturla. Mi madre, mi tía Ana, mis hermanos, primos y amigos, ¡fueron parte de la rápida multiplicación que tuvo la iglesia de 30 Metros!

Desde el principio Eduardo fue parte de 30 Metros y él fue creciendo y con el paso de los años, fue un importante colaborador en el crecimiento de la Iglesia. Para entonces yo escribía para revistas internacionales de la Iglesia del Nazareno, así que por todos lados conocían de 30 Metros y no entendían bien el porqué de ese nombre, pero al ser tan raro el nombre, ¡era fácil de recordarlo y de que les interesara leer sobre esta 30 Metros! En uno de esos artículos que escribí, lo titulé: "*Dos Hermano y Una Cruz*", y era la historia de lo que Dios estaba haciendo en 30 Metros. Pero era mucha la gente que se movía trabajaba y Dios usaba; gente que ya era parte de la iglesia por años, y gente que venía de mi barrio y otros que, al ver el movimiento, ellos también se arrimaban. Luis Esturla, además de compañero en el Instituto Bíblico, era amigo de toda la vida, ¡así que como copastores nos complementábamos de forma maravillosa! Mi hermana Susana y Beverly dirigían la Escuela Dominical y las actividades para los niños; mi primo Enrique era el presidente de Jóvenes; Adela, Pedro, Walter (mis primos), Ricardo y Silvia (mis hermanos); Coquin, mi mejor amigo del viejo barrio, siempre estaban y apoyaban en todo. ¡Y como toda iglesia creciente, el Señor parecía añadir cada día a los que iban a ser salvos! ¡Hasta mi abuela Liberata y mi tía Olga venían desde lejos con sus hijas y vecinos, y a todos les encantaba la iglesia! Siempre teníamos proyectos y hasta nos hicimos unas remeras con el eslogan de la iglesia que era: "Adelante con Amor".

El fútbol, como recreación y medio de evangelización, fue también infaltable, y como ya no existía más el Salerno, ahora "el 30 Metros" pasó a ser el rival clásico del Sacachispas; el único problema era que muchos de los que jugaban en el Sacachispas eran también jugadores del "30 Metros", así que ellos tenían que decidir con quién jugar. El Waio por ser zurdo cerrado, jugaba de puntero izquierdo o de centro delantero. Era pura potencia, fuerza y disparo violento (que bien podía ir al arco o a la casa de algún vecino); eso sí, jugaba cada partido como si fuera la final de la Copa del Mundo.

Presidente de Jóvenes del Distrito Uruguayo de la iglesia
y Eduardo como parte del Concilio directivo.

¡La Pamela del Waio!

El primer "flechazo" más o menos serio que "cupido" le dio a Eduardo, fue con la hija de otros misioneros, se llamaba Pamela Flinner y era la hija mayor de los tres que vivían con ellos en Uruguay y en Chile. Pamela no era un nombre muy común para Uruguay, pero justo su noviazgo se dio en un momento en que un sketch de un programa cómico de la televisión uruguaya hizo muy famoso el nombre "Pamela"; un personaje medio raro aparecía en escenas e interrumpía el programa cuando con su aparición parecía estar buscando a alguien o a algo, e interrumpiendo a los que estaban supuestamente actuando, y cuando lo miraban, este hombre raro lo único que decía era la pregunta: "¿No la vieron a Pamela?". ¡La cosa fue que ese sketch se hizo muy popular, y por todos lados hasta para saludar usaban la frase "¿No la vieron a Pamela?". Así que al "Waio" ya lo traíamos loco preguntándole: "¿No viste a Pamela?". La cosa fue que Eduardo y Pamela se hicieron novios y tuvieron un noviazgo bastante largo y parecían llevarse bien; además de verse en la iglesia, Eduardo también la visitaba en la casa con permiso de los padres.

Ennoviarse con la hija de un misionero era algo que yo nunca había visto; no era solo la diferencia de culturas, había otras dificultades que enfrentar; los misioneros venían con un contrato de Misiones Mundiales de nuestra iglesia y era solo de cuatro años, se lo podían renovar o darles otra asignatura. Para nuestra concepción de ser ricos o pobres, nosotros colocábamos a los misioneros como "ricos"; vivían en barrios de ricos y en lindas casas, iban a colegios privados que solo los ricos podían pagar; y, además, cuando terminaban secundaria (o antes de terminar), los hijos de los misioneros se iban para seguir sus estudios en Estados Unidos o ir a la universidad allí. Yo lo sabía por experiencia, ya que la hija del misionero que tanto me gustaba a mí, un día tuvo que tomar ese paso, y dejando hasta sus padres, ellos la mandaron a estudiar en una universidad en Estados Unidos.

Nosotros éramos pobres; íbamos a escuelas públicas, no hablábamos idiomas y no "acreditábamos" para irnos a los Estados Unidos. Esa era la cruel realidad. ¡Era una puerta cerrada de tal forma que no tenía posibilidad de abrirse! Al menos, así pensábamos en ese entonces.

Pero uno vive el momento que le toca vivir, y Pamela y Eduardo lo vivieron así. Ya en uno de los últimos campamentos que fueron como novios, Dios los uso para un avivamiento como pocas veces se vio en nuestra iglesia en Uruguay. Una noche estrellada, típica del verano uruguayo, cuando la leve brisa del viento parece acariciarnos, de forma repentina e inesperada, Dios vino y se movió entre nosotros. Era la última noche de ese campamento, algunos todavía cenábamos; Eduardo y Pamela decidieron salir a caminar sin alejarse mucho, y en esa caminata, se les dio por orar; ¡se arrodillaron en el césped y algo pasó! No, no fue un viento fuerte, fue más bien un silbo apacible, pero tan claro que de repente varios se acercaron y fueron envueltos en esa manifestación de Dios, y uno tras otro nos fuimos arrodillando en oración; ¡se formaron grupos y mientras unos oraban otros cantaban y nadie dudó de que aquello no fuera real! ¡La fogata para el fogón nunca se prendió ni esa noche hubo predicación, de pronto el centenar de nosotros estábamos cantando y manifestándonos con abrazos y cantos interminables la alegría que nos inundaba! Tan grande fue lo que sucedió, que al otro día ya volviendo a nuestras casas no hubo tristezas y la alabanza fue continua en la vieja bañadera. Paramos en el camino y bajándonos en un pueblito todos tomados de la mano y no dejando de cantar y saludar; la gente salía a las puertas de sus casas atónitos por lo que veían, y eso nos dio la oportunidad de evangelizar y darles el mensaje diciéndoles del amor de Dios para ellos.

Fue un campamento maravilloso y lo que sucedió la última noche fue decisiva para que Dios llamara a varios jóvenes a prepararse para ser sus discípulos; el primero en decir "sí" fue Eduardo, así que a las pocas semana ya lo tenía como compañero de estudios en el Instituto Bíblico Nazareno.

Instituto Bíblico Nazareno

El IBN (por sus siglas Instituto Bíblico Nazareno) estaba ubicado en una céntrica zona de Montevideo y era específicamente para preparar a los llamados por Dios para servirle. El IBN proveía todo para que pudiéramos estar allí los cuatro años que llevaba recibirse. Vivíamos allí, hacíamos trabajos en el lugar, y si salíamos a nuestras casas y o iglesias regresábamos al IBN, el IBN era nuestra casa por esos cuatro años. Juana Pena era la cocinera y la encargada de nosotros, los profesores eran pastores ya recibidos y los misioneros. ¡Éramos como una familia grande! Teníamos dormitorios, cancha de basquetbol y estudiábamos. De lo más lindo fuel el volver a vivir con el "Waio", nos veíamos constantemente y éramos parte de un hermoso y especial grupo. Él seguía siendo "el hermano de Daniel", algo que no le molestaba y hasta le agradaba, ¡y a mí me encantaba ver el crecimiento y la capacidad y talento en él! No había celos ni competencia entre nosotros, éramos hermanos y amigos, nos queríamos y nos deseábamos lo mejor.

Yo ya estaba en mi tercer año de estudios y ya era Pastor en 30 Metros, así que yo tenía más experiencia y más preparación; me gustaba ver el desarrollo de Eduardo, y una de las cosas que más recuerdo de ese primer año de él, fue en una clase de Oratoria. Flinner era el profesor y entre las tareas que nos daba, nos asignó de que, usando cualquier tema, preparáramos un discurso de 15 minutos y debíamos convencerlo de que lo que proponíamos era posible. Suena fácil, pero no era tan fácil, y menos para "los nuevos" como Eduardo. Por varios días buscamos el tema y nos preparamos hasta que el día establecido llego. Algunos logramos convencerlo y otros no; Eduardo sufrió con esa asignación, no tenía ni experiencia ni confianza, prepararse se preparó, pero cuando le llegó el momento, la mente se le quedó en blanco y se olvidó de todo lo preparado. Dejó lo que traía en la mano para usar como ilustración y solo dijo: "¡Me olvidé!", y se volvió a sentar. ¡El maestro y todos le hicimos saber "que no había problema, un día lo iba a poder hacer!". El "Waio" superó esa instancia y hasta se reía de lo que le había pasado. Y para cuando le tocó el turno para predicar en la hora de la "Capilla" trajo un lindo mensaje.

Lo más lindo de ese privilegio de estudiar con un sistema de internado, es que uno va creciendo "en sabiduría y gracia" como le sucedió al propio Jesucristo.

Eduardo seguía siendo "mi Timoteo", y siempre fue una ayuda en 30 Metros y en mi labor como presidente de la JNI (Juventud Nazarena Internacional) del distrito. Dios me dio la habilidad de preparar a varios "Timoteos", les fui dando la confianza de que, si podían hacerlo, y a medida que crecían les iba delegando responsabilidades y dándoles apoyo en lo que fuera. Eso fue lo que el Apóstol Pablo hizo con el joven Timoteo. Esa tarea de preparar a otros a veces es como enseñar a un niño a andar en bicicleta, y es lindo ver cuando ellos aprenden a andar por sí solos. Eduardo aprendía tan bien que pronto estaba enseñando y predicando en la iglesia de 30 Metros. Se veía que tenía el don de predicar, así que le fui dando oportunidades de que fuera explotando ese talento y hasta lo llevé un día a una tienda para que se eligiera un saco de vestir y se lo compré. ¡Por mucho tiempo fue su saco preferido! Él tenía sus propios gustos y le encantó ese saco desde que lo vio en la tienda, un saco que yo no usaría, pero que a él le quedaba bien y parecía ir con su personalidad.

Como director del Instituto Bíblico Nazareno, Harry Flinner y su familia eran parte de 30 Metros, él nos iba adiestrando a Luis Esturla y a mí en todo lo que tenía que ver con el trabajo pastoral que realizábamos, y una vez a la semana, teníamos una clase con él y allí él nos iba evaluando y nos iba diciendo "lo que hacíamos bien y aquello en lo que debíamos mejorar". Y más allá de su labor pedagógica, la familia Flinner se hizo parte activa en 30 Metros. También Beverly Armstrong venía asiduamente a 30 Metros; ella era la hija menor de los Misioneros Armstrong, y desde que su padre fue pastor en 30 Metros, ella consideró a esa iglesia como su iglesia, enseñaba en la Escuela Dominical y era la pianista de la iglesia

Vida abundante

Algunos asocian vida abundante, con tener dinero o posesiones, tener fama, o venir de familia con fortunas, y eso suele no ser verdad, la vida abundante que Jesús vino a traer, es la de saber disfrutar de la vida; y esa fue una premisa que intentamos implantar en 30 Metros, y hacerlo a través de nuestro propio ejemplo.

Ese tiempo en 30 Metros y en el IBN aumentó la amistad entre Eduardo y yo. Es más, al compartir una misión como la que teníamos, fortaleció nuestra amistad con mis hermano, primos y amigos; vivíamos una vida abundante. ¡Ya lo sólido de crecer juntos en un barrio que era una familia extendida, nos daba fortaleza y alas para volar! El fútbol continuó siempre presente, y así como los domingos eran para la iglesia, los sábados eran para el infaltable partido de fútbol y a la noche era para largas, divertidas y entretenidas reuniones de jóvenes. La vida cristiana no es una vida llena de negaciones, es una vida llena de oportunidades y desafíos. "¡Vamos a hacer tal cosa!", era todo lo que precisábamos para comenzar a hacerlo, y no había nada ni nadie que nos detuviera de hacerlo. ¡Teníamos confianza en nosotros y confiábamos en que ¡para Dios no hay nada imposible! ¡Vivir una vida abundante lo fuimos aprendiendo, viviéndola. "Todo lo puedo en Cristo que me fortalece"!, Filipenses 4, 13. Él nos prometió estar e ir con nosotros. Y de mi primer pastor Jack Armstrong aprendí: "¡Que Dios no haría nada por nosotros que nosotros no estuviéramos dispuestos a hacer por nosotros mismos!". Y aunque uno no tenga dinero u otros medios, apenas demos el primer paso, si Él aprueba nuestro camino, Él va con nosotros y delante de nosotros. Esto lo experimenté en casos sencillos como en los días que llevaba a los niños de la Iglesia de 30 Metros a jugar algún partido lejos y teníamos que ir en ómnibus. Yo les decía: "¡Traigan dinero para el pasaje!", y no todos lo traían o no traían lo suficiente. Yo no contaba el dinero, lo ponía en el bolsillo, confiaba en que Dios lo podía multiplicar. ¡Íbamos y volvíamos y siempre nos alcanzaba para pagar!

Siendo 30 Metros una iglesia pequeña, al campamento de niños de ese año, llevamos cincuenta acampantes. Del primer pastor que tuve, había aprendido el método que él usaba para recaudar dinero y ayudar a familias que no podían pagar el costo del campamento; y como yo había ayudado al misionero Armstrong cuando él juntó envases de vidrio, cartones, diarios, revistas, metales y todo lo que se pudiera vender y crear un fondo para ayudar a los que querían ir al campamento, pero no podían pagar. En esa ocasión, yo no tenía la camioneta del misionero para juntar cosas que la gente donaba y para después llevarlas a depósitos donde compraban todo eso que juntábamos, así que tuve que cargar las cosas, en un carro de mano y empujar el carro por las calles por kilómetros y por varios días, pero el esfuerzo valió la pena y casi llenamos la bañadera para el campamento de ese año.

Con los jóvenes y su lema: "Adelante con amor" realizamos viajes evangelísticos a iglesias del interior del país. Por meses juntamos y acondicionamos juguetes para repartirlos a donde íbamos. Además, en esas iglesias a las que íbamos, ellos nos organizaban programas en las radios locales y participábamos de actividades deportivas en los mejores estadios de la ciudad.

Además de todas las actividades de 30 Metros y de la JNI de distrito, como que siempre nos quedaba tiempo, o lo buscábamos, para alguna aventura puramente recreativa. Teníamos experiencia y nos encantaba salir a donde fuera, "haciendo dedo" (señal con la mano y los dedos que les hacíamos a los autos o camiones que andaban por la carretera); eso sí, casi siempre salíamos para "tal lugar" y a ese lugar llegábamos. Hicimos tantos viajes de ese tipo, que ahora al recordarlos se me mezclan un poco entre ellos. La mayoría de las veces salíamos con Eduardo y Enrique, otras veces con Ricardo, y a veces salíamos en grupos. El común denominador en esas salidas a la aventura era la falta de dinero, así que teníamos que administrarnos bien o racionar lo que teníamos. En uno de esos viajes, decidimos un grupo de amigos ir hasta el terreno baldío que tenía mi madre en el Balneario "Cuchilla Alta". ¡Y resultó una aventura inolvidable! Saliendo a la ruta, hicimos tres grupos de a dos, para de esa forma tener más posibilidades de que alguien nos llevara. Le "hacíamos dedo" a lo que viniera, y tan fue así, que a mí me paró una motoneta y me llevó. "Para dónde vas?", me preguntó todo jovial y amable el hombre que se detuvo; los dos íbamos vestidos de jean y championes. Y aunque no es fácil conversar en una motoneta, lo fuimos haciendo. Él iba gritando y cantando, y si por la ruta veía a otros "haciendo dedo" me preguntaba: "¿esos van contigo?", y cuando le decía que sí, él pasaba bien cerca y les gritaba riendo: "¡Qué trabajen los pobres!". Que sorpresa nos llevamos los dos, cuando conversando él me dijo que "era cura" y yo sonriendo, le dije "que era pastor". No lo podíamos creer. Entonces ya hablamos más serios y compartimos sobre donde estaban nuestras iglesias y los ministerios que hacíamos.

Un cura y un pastor en una motoneta en medio de la ruta no es cosa de todos los días. Hablamos amigable y animadamente, y cuando llegamos al punto a donde él iba, hasta nos despedimos con un: "¡Dios te bendiga!".

De a poco fuimos llegando todos al terreno de mi madre y allí armamos el campamento. Llevábamos una carpita como para dos personas, pero una noche que llovió, dormimos los seis ahí adentro. Por supuesto que, viajando así, no podíamos llevar mucho equipaje, y de lo primero que hicimos fue acomodar un lugar como para que fuera una cocina. Además de la carpita, llevamos un farol a mantilla para así tener luz en las noches y también para usarlo en la "pesca a la encandilada" que tanto nos gustaba y que de paso nos daría algo de comer; un farol y dos calderines. Cada uno llevaba su frazada o manta arrolladita a su espalda, y un bolsito con ropa y cosas esenciales. Ah, y también llevamos lo que no podía faltar: "una pelota de fútbol".

¡Apenas nos acomodamos, salimos con la pelota rumbo a la playa! De mala gana uno se tuvo que quedar a cuidar el campamento, pero los que nos íbamos le hicimos ver: que eso de cuidar el campamento era necesario, y además todo era rotativo y a la siguiente vez le iba a tocar a otro. En un almacencito de la rambla, compramos pan, fiambre y refrescos e hicimos una especie de "picnic" en la casi desierta playa. Como ya conocíamos Cuchilla Alta sabíamos que en la punta de la playa hay un chorro de agua que corre continuamente desde un manantial y de allí la gente recoge agua apta para todo, y es común que todos vayan con un jabón y se puede dar una ducha deliciosa; así que gracias a ese "chorro" teníamos agua para todo, y cada vez que íbamos, ¡ya llevábamos un jabón de baño y nos dábamos una ducha!

Al principio la gente del lugar nos miraba con cara rara y medios desconfiados, pero ya con el paso de los días nos fuimos conociendo; vernos jugar al fútbol era un espectáculo para ellos, ¡no por lo bien que jugábamos sino por la forma como discutíamos todo!, ¡qué pasó por acá!", ¡que no fue gol!, ¡que fue gol! Y ya cuando nos conocían, hasta alguno nos prestaban paletas y jugábamos al tenis, y se reían también cuando nos veían discutir como en el fútbol. De noche siempre algo pescábamos, el problema era: ¿cómo hacíamos el pescado si no teníamos ni sartén? Además, éramos seis y ni platos teníamos, pero a todo le encontrábamos solución, un tarro de lata nos sirvió de sartén, y en otro tarro más chico y tomando turnos íbamos comiendo.

"¿Qué comemos hoy?", era la pregunta infaltable. Enrique y Coquin eran los cocineros, yo como buen pastor colectaba el dinero para las compras, y el resto de las tareas nos las repartíamos para lo que fuera. Un día de esos en el que el hambre se sentía, Enrique se mandó flor de guiso, y cuando estaba cocinando, apareció Pedro con una paloma en la mano, "A ver, ¡a ver!", le dijo Enrique y cuando Pedro se la mostró, la paloma se quedó sin cabeza y pasó a ser parte del guiso. Esperar turno para comer era de lo más sufrido, y si uno como yo, comía lento, los demás lo apuraban para que comiera más rápido; el tarro que hacía de plato iba y venía, y si alguno quería repetir, tenía que esperar a que todos comiéramos y ver si quedaba algo. Todo iba bastante bien hasta que le tocó el turno a Eduardo y a alguien se le ocurrió decir: "¡Vos ya comiste Waio!", "No, yo no comí!", dijo Eduardo; y cuando a otro se le ocurrió darle la razón al que decía "Que él Waio ya había comido", Eduardo se puso de pie enojado y antes de que alguien lo detuviera le dio una patada a la lata donde se cocinaba y esta voló por los aires. Y Eduardo dijo una frase que fue memorable de ese viaje: "¡No como yo, no come nadie!".

Y así con lluvia, hambre y algunas discusiones, fuimos pasando la semana y mejorando la convivencia; conseguimos algunos recipientes para usar como platos y comíamos todos a la vez. Y como broche de oro ocurrió lo que consideramos como "un milagro de Dios"; comenzábamos un día más en nuestro "campamento tipo 'Gran Hermano'", y aparecieron los que menos esperábamos. Sin saber que nosotros estábamos allí, los misioneros Armstrong sacaron a pasear a Linda que había venido a visitarlos, y paseando por los balnearios de la costa, se les ocurrió pasar por donde pensaban que mi madre tenía un terreno, y nos encontraron a nosotros allí acampando. La alegría fue tal, que decidieron comprar carne, pan y refrescos para hacer un asado y celebrar el encuentro en nuestro campamento. ¡Qué fiesta! Asado, Linda, y un cierre de campamento, ¡espectacular! Ese asado fue para nosotros como el maná y las codornices en el desierto para Israel.

La vida abundante del joven creyente

Cuidando las ovejas de su padre, el relato bíblico nos cuenta cómo David fue encontrándose con Dios en la soledad de las montañas, y allí fue aprendiendo a confiar en Dios, supo qué hacer cuando un león aparecía tratando de arrebatarle alguna oveja y fue experimentando desde las cosas más sencillas a las más grandes, el significado de ser "amigo de Dios" como lo había sido Abraham. A nosotros en cada viaje loco que hacíamos, nos enriquecíamos de anécdotas y recuerdos, y aunque fueran sufridos, ¡siempre veíamos la mano de Dios y fuimos aprendiendo a confiar en Él! A veces dormíamos a campo abierto, otras veces en los pilares de puentes de ríos uruguayos. Teníamos que quemar bosta de vacas para hacer humo y espantar a los mosquitos; otras veces caminábamos kilómetros y kilómetros sin que nadie nos llevara. ¡Pero nos gustaban tanto esas salidas, que solo bastaba que alguien dijera: "¿Vamos?", para ya al rato salir!

No llegamos a la Cordillera de los Andes

Una vez con Enrique y mi hermano Ricardo, se nos ocurrió ir a Chile a visitar a los misioneros Flinner que habían ido allí una vez que salieron de Uruguay. ¡Ese viaje lo planificamos bien, pero nos salió mal! Todo iba de maravilla; yo administraba el dinero, conseguimos un camión cargado de cueros vacunos apenas salimos a la ruta. Eso sí, el chofer nos advirtió que nos llevaba con gusto, pero que tendríamos que ir atrás con los cueros que tenían un olor espantoso, y nos dijo: "¡Hasta Paysandú yo los llevo!". Nunca habíamos ido a Paysandú y ese tirón nos dejaba a orillas del río Uruguay en la frontera con Argentina. Era el viaje más largo de todos los que hicimos haciendo dedo, así que nos subimos al camión y sobre los olorosos cueros viajamos acostados. A la noche, llegando a San José, el camionero detuvo su camión al ver un puesto de comida al costado de la carretera y bajó a comer un asadito. El fueguito y ese aroma a asado entusiasmó a "mis compañeros de viaje", y ellos también quisieron bajar a comer, pero yo los detuve diciéndoles que para llegar a Chile era necesario cuidar bien el dinero que teníamos. Como si fuera el típico ministro de economía, a toda propuesta de gastar dinero, y les decía que no. El camión cargado de cueros nos llevó como 400 kilómetros, pero todavía nos quedaba mucho terreno para recorrer, y era un terreno desconocido para nosotros. Eran miles de kilómetros, atravesar toda La Pampa argentina y llegar a Mendoza, cruzar la cordillera y todavía ir hasta Santiago, que era otros cientos de kilómetros.

A la mañana cuando ya estábamos en Paysandú y nos habíamos despedido de los amables choferes del camión, ahí sí desayunamos bien y pasamos ese día en las playas del río Uruguay; ¡cenamos barato a puro fiambre y pan y cuando llegó la noche acampamos cerca del río y dormimos en el suelo entre los árboles del parque! Al día siguiente un auto nos llevó hasta donde el río Uruguay es más angosto, y como todavía no había puente, se cruzaba en una especie de barca al que llamaban "balsa", ya que él transportaba no solo gente sino también los vehículos de los que necesitaban cruzar. En esa balsa, además de los autos, también cruzaban camiones y buses. ¡Ya habíamos conseguido un auto que el dueño nos dijo que sí podíamos cruzar con ellos!

Estábamos felices como si hubiéramos llegado a Chile, pero, nos encontramos con: "Un detalle que faltaba", y que no lo habíamos considerado hasta llegar al puesto de emigraciones, resulto que, por ser menor, Ricardo necesitaba un permiso legalizado de mis padres autorizándolo a salir del país.

¡Hasta ahí llego nuestro viaje a Chile! Yo me tomé un ómnibus y regresé a Montevideo para estar en el cumpleaños de mi sobrino. Subí al ómnibus y me senté bien en el fondo, y me di cuenta de que debido a los cueros sobre los que dormimos y viajamos, yo debía de oler bastante mal; la gente ni se me acercaba y ni se sentaba cerca de mí. Sabiendo que a Chile no íbamos, yo renuncié como ministro de economía y le devolví a Enrique y Ricardo su dinero y ellos lo aprovecharon muy bien. Se fueron a un hotel y se dieron un buen baño y durmieron en cama con sabana, almohada y frazadas; ¡y después me contaron que comieron como reyes! Pasearon por el litoral uruguayo y llegaron a Artigas que es frontera con Brasil al norte de Uruguay.

Con Enrique y Eduardo nos fuimos "a dedo" hasta Brasil

Aunque ya teníamos nuestros trabajitos, algunos ingresos teníamos, pero no nos sobraba nada, ¡vivíamos por fe y nada nos detenía! Surgió la idea de irnos a dedo hasta Brasil, a la frontera entre Rivera (del lado uruguayo) y Livramento (del lado brasilero). El invierno estaba cerca, y, además, la crisis del petróleo hizo que para ahorrar combustible el gobierno uruguayo dispuso que un día los vehículos cuya matrícula terminara en número par no pudieran transitar, y al día siguiente, la misma medida, pero con los que terminaban en números impares; o sea que solo circularían el 50 por ciento de los autos y camiones en esos días. ¿Frío? ¿Menos autos? ¿Poco dinero? No nos íbamos a achicar por eso; además de la fe y de nuestra juventud, como uruguayos nos gustaba esa rebeldía sana de no rendirse nunca y que es conocida como "la garra charrúa". A nivel deportivo las hazañas alcanzadas se nos acredita a esa reacción anímica de nunca darse por vencidos, y así ganamos dos de los cuatro Mundiales que tenemos en el fútbol, en la final contra Argentina perdíamos dos a cero y terminamos ganando cuatro a dos; con Brasil en el místico Maracaná con doscientos mil espectadores, perdíamos uno a cero y lo ganamos dos a uno. Muchos de "esos héroes" todavía vivían cuando nosotros éramos jóvenes, podíamos verlos o enterarnos de ellos; pero ya la "garra charrúa" era parte de la libertad del Uruguay. Nuestro prócer, José Gervasio Artigas peleó siempre en desventaja, y una de sus famosas frases, muestra su rebeldía cuando dijo ante la falta de soldados para enfrentar a poderosos ejércitos: "Si es necesario, pelearé con perros cimarrones!". Y el cruce libertador que se conoce como el de los 33 Orientales, sucedió cuando 33 hombres ingresaron al país que estaba invadido, y en la playa de la Agraciada plantaron la bandera de "Libertad o Muerte", que tiempo después cristalizó la Independencia del Uruguay. Esa semilla de rebeldía es herencia natural de los uruguayos, y aun para cosas triviales o comunes, está siempre presente.

En menos de un día llegamos a Tacuarembó, situada a unos 400 kilómetros de Montevideo; y mal no nos fue, ya que hubo varios autos y camiones que al vernos haciendo seña, pararon y nos llevaron, y en un momento en que no conseguíamos quien nos llevara, hubo un hombre que nos llevó unos kilómetros en su carro tirado por caballo. En Tacuarembó había una iglesia de nuestra denominación, así que allí hicimos una parada obligada y visitamos la iglesia que ya conocíamos. ¡Allí tuvimos alojamiento y cena! A la mañana temprano ya estábamos nuevamente en la ruta y nos dimos cuenta de que el tráfico había mermado. Un camión nos llevó un trecho de unos cuantos kilómetros, pero nos dejó en el medio de la nada, lejos de donde íbamos y lejos también de volvernos a Tacuarembó. Caminamos y nada, y así por horas en la fría y desierta carretera; y cuando el hambre nos hacía crujir el estómago, ¡vimos a lo lejos lo que parecía ser un almacén de campana! Una señora de la iglesia en Tacuarembó nos había regalado un frasco de mermelada casera de higo, lo único que precisábamos era pan. El almacén estaba como a dos cuadras de la ruta, pero esperanzados de encontrar pan, fuimos. Nos recibieron unos perros y tuvimos que golpear las manos para que nos atendieran; salió una señora y nos dijo enseguida: "¡Pan no tenemos!", y como para que no nos fuéramos desanimados, nos dijo:

"Tengo galleta de campana". La galleta de campana es un tipo de pan que se hace sin levadura justamente para que dure más. Compramos una para cada uno (son grandes y cuadradas) y volvimos a la ruta a esperar que pasara algún camión o vehículo, y de paso intentamos hacer una especie de pícnic, pero las "galletas de campana" estaban duras como piedra y no había forma de que las pudiéramos abrir para ponerle la mermelada; como estarían de duras esas galletas, que aprovechando que la carretera estaba vacía, caminábamos por el medio de la ruta probando dar las galletas contra el piso, y las desgraciadas rebotaban, pero no se partían. Esa noche dormimos junto a la ruta y a puro diente y mordiscos, pudimos finalmente ganarle a la galleta de campana.

Esa zona casi desierta entre Tacuarembó y Rivera es pura sierra y cuchillas; subíamos una montaña y nos encontrábamos con otra aún más grande, pero bromeando y charlando las íbamos subiendo. Lo bueno era que con el frío ni mosquitos había. Un camionero se apiadó de nosotros y nos llevó casi hasta la entrada de Rivera; era la primera vez que íbamos a esa parte del norte del país, y el hecho de que fueran dos ciudades juntas y solo divididas por una calle que era la frontera entre Uruguay y Brasil, hacían que pareciera más grande y hubiera movimiento de gente y de tráfico. Cruzamos para el lado de Brasil probando nuestro portugués y hasta nos animamos a comer en un restaurante.

Las ciudades eran bien pintorescas y con mucho comercio en ambas ciudades, y lo singular de las economías y sus continuos cambios en el valor de las monedas, hacen que a veces los brasileros crucen para el lado uruguayo y otras veces los uruguayos cruzan para el lado brasilero, pero la gente se lleva bien y se ven felices de compartir fronteras, idiomas, costumbres, y comercios.

¡Lo malo de ir muy lejos es que después hay que volver! Ya había más tráfico. Pero en vez de autos o camiones parecían aviones. El día amaneció fresco y feo, y debido a que se nos acababan los "recursos financieros", no pudimos quedarnos más tiempo en Rivera o en Brasil, así que salimos otra vez a la ruta. Con el paso de los kilómetros y las interminables sierras, se nos fueron también acabando las provisiones. Cubiertos con las frazadas nos cobijamos a un lado de la ruta y comimos unas manzanas esperando algo que nos levantara y llevara. Subimos un repecho más y cuando el hambre asomaba (era lo único que asomaba por esos lados) vimos que al otro lado de la carretera había una plantación enorme de sandias y a lo lejos, unos hombres trabajando en ella. Enrique se acercó al alambrado, y como los hombres estaban medio lejos, les gritó para llamarles la atención, y haciendo señas con sus manos, les indicó si podía pasar al otro lado del alambrado y arrancar una sandía, y también por señas manuales, ellos le indicaron que llevara las que quisiera. Fue hacerle esa seña y Enrique ya estaba del otro lado del alambrado. Aquello era un mar de sandias, había tantas que no sabía cuál arrancar, levantándolas de a una, nos las iba mostrando a Eduardo y a mí como para que nosotros le indicáramos por señas por cuál votábamos. ¡Nos las iba mostrando a la distancia, y no convencido nos mostraba otra! Como suele suceder, "el que mucho elige y elige, con la peor se queda". El retorno de Enrique a la ruta, fue de película y por largo rato Eduardo y yo nos reímos de la forma como volvió con su sandia en un brazo y en la otra mano una cuchilla que en Rivera se había comprado. Envuelto en una frazada regresaba cuando le avisamos que "¡venía un camión!", y apurado como era cruzó corriendo por delante del camión y tuvo la suerte de no pisarse la frazada que lo cubría, si no hubiera volado sandia, cuchilla y Enrique. ¡Ay como se rio ese Waio! El camión tocó bocina y siguió volando sin aminorar la marcha. Nos reímos de lo lindo, y, además, comimos sandia; eso sí, a cada rato había que ir al baño.

Otro camión se detuvo y corrimos como una cuadra para alcanzarlo. "Voy hasta Paso de los Toros", nos dijo el amable hombre y cómo nos servía, enseguida nos subimos a la caja del camión y avanzamos un par de cientos de kilómetros; pasamos por Tacuarembó y ya cerca de la Ciudad de Paso de los Toros (es también una ciudad del departamento de Tacuarembó), se nos terminó el viaje en ese camión, ya que él tomó por otra ruta, y otra vez a caminar. El que ya no daba más de cansancio, era el Waio; a veces se nos quedaba rezagado y lo teníamos que esperar a cada rato. "¡Dale Waio!", le decía Enrique y Eduardo apuraba el paso. Una de esas veces que el Waio se retrasaba, como no venía, volvimos a buscarlo y lo encontramos muy sonriente acostado en unas zanjas al costado del camino. "¡No, ya no sigo más! ¡No puedo más!". Y como vimos que la cosa iba en serio, con Enrique contamos hasta las monedas y le dimos todo lo que teníamos para que él se tomara un ómnibus y volviera a Montevideo. Tuvo suerte el Waio, apareció un ómnibus de la ONDA (principal línea de transporte interdepartamental en aquellos días en Uruguay), le hicimos seña y paró; sonriente el Waio se despidió de nosotros y Enrique y yo seguimos caminando. Estábamos cansados sí, pero sabíamos que ya no teníamos dinero, así que había que llegar a Montevideo y todavía faltaba mucho.

De pura curiosidad, se nos dio por entrar a Paso de los Toros, una ciudad que no conocíamos, pero al ser pequeña, no nos iba a llevar mucho tiempo y de paso, ¡hacíamos un poco de turismo! A decir verdad, mucha apariencia de turistas no teníamos, y apenas estábamos recorriendo las primeras calles, cuando pasamos frente a una estación de policía, dos de ellos que estaban en la puerta, nos hicieron señas con las manos llamándonos a acercarnos. No había nadie más en la calle, así que era a nosotros que nos llamaban. "¿Documentos?", nos exigió uno de ellos cuando caminamos esos cuarenta metros hasta donde estaban. Se los dimos, y mientras los revisaban y nos miraban de arriba abajo, fueron surgiendo más preguntas: "¿En qué andan?", "¿De dónde vienen y a dónde van?", "¿Qué hacíamos para ganarnos la vida?". "Trabajo en una panadería", le dijo Enrique. "¿Y usted?", me pregunto a mí; "¡Soy pastor!", le contesté yo, él volvió a mirarme de arriba abajo y murmuró incrédulo y sarcástico: "¿Pastor?—y agregó en tono burlesco—: Pastor de qué, ¿de ovejas?". ¡Los dos policías por primera vez se reían, pero era una risa no muy simpática y más bien se divertían con nosotros! Se ve que no tenían mucho para hacer y estaban aburridos; pero como no había nada que justificara nuestra detención, nos dejaron ir; ellos sosteniendo nuestros documentos nos advirtieron: "¡No queremos verlos por acá dando vueltas!". Ni falta hacía que nos dijera eso, ya que con esa bienvenida hasta las ganas de conocer Paso de los Toros se nos había ido.

Sin querer, esos dos policías nos ayudaron, apenas salimos nuevamente a la ruta, ¡el primer camión que pasaba se detuvo y ofreció llevarnos si nos animábamos a ir atrás! Era un camión de carga enorme que volvía vacío para Montevideo, y la parte de atrás era larga y sin barandas; lo cual lo hacía peligroso, pero como dice el dicho: "A caballo regalado no se le mira los dientes", así que apenas nos ofreció llevarnos, ya estábamos arriba con nuestras mochilas y frazadas. El que fuera hasta Montevideo nos dejaba prácticamente en el destino de ese viaje y así finalizábamos los 250 kilómetros que todavía nos faltaban. Ya andando a toda velocidad y con cuidado de no caernos, en cuatro patas nos hicimos unas camas con las frazadas y usando las mochilas como almohadas. Al rato nomas, se largó a llover, pero no nos importaba, ¡íbamos volando hacia Montevideo!.

Pasamos el río Yi, la ciudad de Durazno, y cuando íbamos acercándonos a la ciudad de Florida, Enrique me dijo: "Pah, en Florida vive el flaco Ramón"!. El "flaco Ramón" había vivido mucho tiempo en nuestro viejo barrio y había sido parte de nuestra barra de amigos hasta que un día se fue a vivir con su madre en Florida, una ciudad histórica a unos cien kilómetros de Montevideo. El flaco Ramón medía como dos metros, y eso lo llevó a dedicarse en el fútbol, al puesto de ser "arquero"; y le fue tan bien, que terminó jugando en un equipo de Primera división del fútbol uruguayo llamado Huracán Buceo. Iba bien "el flaco" hasta que se topó con Fernando Morena, un notable goleador de Peñarol, y Ramón Alanís se hizo famoso porque una tarde y con Enrique acompañándolo desde la tribuna justo detrás del arco, Peñarol le hizo seis goles todos de Fernando Morena; y aunque Ramón le atajó un penal, ese día sucedieron dos cosas; una, que con sus seis goles Morena logro el récord de ser el máximo anotador en un partido del Fútbol Uruguayo; y la otra cosa que pasó, fue que ahí se acabó la carrera del "flaco Ramón" como guardameta.

Cuando vivía en el barrio, "el flaco Ramón" venía a la iglesia y éramos bastante amigos y eso que de jovencitos cuando jugábamos esos partidos en el barrio y éramos rivales, casi siempre terminábamos empujándonos y amenazando con peleas, que por suerte siempre alguien evitaba y nos separaba, si no "el flaco" me hubiera matado. ¡Enrique sí era bien amigo de Ramón e incluso lo había ido a visitar a la casa en Florida, así que sabía bien donde vivía! Y al estar cerca de Florida, inmóviles y tapados hasta el cuello mientras la lluvia caía, el tema fue "el flaco Ramón". Enrique me contó una vez más sobre ese día del "récord de Morena", y riendo me dijo como cada vez que "el flaco" venía a buscar la pelota detrás del arco y se acercaba a la tribuna, le decía a Enrique entre lamentaciones y comentarios cortitos: "¡Me está matando!". Y mientras me iba contando esas memorias, al llegar a Florida, el camión disminuyó la velocidad y entró a Florida. ¡No lo podíamos creer! Cruzamos el puente sobre el río Santa Lucia y desde allí se podía ver "La Piedra Alta", lugar histórico donde se juró la constitución de nuestra patria.

¡Enrique hasta se sentó en el camión y miraba con asombro cómo el camión daba vueltas para aquí y para allá, y cada vez estaba más cerca de la casa de su amigo Ramón! El camión con dificultad fue dando vueltas por las angostas calles de la ciudad; vueltas por aquí, vueltas por allá, ¡y detuvo su marcha justo frente a la casa del "flaco Ramón!". Enrique no lo pensó ni dos veces se bajó del camión; ¡yo me quedé por las dudas que el camionero regresara y avisarle que mi compañero ya venía! Pero Enrique volvió antes y con los brazos llenos de comidas y tortas fritas que justo la madre de Ramón estaba haciendo.

Al que creyere todo le es posible y verá en su vida cosas maravillosas que nos hacen decir como David: "Bendito Jehová, el Dios de Israel, el único que hace maravillas", Salmos 72, 18.

Equipo de fútbol de la Iglesia del Nazareno

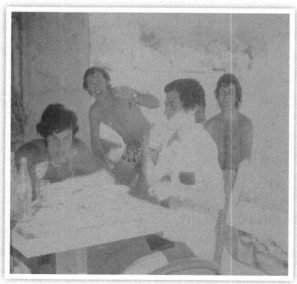

❧

CAPÍTULO CUATRO

NOS CASAMOS CON LAS HIJAS
DE LOS MISIONEROS

El sistema de la Iglesia del Nazareno para con sus misioneros era que el misionero era enviado por cuatro años a un país y regresaba a la sede de Misiones Mundiales; por un año se dedicaban a viajar por Estados Unidos recorriendo iglesias y distritos promocionando Misiones Mundiales, y al país en el cual sirvió como misionero. En esos cultos por lo general, presentaban un programa audiovisual, hacían un estand con cosas típicas del país de dónde venían, predicaban y recibían ofrendas y promesas de ayuda misionera. Y ya antes de terminar el año de giras por diferentes partes de Estados Unidos, tenían que presentarse a una revisión su ministerio y del deseo que ellos tenían de seguir sirviendo en el mismo país al que habían sido enviados; también en esa revisión, consideraban informes de los otros misioneros que servían en el mismo país y si ellos hacían una solicitud para su regreso. Los Armstrong, padres de la chica que a mí me gustaba, estuvieron en Uruguay por cinco períodos, igual siempre era una incertidumbre saber si volverían o no. Los Flinner, en cambio, después del primer período en Uruguay, fueron designados a dirigir la obra en Chile. Igual Eduardo y Pamela habían acordado terminar su noviazgo antes de los Flinner ir a su año de licencia en Estados Unidos, seguían siendo amigos, pero ya no novios. Y ya, sin Pamela, Eduardo no duró mucho solo y siempre tenía alguna novia o amiga. Además de su buena presencia, tenía una personalidad bien agradable, bromista, alegre, inteligente. Era un líder en potencia y estaba en pleno desarrollo; predicaba mejor que yo y tenía la capacidad de poder llegar a ser un gran evangelista. Era impulsivo como Pedro y había que controlarlo para que no le fuera a cortar la oreja a alguno (como hizo Pedro). Y donde más había que controlarlo a Eduardo era en los partidos de fútbol.

Y tanto pintaba Eduardo, que los líderes de la iglesia en Uruguay, le ofrecieron ser pastor y tener su propia iglesia. Y aunque el nuestro es un país pequeño y las distancias no son tan grandes, igual se hizo difícil no estar juntos para todo y trabajar en 30 Metros. Como hermanos solteros coincidíamos muchas veces a la hora de comer o estar al mismo tiempo en la casa de nuestros padres. Y, por otro lado, era bueno para él, tener su propia iglesia y ejercer un estilo de ministerio propio. Todos, en lo que sea, precisamos en algún momento, que nos suelten en el aire y aprender a volar como los pájaros por sí solos.

Yo era más inquieto y soñador que Eduardo, así que siempre andaba buscando algo como para irme superando y creciendo. Eduardo era más cómodo en ese sentido y como que me seguía mirando donde yo pisaba al seguirme, él pisaba donde iba a ser más seguro. Mi idea era encontrar un lugar dentro de la iglesia, donde poder seguir estudiando.

Y como mi sueño seguía siendo el de ir a un mundial y hasta ir como periodista, en un tiempo bien difícil por la situación política que el Uruguay atravesaba, igual hice el esfuerzo y saqué mi pasaporte; el Mundial del 74 era mi sueño y mi meta, y para ir al mundial era necesario sacar el pasaporte; no me importó el alto costo ni lo complicado que era conseguirlo, había aprendido por muchas y variadas experiencias que "para Dios no hay nada imposible", y Él podía llevarme al mundial. ¡Claro que Dios tiene su forma de hacer las cosas y a veces hasta utiliza de nuestros sueños y de la preparación para ellos, y Él tiene aún otra cosa mucho mejor! Un día el encargado del distrito de nuestra iglesia en Uruguay me preguntó: "¿Usted tiene pasaporte verdad?". No entendía el porqué de esa pregunta, pero le contesté que sí tenía pasaporte; y él me sorprendió al decirme que tenía una buena noticia para mí. ¡Aun sin saber la noticia, siempre es bueno que te den buenas noticias! Él me explicó que la Juventud Nazarena Internacional estaba organizando un Congreso Mundial de Jóvenes en Suiza y que alguien de una iglesia en Estados Unidos estaba pagando un pasaje para que Uruguay tuviera un representante en ese Congreso, y como yo era el único de los que podían ser elegidos que tenía los documentos necesarios para viajar, ¡me ofrecían a mí esa posibilidad! Por supuesto que me olvidé del Mundial, me estaban regalando un pasaje a un Congreso de Jóvenes Nazarenos en Suiza, y eso era aún mucho mejor que ir a un Mundial de Fútbol.

Los propósitos de Dios son mejores que los nuestros y fue una alegría enorme experimentarlo una vez más. Entre los que más se alegraron por ese regalo de Dios, estuvo Eduardo, Susana y el misionero Armstrong que era como un padre para mí. Armstrong venía casi todos los días por mi casa cargado de mapas e información; él averiguaba con la Agencia de Viajes las diferentes opciones para llegar a Zúrich; al principio la idea de él era que yo fuera por barco hasta España y de allí por tren hasta Suiza, pero desde la oficina mundial de nuestra iglesia le descartaron esa idea haciéndole ver que me podía llevar demasiado tiempo y que también podía ser peligroso mandarme solo en semejante viaje. Esa sugerencia hizo que Armstrong trazara otra posibilidad y al poco tiempo ya estaba entusiasmado con ese "plan dos", y venía por la casa de mis padres actualizando las diferentes posibilidades. Y creo que Dios estaba detrás de todo eso y en "sus planes" ese viaje era más que ir a un Congreso Mundial, era la llave para lo que Él tenía para mi vida. Armstrong me preparó el itinerario, hizo contacto con diferentes personas en diferentes lugares y ellas se mostraron encantadas de recibirme y hospedarme. Iría en avión hasta New York donde me recibió un pastor puertorriqueño de una iglesia hispana de nuestra denominación; prediqué en su iglesia ese domingo y él y su familia me pasearon por New York y New Jersey, y a los dos días el pastor me acompañó hasta la puerta del avión que estaba repleto de jóvenes nazarenos y volé de New York a Zúrich y fue deslumbrante apreciar la belleza impresionante de los Alpes Suizos. ¡Parecía un sueño, pero todo lo que me estaba sucediendo era realidad y solo producto de lo que Dios puede hacer con cualquier persona que realmente cree en Él!

El itinerario para mi regreso era también sensacional; volví con el grupo de Filadelfia y mi primer hospedador sería la propia familia de Armstrong con Linda encargada de recibirme y hospedarme. Me encantó volver a verla, conocer a su abuela por parte de la madre y pase allí unos hermosos días sin advertir en esos momentos, los movimientos que Dios estaba haciendo. Pasé unos diez días allí y entonces volé a Kansas City Missouri (centro de nuestras oficinas mundiales de la iglesia), y allí Judy una chica que había estado en Uruguay como misionera estudiantil fue quien me recibió; con Judy nos habíamos hecho muy amigos y ella pagó mi viaje de Filadelfia a Kansas y me hospedó en su casa y me llevó a visitar las oficinas Mundiales de la Iglesia del Nazareno y varios otros sitios de la ciudad; así que pasé otra hermosa semana allí sin imaginarme que un día Dios me traería nuevamente allí, al centro mundial de nuestra iglesia, trabajaría allí y sería parte de la organización de la Juventud Nazarena Internacional. ¡No siempre vemos lo que Dios está haciendo ni entendemos! Sus propósitos para nosotros, lo maravilloso es que Él los hace. Mi tercer "parada" fue en Miami y me hospedaron y atendieron una familia que por amistad con los misioneros solían ir seguido a Uruguay.

¡Todo el viaje fue fantástico y con muchas implicaciones para mi futuro! ¡Pasaron tantas cosas, que necesitaría otro libro para compartirlas! Me sonrío de admiración cuando veo cómo Dios hace las cosas. La Biblia dice: "Fiel es el que os llama, el cual también lo hará". 1 Tesalonicenses 5, 24. Y eso siempre fue una realidad en mi vida desde los días que subía al ómnibus con una cantidad de niños para jugar al fútbol, y confiando en que el dinero para pagar todos sus boletos me iba a alcanzar. Y es que el que vive cerca de Dios, se empapa de sus bendiciones. Él sabe lo que queremos, sabe el deseo de nuestros corazones. Cuando yo fui a Suiza, ya ni pensaba en Linda, y ella ni pensaba en mí. Ella había vivido en Estados Unidos por siete años, había venido a Uruguay dos o tres veces a visitar a sus padres, después que se fue para estudiar en la Universidad, y aunque éramos amigos, la vida de ella estaba en Estados Unidos y la mía en Uruguay.

Bonita como era, novios, pretendientes y amigos no le faltaban, y estaba bien. Además de linda, era atractiva por su carácter y simpatía. ¡Para mí hubo un tiempo que era Linda o ninguna!, y así llegué a orar a Dios. Después fueron surgiendo otras chicas hermosas y yo seguía solo, así que traté de romper ese pedido de "Linda o ninguna", pero Dios ya había oído mi deseo y estaba trabajando en mi pedido original.

Un año antes de ir a Suiza, en otro grupo de estudiantes con una Misión vinieron a Uruguay, vino una chica rubia preciosa, y como decimos en Uruguay, me flechó de tal manera que mi esperanza era encontrarla en ese Congreso. Yo era el típico latino que les gustaba a las americanas, así que cuando el pastor puertorriqueño que me llevó hasta la puerta del avión que iba repleto de jóvenes nazarenos, él se animó a asomarse a la entrada del avión y desde allí preguntó en voz alta y en inglés: "¿Hay alguien aquí que habla español?". Apareció sonriente una preciosa chica diciendo: "¡Yo habla uno poquito!". ¡Wow! Qué forma más buena de empezar un Campamento Mundial de Jóvenes. ¡Y ya desde el avión, ella fue mi constante compañera! Era texana y lo último que supe de ella fue que ya casada (fui incluso a su casamiento unos años más tarde), se mudó a Siracusa en New York y trabajaba como informativista en un canal de televisión.

Claro que yo estaba contento de ver a Linda y pasar unos días con ella; conocí a su amorosa abuela, me llevó a su iglesia, y pasamos horas y horas charlando. Y aunque en ese momento ni nos dimos cuenta, algo pasó. Comenzamos a escribirnos y escribirnos casi a diario; nos escribíamos tanto que nuestras cartas se cruzaban en el aire, y sin esperar contestación a lo que nos escribíamos, ¡nos poníamos a escribir otra carta! Los carteros llegaban a diario a nuestras casas distantes y no había día que no trajera una carta. Yo ya le sabía el horario a mi cartero y hasta salía a la esquina a esperarlo, y él riéndose feliz me daba la carta, me enteré de que se llamaba Elías Álvarez. Así por carta nos arreglamos y ya por carta fuimos comenzando a planear "dónde", "cuándo" y "cómo" nos íbamos a casar.

Yo no le dije nada a nadie, pero la noticia corrió como fuego en reguero de pólvora, y pronto todos lo sabían. "¡Dale, Daniel, contá!", me decía mi hermana Susana, y a ella fue a la primera que le conté. Todos se alegraron, Linda habló con sus padres y les contó que se estaba enamorando de mí, y sus padres felices cambiaron todos los planes en los cuales contaban con Linda viviendo en Estados Unidos y cuidando de la abuelita; pero hasta la abuela que siempre la vigilaba cuando aparecía con algún muchacho, enseguida se alegró cuando Linda le dijo lo que pasaba, y la abuela le dijo a Linda: "No te preocupes por mí, yo voy a estar bien, tú vete a Uruguay y cásate con Daniel!".

Y cuando la noticia de mi noviazgo con Linda corría, otra noticia bomba explotó: El Waio y Beverly también se enamoraron y se querían casar. Dos hermanos con dos hermanas, algo que no es muy común; y además se daba el caso de que las dos eran hijas de misioneros. Linda y yo nos casamos primero y un año más tarde se casaron Eduardo y Beverly. Fiesta en el barrio, fiesta en la iglesia, y Dios lo hizo de tal forma, ¡que no surgió ninguna crítica ni a nivel local, distrital ni internacional! ¡Dios solucionó todo e hizo posible lo que tenía fama de imposible!

CAPÍTULO CINCO

Haciéndole "dedo" a los aviones

Dios no hace nada a medias, y mientras le permitamos que Él siga dirigiendo nuestras vidas, Él nos va a seguir sorprendiendo gratamente. Y ya con la certeza de haber experimentado y visto la forma como Dios había obrado, mi fe y confianza crecieron enormemente. ¡Sabía que para Dios no hay nada imposible! Al igual que David, aprendí a confiar en Dios desde muy jovencito, y aunque yo le fallé muchas veces, ¡Dios nunca me falló! David lo aprendió siendo el más chico y cuidando las ovejas de su familia; y si aparecía algún león tratando de devorar a algunas de sus ovejas, él confiaba en Dios y Dios lo ayudaba a solucionar el problema. Y cuando Dios tuvo que elegir a alguien para ser el rey de Israel, el profeta enviado entrevistó a la familia de Isaí y conoció a todos sus hijos, pero no era ninguno de ellos, así que le pregunto a Isaí: "¿Son estos todos tus hijos?", e Isaí le respondió: "Queda el menor, que apacienta las ovejas". Y resultó que David era el elegido por Dios. "Porque Dios no mira lo que mira el hombre; pues Él hombre mira lo que está delante de sus ojos, pero Jehová mira el corazón", 1 de Samuel 16, 1–13. Y así como solía hacer con las fieras que pretendían atacar a las ovejas que él cuidaba, un día hizo lo mismo con un gigante filisteo que asolaba a los ejércitos de Israel. David no se atemorizó cuando vio al gigante y confiando en Dios y sabiendo que Dios no le iba a fallar, acabo con Goliat y se ganó la admiración de todo Israel. Dios nos va enseñando, primero con cosas pequeñas, después con cosas más grandes, y así vamos creciendo hasta llegar al punto de verdaderamente creer en Dios. Eduardo y yo llegamos a ese punto de fe en Dios que la Biblia define así en Hebreos 11, 1: "Es, pues, la fe la certeza de lo que se espera, la convicción de lo que no se ve".

Como piezas de ajedrez, Dios va usando personas y cosas para cerrar y abrir puertas; uno tiene la visión y el deseo de hacer algo, y Dios sabe cómo hacerlo y sabe lo que es mejor. Y si por ahí, alguna puerta se cierra, no hay que desesperarse, Dios sabe lo que está haciendo, y aun cuando nos parezca que se tarda y nada parece salirnos, hay que aprender que: "todas las cosas ayudan a bien a los que amamos a Dios y creemos en Él", Romanos 8, 28.

Mi primera tentativa en buscar una institución de la Iglesia del Nazareno en la cual pudiera continuar mis estudios teológicos fue el Seminario Centroamericano en San José Costa Rica; les escribí y me respondieron, así que seguimos en contacto y viendo las posibilidades, y estábamos en eso cuando no sé ni cómo, me enteré de que, en San Antonio, Texas, había un seminario en español y estaba acreditado académicamente para otorgar el título de Licenciado en teología. Seminario Nazareno Hispanoamericano era su nombre en español o Hispanic Nazarene Seminary en inglés. Así que compartí con Eduardo lo averiguado y a él también le interesó esa posibilidad. Al igual que el Seminario de Costa Rica, también desde San Antonio nos atendieron cordialmente y nos enviaron toda clase de información. Nos decidimos por San Antonio y ellos nos querían allí, aunque no tenían capacidad física para alojar a más matrimonios, y nosotros éramos dos matrimonios más, pero nos prometieron solucionar ese inconveniente de vivienda. Desperdigadas por su amplio campo universitario, tenían varias modernas casitas especialmente para matrimonios, pero estaban repletas, así que nos ofrecieron adecuarnos un edificio que estaban construyendo para que fuera un dormitorio (tipo pabellón) en el que tenía capacidad como para cien alumnos varones; la idea de ellos era provisoriamente hacer cuatro habitaciones, dos para Eduardo y Beverly y otras dos para Linda y para mí, eran cocina, comedor y dormitorio, y estaban en el medio del edificio frente a frente y solo separados por un corredor que atravesaba todo el edificio; lo único que al no tener baños en nuestras piezas, deberíamos utilizar el que originalmente iba a ser para hombres y teníamos que compartirlo entre los cuatro.

¡A nosotros esos detalles nos tenían sin cuidado, lo que nos importaba era poder ir al seminario y hacer allí nuestros cursos universitarios! Seriamos los primeros uruguayos en ir a San Antonio y debido al buen nivel del Instituto Bíblico Nazareno de Uruguay, el Dean Académico repasó todos los cursos tomados en Uruguay y al validarnos muchos de ellos, podíamos con dos años en vez de cuatro, graduarnos y recibir el título que buscábamos; y como era un título universitario, podíamos, yendo a otra de las universidades nazarenas, conseguir una Maestría y hasta un Doctorado en Teología.

Todo fantástico. Nos habían aceptado en el Seminario de nivel Universitario, solo faltaba un pequeño detalle: "¿Cómo íbamos a conseguir el dinero para los pasajes y los demás costos?". Al ser todavía una posibilidad, no lo compartimos con nadie y fuimos haciendo los trámites de visas; ¿sabíamos que íbamos, pero no sabíamos cómo íbamos a ir?, confiábamos en eso de que ¡Dios Proveerá!, y Dios proveyó.

Armstrong consiguió el dinero para Eduardo y Beverly, y un sábado al regresar de jugar al fútbol con El 30 Metros, Linda me estaba esperando en casa y con una carta en la mano me dijo: "¡Sentate!", y me alcanzó una silla; una amiga de su iglesia en Filadelfia, sin saber nada de nuestro deseo de estudiar en San Antonio, obedeció a Dios y nos estaba enviando el dinero que necesitábamos en secreto. Esta señora había recibido una herencia y en esa carta le decía a Linda: "¡Anoche Dios me dijo que les mande este dinero para ti y Daniel!". El dinero era suficiente para nuestros pasajes.

Solucionado el problema del costo de los pasajes, justo nos tocó ir a la entrevista con el cónsul americano en Uruguay a la Embajada de Estados Unidos. Ya habíamos entregado un tiempo antes, una aplicación solicitando para mí una Visa de Estudiante. Y, oh casualidad, el cónsul era el padre de uno de los alumnos de Linda en el Uruguayan American School; y él nos dijo: "Con esta visa solo podés estudiar y vivir en Estados Unidos, y yo sé que Linda es muy buena maestra y va a conseguir trabajo enseguida y no van a ser una carga para el país, así que le voy a dar a Daniel una Green Card para que él pueda trabajar sin límites y entrar y salir del país las veces que quiera, sumado a otros beneficios que la Visa de Estudiante no tiene!".

Yo solo quería poder entrar a Estados Unidos y estudiar, así que no me había preocupado por el tipo de visa; ¡más Dios iba delante de nosotros moviendo sus piezas y viendo más allá de donde yo veía! Él sabe hacer las cosas mucho mejor que nosotros, nuestra parte es confiar en el Piloto de nuestras vidas.

Y tan perfectos son los planes de Dios, que a veces hasta los adorna poniéndole una frutilla al pastel, y eso nos sucedió, cuando fuimos por la Agencia de Viajes a arreglar lo de nuestro pasaje. ¡Como volábamos con una compañía brasilera e íbamos por Brasil, en la agencia nos arreglaron para que sin costo pudiéramos pasar dos días en Río de Janeiro en un hotel en plena Playa de Copacabana!

Seminario Nazareno Hispanoamericano

En medio de puros bosques y bien apartado de la ciudad de San Antonio estaba el seminario y la que iba a ser nuestra casa por los próximos dos años. Era una propiedad inmensa con diferentes tipos de edificios bien distanciados unos de otros. En la parte más elevada y mirando hacia otra ruta un poco más transitada, estaban el edificio de la administración, oficinas y salones de clase; a un lado estaba una moderna y grande biblioteca, y al otro lado, un poco más alejada, estaba la capilla que además del santuario tenía también salones para clases de música. Como a cien metros y ya bajando la cima, en el centro de todo, estaba el comedor y la cocina; hacia la izquierda estaban los dormitorios de las chicas y las casitas individuales para los matrimonios; y bien abajo y más al centro, estaban los dormitorios de los muchachos, y junto al de los muchachos estaban construyendo un nuevo pabellón y en ese edificio aun sin terminar, nos acondicionaron de urgencia lo que iba a ser nuestro hogar, separados por un pasillo de un metro de ancho, de un lado las piezas de Eduardo y Beverly, y del otro lado del pasillo, las que iban a ser las piezas de Linda y mías. ¡Estaban muy bien arregladitas, limpias y recién pintadas, teníamos, además, heladera y cocina y de a poco lo fuimos amueblando!

Lo interesante seguía siendo el baño, que debíamos compartir y llegábamos a él utilizando el largo corredor que separaba nuestras piezas. Era un baño moderno y recién edificado, de un lado, tres duchas en pequeñas piecitas que se cubrían con cortinas de nylon; del otro lado de las duchas había una mesada imitación piedra con lavamanos y un amplio espejo, y más hacia el fondo y con puerta en vez de cortinas, estaba el baño y en un rincón, los clásicos urinarios de hombres. ¡Más que un baño se asemejaba a un típico vestuario deportivo, pero fue nuestro baño y terminó gustándonos! Además, a nuestro edificio no podían ni acercarse ninguno de los otros alumnos; no llegábamos a ocupar ni la mitad del edificio y todas las demás piezas estaban a medio terminar. Y para los cuatro de nosotros fue como vivir en una misma casa; a veces estábamos del lado de Eduardo y Beverly y otras veces del lado nuestro; compartíamos sal, aceite y lo que faltara en la casa del otro. Mirábamos la tele del lado de Eduardo y Beverly o jugábamos juego de mesa comiendo pizzas y pop del lado nuestro. ¡El vivir de esa forma nos acercó aún más y para todos lados andábamos los cuatro juntos!

Tal como había dicho el cónsul en Uruguay, Linda enseguida consiguió trabajo como maestra en la escuela del pueblito cercano al seminario, la Ciudad de Helotes. A Beverly le dieron trabajo en las oficinas de la administración del seminario; y a todos los alumnos se le asignaban trabajos en el mismo seminario. Estábamos todo el día ocupado y para todo, teníamos que "marcar tarjeta" en un reloj para esos fines que estaba ubicado a la entrada de la biblioteca.

Nivel Universitario

Fue un acierto que Dios nos guiara al Seminario Nazareno de San Antonio, Texas; la Iglesia del Nazareno consideraba al seminario como una más de sus universidades y se le llamaba Seminario porque su enfoque era exclusivamente en el área teológica. Cumplía con los requisitos que se le requerían a cualquier otra universidad del país, profesores acreditados, exigencias académicas, biblioteca con cierto número de libros y textos; además funcionaba con un sistema de internación para la mayoría de los alumnos, proveyéndoles vivienda y alimentación.

Por el buen nivel educativo del Instituto Bíblico Nazareno de Uruguay, de donde veníamos, el Dean académico nos validó la mayoría de los cursos tomados en Uruguay, y automáticamente comenzamos como alumnos de tercer grado (juniors) en el Seminario Nazareno Hispanoamericano. Eso sí, los requisitos eran mucho más exigentes en el Seminario que en el Instituto, y eran bien a nivel universitario. Había que leer mucho y hacer informes de lo leído, y ya desde el principio, el doctor José Rodríguez, un notable maestro, nos recalcó a toda la clase: "Que, en esos informes de lectura, no aceptaba informes que no fueran críticos". Los informes debían tener cierta cantidad de páginas escritas a máquina y a doble renglón; y él no quería leer esa frase utilizada una y otra vez, ¡de que "ese libro había sido una bendición!"; no leíamos como algo devocional, sino que debíamos leer de una forma racional y crítica.

Para cada materia había que leer cierta cantidad de páginas; y además del examen final en cada semestre, debíamos presentar un tema de no menos de cien páginas. Este tema tenía que ser a doble renglón, escrito a máquina y en cierto tamaño de hojas blancas; se debían utilizar varios libros de diferentes autores, y reconocer en una bibliografía a los autores de las citas que incluíamos, así como a la casa de publicaciones y el título del libro citado. En las clases y en estas lecturas y tema final, nos familiarizábamos con san Agustín, santo Tomás de Aquino, Aristóteles, Platón, Sócrates, Anselmo, Armiño, Wesley, Calvino y muchos otros escritores, pensadores, filósofos de la antigüedad y de la actualidad.

Beverly y Linda nos ayudaban y hasta trabajaban más que nosotros en interminables madrugadas para poder terminar estos trabajos requeridos y entregarlos. Y casi al límite de tiempo y para no perder puntos de nuestra nota, los teníamos que introducir por debajo de la puerta de la oficina del profesor de la materia que fuera.

¡La exigencia académica del Seminario, nos ayudó a crecer mucho en el conocimiento y en forjar pensamientos propios! No se podía decir: "Estoy de acuerdo con el autor", y se valoraba muchos más en encontrar y criticar cosas con las cuales no estábamos de acuerdo.

Al estar alejados de la ciudad de San Antonio, y salir muy poco del seminario, a veces ni cuenta nos dábamos de que estábamos en Estados Unidos. Con un ómnibus amarillo de esos que se usan en la escuela, vans y autos particulares, íbamos todos los domingos a la Iglesia Hispana en San Antonio, y esa era casi la única salida para la mayoría de los estudiantes solteros. Los más salidores éramos nosotros cuatro, y eso gracias a que, con su trabajo como maestra, Linda se compró un lindo y cómodo auto, grande como eran los de aquella época. Íbamos a los Mall, a los Shoppings, fútbol y hasta ayudamos en iglesias hispanas de nuestra denominación en ciudades como Corpus Christie y Del Río. Y apenas teníamos dos días o más de vacaciones, nos íbamos a Kansas City u otros lugares lejanos manejando. Tanto paseamos que Linda y yo, cuando llegaron las vacaciones nos fuimos en nuestro auto hasta la Ciudad de México, lo que conllevaba varios días de viaje.

Lo que más nos costó del Seminario fue acostumbrarnos a su comida, es que con la mayoría de los alumnos mexicanos y tan cerca de México, el picante en las comidas era demasiado fuerte para nosotros. "El chile", la salsa y los jalapeños, eran "fuego" para nosotros, un fuego tan fuerte que ni con agua o sal lo podíamos apagar y calmar nuestro paladar y detener la lágrimas que corrían por nuestros rostros.

El resto de la vida en el seminario era agradable, con muchas risas y compañerismo. "Este Eduardo es fatal", solían decir cuando mi hermano con sus constantes bromas los enloquecía. Una de las bromas preferidas de Eduardo, era "cargarse de electricidad", frotando los zapatos de sus pies en ciertos tipos de alfombra, y una vez que ya "estaba cargado de electricidad" se acercaba a algún compañero distraído y con solo tocarlo le pasaba un golpe de corriente; ellos gritaban: "¡Ayayay!", pero a la vez se reían, lo más que podía hacerles ese tipo de golpe eléctrico era la sorpresa. Así que se cuidaban de Eduardo y hasta desconfiaban de él cuándo con la mano extendida parecía querer saludarlos con un apretón de manos. Y de ir a las canchas de fútbol en San Antonio, Eduardo sentía expresiones que solían decirse entre mexicanos y como él no sabía que algunas no eran muy buenas, él a veces las repetía a toda voz en los lugares donde los estudiantes nos juntábamos; y ya cuando alguien le explicó lo que esas palabras querían decir, Eduardo dejó de usarlas.

Trabajando en la Biblioteca

Aunque yo prefería cumplir mis horas de trabajo haciendo jardines o trabajado con plantas, me recomendaron que no hiciera eso: "El calor es insoportable para trabajar al sol, además hay muchas culebras". Y era cierto, abundaban las inmensas serpientes de Cascabel y otros animalitos peligrosos; y sí, el sol y el calor eran agobiantes casi todo el año. Así que me decidí a trabajar en la Biblioteca del Seminario, donde Eduardo ya se había anotado; en la biblioteca había aire acondicionado y era un trabajo bastante sencillo y nos mantenía en contacto con los demás, ya que, a la Biblioteca, había que ir o ir. Por tener diferentes horarios, no siempre trabajábamos a la misma hora con Eduardo, pero eso no era problema, ya que nos veíamos por todos lados constantemente, tomábamos las mismas clases, nos sentábamos cerca, almorzábamos juntos, y a la noche compartíamos horas de televisión o de juegos de mesa. El Seminario fue uno de los tiempos que más cerca vivimos.

Apasionados por el fútbol

Ni Eduardo ni yo éramos muy buenos para el fútbol, pero como uruguayos era una de nuestras pasiones con las cuales ya venimos etiquetados a este mundo; lo jugábamos en ratos libres con los compañeros del Seminario, pero, aun así, extrañábamos el jugar en algún equipo como asiduamente lo hacíamos en Uruguay, así que averiguando y buscando, dimos con una Liga de Fútbol Amateurs de puros hispanos en San Antonio y nos enrolamos en un equipo llamado El Laguna, íbamos a las prácticas y a los partidos sin faltar nunca. Yo era mediocampista y Eduardo delantero, jugábamos siempre y el Laguna de entonces se hizo conocido como "¡el equipo de los uruguayos!".

Tanto era el amor por el fútbol, que en una ocasión que habíamos ido a visitar a amigos en Kansas City, como a unas 15 horas de viaje, sabiendo que teníamos partido con el Laguna en Piedras Negras, una ciudad del lado mexicano en la frontera, nos volvimos rápido, pasamos por nuestra casa en el Seminario, agarramos los zapatos de fútbol y nuestros uniformes y llegamos a Piedras Negras directo para el partido.

En un evento misionero en Pensylvania Eduardo y yo participamos vestidos de Gauchos (uruguayos y argentinos).

Seminario Nazareno hispanoamericano en San Antonio, Texas.

Equipo de fútbol del Seminario.

Aparece Ecuador en mi Camino

Así como Dios usó mi viaje a Suiza para abrirme las puertas para el milagro de mi casamiento y también el deseo de poder seguir estudiando, ahora usó mi tiempo en el Seminario para por qué no, ¡si para Dios no hay nada imposible!, ser parte del selecto grupo de jóvenes universitarios en una tarea misionera estudiantil.

No recuerdo ni cómo, me enteré de que la Iglesia del Nazareno por medio de Misiones Mundiales tenía un programa para estudiantes de las Universidades Nazarenas para trabajar como misionero durante los dos meses de vacaciones de verano. El propósito era dual, una, entusiasmar a los jóvenes con mejores notas en sus universidades y así quizás un día podían llegar a ser misioneros de la Iglesia; y el otro propósito era ser de ayuda para los diferentes campos misioneros que tuvieran proyectos especiales y solicitaran de la Iglesia Mundial este tipo de programas.

¡Apenas me enteré, me re entusiasmé y comencé a sonar con esa posibilidad! "¡Es imposible!", me decían algunos compañeros que más bien pensaban que ese programa era exclusivo para estudiantes americanos y de las grandes universidades. ¡Interiormente, yo sabía que, para Dios no era imposible! ¡Solicité una aplicación y esta me llegó unas semanas después y enseguida la llenamos con Linda, y la mandamos! En esos tiempos, la comunicación era más lenta, así que llevó semanas de espera, pero finalmente, nos llegó la carta avisándonos que habíamos sido elegidos para ser parte de cincuenta jóvenes que serían enviados a diferentes partes del mundo donde la Iglesia del Nazareno estaba. Esa carta era para felicitarnos por haber sido elegidos y avisándonos que en próximas cartas se nos anunciaría el país al que seriamos enviados. ¡A las semanas nos llegó esa carta, y ahí nos informaban que "nuestra misión iba a ser comenzar una iglesia en un sector nuevo de la ciudad de Guayaquil!".

¡Ya desde que supimos que Ecuador iba a ser nuestra asignación, nos enamoramos de Ecuador! Para nosotros era un país desconocido, "era el país de Spencer", y ya con eso, nos llenaba de emoción el poder ser enviados a su país; Spencer era sinónimo de fútbol, de todo tipo de goles y conquistas hazañosas. Mediante el fútbol, Spencer conquistó el corazón de la mayoría de los uruguayos. Desde las oficinas de Misiones Mundiales nos pusieron en contacto con los misioneros que estaban en Ecuador, y ellos nos fueron dando información y contestando nuestras preguntas en cuanto al clima, las comidas, iglesias y nuestra misión específica. Fueron meses de entusiasmada preparación. Y lo otro interesante resultó que, en nuestro Seminario en San Antonio, dos semanas antes de que el grupo fuera enviado a diferentes países del mundo, los líderes del programa nos iban a dar la orientación. ¡De todas las universidades los jóvenes escogidos vinieron a nuestro Seminario y allí se dio una completa información sobre el programa y la misión a la cual éramos enviados! Éramos misioneros y como a tales nos trataron. Y además allí conocimos personalmente a las otras dos chicas que integrarían nuestro grupo a Ecuador, una venía de Oklahoma y la otra de Alabama.

Divididos en grupos de dos, tres o cuatro jóvenes, fuimos saliendo del Seminario y los encargados nos llevaron en diferentes horarios a las diferentes terminales en el Aeropuerto de San Antonio. Nuestro grupo voló directamente a Guayaquil y allí nos estaban esperando los misioneros y sus familias y nos dieron una recepción y nos conocimos. Al día siguiente, Sluyther, quien iba a ser el encargado del proyecto para comenzar la nueva iglesia proyectada para Guayaquil, nos llevó a conocer la ciudad y también el lugar escogido para comenzar la iglesia del Nazareno. Era junio de 1977 y el calor era agobiante, pero estábamos felices de estar allí como misioneros estudiantiles de la Iglesia del Nazareno.

¡Ecuador fue una hermosa experiencia misionera! Fueron dos meses repletos de trabajo, paseos y bendiciones. Como Linda y yo ya teníamos experiencia como pastores, sabíamos cómo era eso de ir casa por casa introduciéndonos e introduciendo a la iglesia y el motivo por el cual estábamos allí; sabíamos hacer evangelismo personal, trabajar con niños y jóvenes. Ya lo habíamos hecho en Uruguay y en Chile, y eso nos ayudó muchísimo en la tarea asignada para Ecuador, y las dos chicas enseguida se acoplaron y trabajaron de igual a igual con nosotros. Cada día íbamos hasta la urbanización "La Pradera" con material y publicaciones de la iglesia; eran cientos de casas y edificios, casa por casa y puerta por puerta fuimos hasta completar esa parte de nuestra misión. A los pocos días, ya algunas casas nos abrieron sus puertas para que comenzáramos allí, reuniones con ellos y con vecinos, y en esas casas teníamos estudios bíblicos y oración y varios aceptaron a Jesús como su Salvador. Además de las visitas casa por casa, en las tardecitas teníamos reuniones al aire libre en alguna placita, y se llenaba de niños, de jóvenes y de adultos; las chicas presentaban un show de títeres con historias bíblicas, y ya para los jóvenes y adultos, las chicas cantaban y yo traía una predicación evangelística.

Los resultados no se hicieron esperar y muchos niños y adultos se fueron añadiendo a los que sería la iglesia, aceptaban a Jesús como su Salvador y comenzaban a asistir a los Estudios Bíblicos que teníamos en algunas casas de la zona. Y sabiendo nuestros horarios, cuando llegábamos, ya nos estaban esperando; era una bendición y nunca tuvimos ningún problema.

La idea de los misioneros era que con esos que se convertían, ir comenzando la nueva iglesia; ya tenían un terreno al otro lado de la avenida, y era la esperanza de ellos, algún día tener una iglesia allí. No solo nos limitamos al trabajo en La Pradera, sino que constantemente íbamos a iglesias ya establecidas. La obra crecía vertiginosamente y así conocimos y compartimos tiempo con las iglesias de Mapazingue, La Prosperina, Pascuales, Junquillal, Río Bamba, Quito, y otras. Conocimos zonas como Santo Domingo de los Colorados; paseamos por hermosas playas, por las sierras y las selvas, estuvimos con poblaciones indígenas y nos impresionó gratamente las riquezas naturales del país, lo trabajador que es el ecuatoriano y la amabilidad de la gente. Lo único malo fue que el tiempo se nos fue demasiado rápido, pero sí completamos el ir a cada casa en La Pradera y quedó una base establecida como para ser el principio de la nueva iglesia en La Pradera.

¿Volveríamos a Ecuador? ¡No decíamos que sí ni que no, eso estaba en las manos de Dios! La realidad era que, desde ese verano del 77, Ecuador ha estado en nuestros corazones.

Último año en San Antonio

Regresamos casi sobre la fecha del comienzo de clases, tanto en el seminario como en la escuela donde Linda era maestra; volvimos con cientos de fotos (diapositivas) y hermosas experiencias. Fue lindo reencontrarnos con Eduardo y Beverly; todos los compañeros regresaban de diferentes zonas de Estados Unidos, de México, Guatemala, El Salvador, Puerto Rico. Eduardo y Beverly habían ido a Los Ángeles, California y habían pasado un lindo tiempo con el misionero Flinner y su familia.

Ese año, al tener menos materias requeridas para graduarnos, fue mucho más aliviado y eso me dio la posibilidad de trabajar y vivir fuera del Seminario. También era hora de comenzar a planificar nuestros futuros. Como nos había encantado esa asignación misionera, mi idea era tomar más cursos como para ser un misionero, y con Linda pensábamos en mudarnos a Kansas City y allí yo asistir al Seminario Teológico Nazareno. Eduardo, en cambio, su idea era volver a Uruguay.

Además de sus enormes talentos, Eduardo tenía una habilidad increíble para aprender y hablar el idioma inglés, lo ayudaba su audacia, en cambio, a mí me costaba horrores entender y aprender inglés; dos veces a la semana clases de inglés con Mrs. Brown, una muy buena maestra, pero yo y otros alumnos éramos muy duros, y cuando mirándonos por sobre los lentes, nos decía: "Repeat after me, please!", ni eso entendíamos. Y si por ahí leía algún párrafo como: "My daughter", yo pensaba que me estaba diciendo: "Mi doctor", en vez de "Mi hija". Eduardo, en cambio, era el mejor de la clase y podía hasta conversar en inglés sin ningún problema, y a los pocos meses se animó de puro audaz que era, a traducir la predicación de algún predicador americano que nos visitaba y no hablaba español.

Aun antes de que nos graduamos, los cuatro ya sabíamos los pasos a dar, yo iría a estudiar en Kansas City y a trabajar en las Oficinas Mundiales de nuestra iglesia, en el Departamento de Publicaciones Latinas. Eduardo y Beverly irían para California y Eduardo estudiaría en la Universidad Nazarena de Point Loma, una hermosa universidad a orillas del Pacífico, y una de las más distinguidas universidades nazarenas; su meta era lograr una Maestría en Teología.

¡La graduación en San Antonio fue espectacular, pudimos traer a mi hermana Susana a visitarnos y a estar en ese momento de la graduación de sus dos hermanos! Y, además, hasta más importante para ella, conocer a nuestra pequeña hija, Cristina Susana de apenas tres meses de edad. Fue un tiempo bien lindo en el que los tres hermanos mayores, "hijos del peluquero" Dios nos reunió en Estados Unidos, ¡cosas que solo Dios puede hacer!

Susana regresó a Uruguay, a los pocos días Linda y yo salimos para Kansas City, y unas semanas después Eduardo y Beverly salían rumbo a California. Nunca más volví por San Antonio, eso sí, ¡recuerdo con nostalgia y cariño los días pasados allí! Separarme de Eduardo otra vez, no era fácil ni aun sabiendo que íbamos a seguir encontrándonos en donde fuera.

Visita de Susana con Marcelo y Pablo para graduación
y nacimiento de mi hija Cristina.

Separación de caminos

Como sucedió con Abraham y Lot, hay veces que, para seguir creciendo, lo mejor es tomar por diferentes caminos sin dejar de ser parientes y amigos; y ya terminado nuestros estudios en el Seminario en San Antonio, Eduardo se fue para el oeste y yo para el norte y un poquito al Centro. Beverly Armstrong me contó cómo fueron para ellos esos días ya después que terminaron de estudiar y trabajar en el Seminario:

"Estando aun en el seminario, el profesor Mario Vélez nos comenzó a hablar de que reconsideráramos eso de regresar inmediatamente al Uruguay, algo que siempre había sido nuestra intención. ¡Nos aconsejaba que siguiéramos un poco más, y que para Eduardo sería muy bueno que consiguiera una Maestría en Teología! Nos decía también que tuviéramos más experiencia como pareja, dado que apenas nos casamos nos vinimos para Estados Unidos y solo habíamos vivido en el seminario, nunca habíamos tenido la independencia de un hogar propio y que éramos demasiado jóvenes y que nos haría muy bien consolidar y madurar en nuestras vidas y matrimonio; él nos paraba en el corredor a la salida de su oficina o de su salón de clase, y nos pedía que consideráramos eso de volvernos

123

para Uruguay. Él nos dijo también que el doctor Ismael Amaya en PLU (Point Loma University) trabajaba consiguiendo becas para estudiantes hispanos por medio de una fundación en honor a su esposa que recientemente había fallecido. Así que, siguiendo el consejo de Mario Vélez, hicimos conocer al doctor Amaya el interés en que Eduardo continuara sus estudios teológicos en pos de una maestría. Ese verano lo pasamos en espera; ¡esperando ver qué puertas el Señor abría! Ustedes se habían ido para Kansas City y nosotros seguimos con el alquiler temporario de la casa frente al lago, la misma donde ustedes habían vivido, la dueña nos hizo un precio superespecial y eso nos permitió vivir allí, era en cierta forma una respuesta de Dios para que no nos fuéramos de inmediato para Uruguay. Vivimos ese verano haciendo trabajitos entre los dos; Eduardo haciendo jardines por su cuenta, y yo haciendo alguna limpieza de casas. Nos daba para comer y seguir esperando; al mismo tiempo, entre un dinero que puso la abuela Gates ($ 500) y otro que mi padre consiguió vendiendo una colección de monedas que eran de mi abuelo Raymundo Gates ($ 500) compramos nuestro primer auto usado por mil dólares, era un Plymouth celeste, y con él pensábamos irnos a California si de allí nos llamaban.

"Un día a fines de julio, sonó el teléfono, era para avisarnos que había una posibilidad de poder ir a California a estudiar en Point Loma. El asunto era que había una congregación americana en Santa Ana, California, que era pastoreada por la reverenda Odee Gunter, una mujer pastor, y esta congregación estaba ofreciendo pagar los estudios de Eduardo si a cambio nosotros íbamos todos los fines de semana a Santa Ana a comenzar una congregación hispana dentro de la misma iglesia. Por nuestra cuenta corría el trabajar y autosostenernos, pero ellos a cambio de nuestro ministerio, ¡pagaban los estudios de Eduardo! Así que aceptamos, y el 10 de agosto de 1978, ¡emprendimos nuestro viaje a California en nuestro 'nuevo' auto!".

Cruzando desiertos para llegar a California

¡Dios es fiel, y lo es aún más con aquellos que llama para servirle! No deja faltarles nada y va delante de nosotros abriendo puertas. Ser cristiano y servir a Dios, es una amistad superespecial entre seres humanos creados por Dios, y el Dios eterno y con atributos divinos. Años más tarde y yendo por una ruta más al norte (la Ruta 70) tuve la posibilidad de viajar con Eduardo y Beverly desde Kansas City a Los Ángeles, así que me los imagino como debe de haber sido para ellos ese viaje en el Plymouth celeste desde San Antonio a Los Ángeles. En esa ocasión ellos usaron la Ruta 10 y atravesaron más al sur, todo Texas, New México y Arizona. Me rio de solo pensar lo que debe de haber sido ese viaje atravesando desiertos por donde solo andaban caminando ilegales queriendo entrar a Estados Unidos; ¡pero llegaron! Y así nos sigue contando Beverly más detalles de ese viaje:

"Fuimos derecho a Santa Ana, donde la iglesia que nos estaba pagando los estudios de Eduardo a cambio de que comenzáramos un ministerio para hispanos en la iglesia; ellos nos tenían estacionada una traila (Tráiler) en el estacionamiento a los fondos de la iglesia, y allí nos quedamos las primeras dos semanas antes de mudarnos a San Diego donde estaba Point Loma. Así que los fines de semana cuando ministrábamos en la iglesia en Los Ángeles, teníamos ese pequeño tráiler, que, aunque era pequeño era suficiente para nosotros dos y tenía todas las comodidades necesarias. Ya ante el comienzo del semestre en Point Loma, nos fuimos a San Diego a hacer los arreglos allí; los dos solicitamos trabajo en la universidad, Eduardo consiguió una posición para trabajar en la biblioteca, y yo limpiando dormitorios. Conseguimos un apartamento en un segundo piso como a quince minutos de la universidad, así que ya antes del comienzo de las clases, teníamos todo solucionado, y así comenzamos nuestra osadía, de lunes a viernes, viviendo en ese apartamento y trabajando en la universidad y Eduardo estudiando gracias a que la iglesia le pagaba los estudios; y viernes de nochecita arrancábamos para Los Ángeles a unos 143 kilómetros de distancia (89 millas), y allí los hermanos de la pequeña congregación de la Iglesia del Nazareno de la calle Edinger, nos recibieron con cariño y un gran corazón, y no nos dejaban faltar nada!"

Visitando a Eduardo en Point Loma y Los Ángeles

Con su carácter alegre y entusiasta, enseguida Eduardo se hizo de nuevos amigos; Beverly con su dulzura e interés por las cosas de Dios y de la iglesia, hacían de ellos una pareja encantadora y se hacían querer bien fácilmente. Y esa aventura de fe, les fue tan bien, que ya para mitad de año, nos ofrecieron ayudarnos con el pasaje Kansas City-Los Ángeles-Kansas City, ¡y nosotros encantados! El dinero entre nosotros nunca fue problema, y en esa ocasión ellos nos ayudaron a nosotros y aprovechando una oferta en los precios de vuelos, ¡los tres de nosotros nos fuimos a visitar a Beverly y Eduardo y pasamos unos días maravillosos en California!

Aprovechando que el vuelo llegaba a Los Ángeles, ellos nos llevaron a Disneyland y a Universal Estudios. ¡Paseamos por Hollywood, anduvimos por el "Paseo de las Estrellas" y nuestra hija Cristina dio sus primeros pasos entrando al famoso teatro donde se entregan los premios Oscar! A pesar de que no hacía mucho tiempo que ellos vivían en California, ya Eduardo parecía conocerse todo y disfrutaba de estar allí, él contrató una compañía que nos diera un tour por la zona de Hollywood donde viven muchos de los actores más conocidos, así que fuimos recorriendo esos barrios y vimos sus majestuosas casas. Actores no vimos a ninguno, pero fue lindo ver sus casas.

Uno de los paseos más lindos fue la visita a los Estudios Universal; vimos parte de los trucos que utilizan en las filmaciones de las más grandes películas. Fue interesante ver el lugar donde "supuestamente" Dios abrió el mar Rojo en la película Los Diez Mandamientos. Anduvimos por "los pueblitos del lejano oeste", y la mayoría de las casas y edificios, eran solo la fachada sostenida por el frente y por detrás por tirantes de madera. Un trencito nos llevó alrededor del Parque, y cuando estábamos atravesando un viejo puente, mecánicamente, el puente se derrumba haciéndonos pensar que estaba sucediendo una tragedia, pero todo era un truco "made in Hollywood", ya que lo que en realidad se movía aparentando caer, era toda la estructura exterior del puente. Y siguiendo el viaje en ese mismo tren, llegamos al lugar donde se filmó la película "Tiburón", ("Jaws" en inglés); a lo lejos vimos como "el tiburón" se comía a un pescador con bote y todo, y una vez que eso sucedió, pareció quedar todo en silencio, el tren que estaba sobre el agua se hundió con vías y todo y quedamos medios sumergidos; el mar se veía calmo y silencioso, pero la tensión se sentía en el aire, ¡presagiando que algo iba a pasar! Y si, de pronto, y justo donde estábamos nosotros, junto a mi ventanilla abierta, surgió con su tremenda mandíbula repleta de inmensos dientes y colmillos el monstruo de la película "Tiburón". Dentro del terror que nos invadió a casi todos, Linda me gritaba: "Tómale una foto! ¡Tómale una foto!". Qué le voy a tomar foto si trataba de alejarme lo más que pudiera de la ventana y estaba acurrucado de miedo, y cuando reaccioné, el tiburón ya estaba atacando a otras ventanillas de aterrados pasajeros.

A esa altura del paseo, yo miré al Waio como diciéndole: "Vos ya sabias de todo esto!", ¡y él se rio a carcajadas como se rio aquel día que me había asustado con una viborita de juguete!

Y para terminar el paseo por los Estudios de Universal, fuimos a ver un espectáculo en que le mostraban al público la forma como se filman las películas, para eso iban a filmar algunas escenas y las iban a agregar a la película original; en ese caso fue con la película "Aeropuerto", así que de entre el público fueron eligiendo voluntarios y con ellos iban a hacer "dobles" de los personajes reales y hasta les daban un libreto de lo que debían hacer y decir. Entre los que levantaron sus manos ofreciéndose como "voluntarios" estuvo Eduardo. La escena que iban a "reconstruir" era la del momento en que el avión tiene desperfectos e irremediablemente se desploma al mar. "Luz! ¡Cámara!, Acción!", y ya cuando enfocaron al avión original con el cual habían hecho la película real, apareció "el Waio" muy sonriente haciendo de copiloto. Aunque a veces, en vez de trágico era cómico ver las actuaciones de "los dobles", ¡Eduardo lo hizo muy bien! Y ya después, y de paso, te ofrecen venderte el video de la película con la aparición de estos "dobles". ¡Verdaderamente, "el Waio" era capaz de cualquier cosa!

A San Diego y Tijuana

¡Así como disfrutamos de Los Ángeles, fue precioso amanecer en Point Loma y conocer una de las universidades nazarenas más hermosas! Enclavada a orillas del océano Pacífico, la vista de esa loma es el punto de unas vistas panorámicas bellísimas y de allí mismo surge el nombre: "Point Loma". El mar de un celeste verdoso, con grandes olas espumosas y blancas es de admirar y disfrutar; desde esa loma imponente, la playa se ve bien allá abajo y el horizonte a la distancia. La loma es de pura roca y se asemeja a una enorme pared de piedra con diferentes formas y relieves.

La Universidad lucía moderna y pintoresca, con muchos espacios verdes; árboles, palmeras y coloridos jardines florales. ¡Todo muy hermoso y tiene que haber sido grandioso para Eduardo y Beverly el poder vivir allí! Beverly nos cuenta más sobre cómo era Point Loma:

"En cuanto a la impresión de estar en Point Loma..., no sé bien qué decir, el lugar es hermoso y espacioso; caminos por todos lados, mucha vegetación, arbustos, lomas, todo en descenso hacia la costa, y desde todas partes del campo universitario se divisa el mar y se ven hermosos paisajes. ¡Lo que recuerdo en especial, es que a la entrada hay un estacionamiento general que termina en una especie de barranco directo hacia el infinito mar! Allí en ese estacionamiento, solíamos estacionar el auto y junto al barranco había una cruz enorme de madera rústica rojiza en medio de la tierra detrás de la cual se veía la barranca, y al fondo el mar; ¡esa cruz era la razón por la cual estábamos allí! Los edificios de dormitorios estaban construidos en forma de terrazas escalonadas en el mismo sentido que el terreno original. ¡Una belleza por donde miraras e imposible de no mirar aun cuando fueras apurado para llegar a tiempo a tus clases!".

¡Ir a visitar a Eduardo y Beverly, para nosotros fue superespecial! Volvimos a estar juntos y vimos la felicidad de ellos de estar en ese lugar. Conocimos la Iglesia en la cual ministraban, disfrutamos de lugares famosos y divertidos de Los Ángeles, ¡y nos maravillamos de Point Loma y San Diego! Ellos disfrutaron de tenernos allí y de volver a ver a Cristina. Sin problema alguno cruzamos la frontera y paseamos por Tijuana, ciudad del lado mexicano, quizás con cierto parecido a lo que es "Canitas" en Ecuador; mucha música, jóvenes al estilo hippie, una hermosísima playa y amigable y receptiva con todo el que hasta allí llegara.

¡A Eduardo le fue muy bien en sus estudios y consiguió la Maestría en Teología, algo que yo nunca logré! Beverly nos cuenta más de este logro en el que ella ayudó para que Eduardo lo consiguiera:

"A Eduardo le fue muy bien en los estudios, los profesores fueron buenos en contemplar el hecho de que estudiaba teniendo al inglés como segundo idioma; los informes a entregar, los pasaba yo en máquina de escribir, y le corregía los errores gramaticales. Todo lo que eran exámenes y clases presenciales, lo hacía él en clase, y por lo que recuerdo, ¡le fue bien! Le quedaron pendientes un par de materias, un segundo año de griego y un año de hebreo, pero igual participó en la ceremonia de graduación, y lo único diferente fue que, en su encuadernación del diploma, la encuadernación estaba vacía y no había diploma, pero unos años después, estando ya sirviendo en Ecuador, él culminó esas materias pendientes, y le enviaron el diploma correspondiente. ¡Eduardo era un Máster en Teología!".

Con menos materias para tomar y con una mayor dedicación y un respaldo constante de Beverly, a Eduardo le fue mucho mejor en la Universidad Nazarena de Point Loma que en IBN (Instituto Bíblico Nazareno) de Uruguay, y mejor que en el Seminario Nazareno Hispanoamericano de San Antonio. En total ocho años de estudio para alcanzar su Maestría. Y aunque nunca competimos entre nosotros, él fue uno de esos discípulos que comenzaba a superar a su maestro. Y eso para mí es una alegría enorme, porque nada mejor para aquel que discipula que sus discípulos lo superen, ¡es señal de que se ha hecho bien el trabajo! Jesús nos mandó a hacer discípulos, y en el hacer buenos discípulos es que descansa el futuro de la iglesia.

Para el segundo año, algunas cosas cambiaron para bien

Ya para antes de finalizar el primer año, se amigaron tanto con un matrimonio mayor naturales de Tennessee y bien típicos de esa zona de Estados Unidos, que los fines de semana cuando venían para Santa Ana, en vez de quedarse en el tráiler estacionado en los fondos de la propiedad de la iglesia, se quedaban en la casa de estos pintorescos (tipo familia de los Beverly Hills) y los adoptaron como sus abuelos y ellos adoptaron a Eduardo y Beverly como sus hijos o nietos. Beverly nos cuenta más sobre este matrimonio y otros cambios que sucedieron en esos días:

"Ellos nos abrieron su casa de par en par, y nosotros dejamos de usar el tráiler e íbamos directamente para la casa de ellos de viernes de noche hasta los domingos a la noche en que regresábamos para San Diego. El viaje era de hora y media, quizás más largo los viernes a la tarde debido al tránsito, y un poco menos los domingos a la noche después del culto. Eso lo hicimos hasta que en mayo terminaron las clases en Point Loma, y entonces decidimos que, en vez de vivir en San Diego, que poco estábamos, mejor mudarnos para Santa Ana, y que Eduardo viajara a San Diego los martes y jueves para asistir a clases y trabajar en la biblioteca. En vez de vivir en dos lugares, nos mudamos a Santa Ana, a unos 45 minutos de Los Ángeles y vivimos allí desde junio de 1979 hasta octubre de 1981. Conseguí trabajo como secretaria en una empresa de construcción en Santa Ana, y Eduardo consiguió un trabajo part-time manejando una van de servicio social, y transportando a personas de la tercera edad a diferentes actividades, consultas médicas y cosas así. En la iglesia los sábados visitábamos a familias hispanas, y teníamos una actividad para niños, tipo Escuela Dominical, pero en los sábados. Pero cuando la pastora se jubiló y hubo un cambio pastoral, nosotros dejamos ese ministerio y comenzamos a asistir a Santa Ana First Church of the Nazarene (Primera Iglesia Nazarena de Santa Ana), una iglesia con una congregación de 300 a 400 personas, y estuvimos asistiendo hasta ir a Ecuador.

"Como en mi trabajo tenía cobertura médica, nos animamos a encargar nuestro primer hijo. A esa Iglesia del Nazareno asistía la hermana de Mima Hughes, misioneros por años en Uruguay, y los Sauer (Charlotte y Ed Sauer), en su casa tenían un dormitorio grande con baño privado en un segundo piso, ¡y amablemente nos ofrecieron la posibilidad de vivir allí! Así que cuando quedé embarazada, decidimos irnos a vivir allí con los Sauer y así nos ahorrábamos el alquiler y podíamos prepararnos para la llegada del bebé. Esteban nació el 22 de febrero de 1981 y yo tomé la licencia maternal cinco días antes, y ya después no seguí trabajando y me quedaba en casa con Esteban. Eduardo se graduó a principios de mayo de ese mismo año; ¿sería el tiempo para volver a Uruguay? ¡Creo que Dios tenía otros planes!".

Ya para 1980, por medio de esas maravillas que Dios hace, volví a encontrarme con Eduardo y Beverly en Kansas City para la Asamblea General de la Iglesia del Nazareno. Ya habíamos concordado de encontrarnos allí y viajar juntos a California, donde más tarde también llegaría Linda. Ahora uno lo escribe como lo más natural, pero era asombroso el ver cómo Dios nos favorecía y nos permitía viajar por el mundo cuando no teníamos los medios para hacerlo. Lo de Linda fue un milagro inesperado, ella escribía lecciones para niños según le habían pedido del Departamento Hispano en Kansas, lo hacía desde Uruguay, y sin esperar nada a cambio; pero este aquí, que un día le enviaron una carta ofreciéndole participar de unos talleres para escritores que se iban a realizar en México, y para los cuales la Iglesia Mundial del Nazareno, ¡le pagaba todos los gastos! Y de México a Los Ángeles era un vuelo corto, y las fechas coincidían con mi estadía en Los Ángeles, así que ella se vino y nos reencontramos los cuatro en el apartamento de Eduardo y Beverly en Santa Ana.

Para pagar mi viaje a la Asamblea y mi visita a Eduardo y Beverly, yo había venido con la idea de conseguirme un trabajito en Los Ángeles y así hacer el dinero como para pagar mi pasaje. Una vez más, Dios tenía otros planes, y el domingo a la noche cuando fui al culto de La Primera Iglesia del Nazareno en Santa Ana con Eduardo y Beverly, el pastor sabiendo mi idea de trabajar para pagar el viaje mío a la Asamblea General y a California, me hizo dar mi testimonio de una forma más parecido a una entrevista que a un testimonio personal; Beverly me tradujo, y no fueron más de diez minutos los que hablé y me senté. Pero el Pastor desafió a la congregación a que después del culto, aquellos a los que Dios les hablara, ¡me dieran una ofrenda especial! El culto siguió y como parte de él levantaron las ofrendas para la iglesia, el Pastor predico y ya terminado el culto, hizo que yo esperara a la salida del santuario; y cuando la gente venía a saludarme dándome la mano, ponían en mi mano billetes que yo agradecía sin siquiera mirar los billetes; pues esa noche esa gente que ni siquiera me conocían, ¡me dieron más de mil dólares y con eso fue suficiente para pagar mi viaje de retorno! ¡Ni siquiera tuve que trabajar en California!

¡No estuvimos mucho tiempo juntos, pero sí fue precioso estar nuevamente los cuatro y ver la fidelidad y las maravillas que Dios continuaba haciendo en nosotros! Beverly trabaja como secretaria en una elegante oficina de una empresa de construcción. Eduardo manejaba esa van del Condado llevando personas mayores a diferentes lugares y fui con Eduardo un par de veces, y vi como él disfrutaba de ese trabajo y de estar con personas que su necesidad más grande era el compañerismo que les hiciera sentirse importantes y atendidos amablemente; y Eduardo tenía esa cualidad, ¡los conocía a todos por nombre e iba manejando y con un micrófono conversaba con ellos! Así que cuando vi la película de Robin Williams: "Buenos días, Vietnam", me sonreí al ver el parecido que Eduardo tenía con este famoso actor y también porque cuando cada anciano subía al ómnibus de Eduardo, ¡Eduardo los saludaba a toda voz con un "Good Morning América!", y con un saludo usando el nombre de cada uno. Así que con esa particular voz que Eduardo tenía, le ponía ánimo a los viajes de cada día, ¡y los viejitos bajaban riendo y saludándolo cariñosamente!

EDUARDO GONZÁLEZ

❧

CAPÍTULO SEIS

EDUARDO A ECUADOR Y YO A URUGUAY

Dios a veces nos sorprende con su forma de hacer las cosas y de cambiarlas para bien. Nuestra idea y planes eran solo unos años atrás, ¡completamente a la inversa!, Eduardo y Beverly manifestaban la idea de ellos que era "regresar a Uruguay de la forma más inmediata", mientras que Linda y yo, más bien teníamos intenciones de ser misioneros y de ir a algún lugar como Ecuador u otros países de América Latina, y resultó, que quienes nos fuimos encantados a pastorear la Iglesia del Nazareno de Carrasco en Uruguay, iglesia en la cual habíamos crecido, fuimos Linda y yo. Los planes de Dios son agradables y perfectos, y ven mucho más allá de lo que nuestros ojos ven. Dios no solo veía ese futuro inmediato, veía mucho más, veía hasta cosas que iban a suceder en el futuro más lejano, y que recién lo entenderíamos cuando llegáramos donde Dios ya sabía que llegaríamos. Todo tiene un propósito y todo nos ayuda a bien. Beverly, nos cuenta cómo se dio para ellos ese llamado a Ecuador cuando ellos ni se lo imaginaban:

"En esos meses el crecimiento de la iglesia del Nazareno a nivel mundial había crecido tanto que necesitaba modificar estructuras para poder seguir creciendo de una forma eficaz. En ese tiempo el doctor James Hudson, director para la región de México, América Central, el Caribe y América del Sur, estuvo viajando por diferentes países de América del Sur, estudiando el posible cierre o la permanencia de los diferentes Institutos Bíblicos y o Seminarios Nazarenos, en cada país. Y estas medidas eran necesarias debido a que el mismo crecimiento, dificultaba económicamente la mantención de estos programas. En ese viaje, fue a Montevideo, y allí visitando a mis padres, supo que nosotros estábamos en Estados Unidos donde Eduardo estaba para graduarse con una Maestría en Teología. Y pasando él luego por Ecuador, se enteró de que necesitaban a alguien para ayudar en la obra, especialmente en la nueva iglesia en Guayaquil. Así que el doctor Hudson les habló de nosotros y el reverendo John Hall (ahora doctor Hall), misionero en Ecuador se puso en contacto con nosotros y nos ofrecieron el poder ver si nos interesaría ir como pastores de la Iglesia de la Pradera, que ya funcionaba en un pequeño local en La Pradera, Guayaquil, y también le ofrecían a Eduardo ser profesor en el Seminario Nazareno de Guayaquil. Para junio o julio de 1981 aceptamos ese desafío que significaba entre otras cosas, el ya no regresar a Uruguay como teníamos pensado; y se decidió que viajáramos en unos meses, cosa que finalmente hicimos, llegando a Guayaquil el 27 de octubre de 1981".

Es interesante cómo Dios nos usa para hacer su obra, y como dice el Apóstol San Pablo y Apolos en I de Corintios 3:6: "Yo planté, Apolos regó; pero el crecimiento lo da Dios". Y en cierta forma eso sucedió conmigo y Eduardo; Linda y yo, fuimos por dos meses a Ecuador en 1977 a comenzar la Iglesia en la Pradera, y ahora, para la continuación de esa obra, Dios usó a Eduardo y Beverly. Y no sé si Dios usó lo que yo le manifesté a uno de los misioneros cuando en su momento me hicieron llegar la invitación para ir a pastorear la misma iglesia, y como en esos momentos Dios me estaba llamando para regresar a Uruguay, les tuve que contestar mi imposibilidad de aceptar su ofrecimiento, y cuando el misionero ya se iba, se me ocurrió decirle de la posibilidad de Eduardo y le dije: "Pero tengo un hermano menor, quizás a él le interese esa posibilidad".

Linda, Cristina y yo, regresamos a Uruguay en 1979, así que nos establecimos en el viejo barrio donde Eduardo y yo nacimos; ahí estaba mi familia, mis amigos, y estuvimos felices de pastorear la Iglesia del Nazareno en Carrasco. Los Armstrong todavía eran misioneros en Uruguay, así que estaban contentos de tenernos cerca y de disfrutar de su primera nieta (Cristina). Linda no tuvo problemas en regresar a trabajar como maestra en el Uruguayan American School, así que volvió a tener un muy buen sueldo, y eso, además, nos permitía que nuestros hijos pudieran asistir becados; la escuela era primordialmente para diplomáticos americanos y seguían el programa y el mismo calendario que cualquier otra escuela en Estados Unidos. Todos nuestros hijos tuvieron la oportunidad de recibir la educación bilingüe al nivel de cualquier otra escuela y secundaria (High School), sus compañeros y amigos eran hijos de diplomáticos o de personas muy pudientes que vivían en Uruguay. Así que a la misma vez que tenían amigos, primos y familia, también tenían amigos entre sus compañeros del UAS (Uruguayan American School), se quedaban a dormir en casa de sus amigos, y para ellos fue como crecer viviendo en dos mundos a la vez.

Dios nos quería seguir usando a nivel internacional, así que en una Asamblea General de nuestra iglesia del Nazareno que se desarrolló en Kansas City en 1980, tanto Linda como yo, fuimos elegidos para integrar los Concilios Mundiales de la iglesia representando a América del Sur; Linda fue elegida para en Concilio Mundial de la Sociedad Misionera Mundial de la Iglesia del Nazareno, y yo fui seleccionado para el Concilio Mundial de la Juventud Nazarena Internacional. Las reuniones de los Concilios se desarrollaban todos los inviernos en el Centro de Conferencias de la Iglesia Internacional en Kansas City, así que tanto Linda como yo, veníamos a las reuniones de Concilio con todos los gastos pagos y también participábamos de Congresos, Convenciones y Asambleas Generales; todo eso era para los cuatro años, y en cada Convención, cada cuatro años podías ser reelegido. Esos viajes, saliendo siempre desde Uruguay, y siendo Uruguay uno de los países más al sur de nuestra América nos permitía visitar a las iglesias en los diferentes países de América del Sur y visitar a Eduardo y Beverly en Ecuador. De esa forma nos manteníamos al tanto de la marcha del ministerio que ellos estaban teniendo y siempre estábamos pendientes de la obra en Ecuador. Así fueron esos primeros años de ellos en Ecuador, según nos cuenta Beverly:

"Estuvimos pastoreando La Pradera desde noviembre de 1981 hasta diciembre de 1983. Ya para el año 83, la iglesia funcionaba en una casa alquilada en la misma ciudadela de La Pradera y procuraba comprar un terreno en Los Esteros (antes La Pradera) cercano a nuestra casa y a la iglesia provisoria".

En cada viaje a las reuniones de Concilio o cuando en algún lugar había un Congreso Mundial de nuestra iglesia, mi Agencia de Viajes a pedido mío me acomodaba el itinerario y ya fuera a la ida o a la vuelta, paraba en Ecuador, así que era una bendición ver cómo Dios los estaba usando. Todavía la iglesia en La Pradera II no estaba construida, así que alquilaban un saloncito en La Pradera I; tenían bastante gente nueva y pocos se recordaban de cuando yo había estado hacía unos años para con el grupo Misionero Estudiantil comenzar la iglesia allí en el año 1977. El pequeño salón no era lo ideal, y hasta el salón junto a la iglesia, era un bar; así que, para los cultos y predicaciones, los parroquianos del bar oían las predicaciones de Eduardo desde sus mesas repletas de botellas de cerveza. Eduardo y Beverly vivían cerca y como no tenían auto, volvíamos caminando hasta su casa. El calor de Guayaquil era agobiante, así que nos sentábamos en la puerta o en el cordón de la vereda donde algo de aire corría. Con sus sueldos de pastores y pese a la ayuda de los hermanos de la iglesia y de los misioneros, a veces se les hacía difícil llegar a fin de mes, pero Dios nunca los dejó. Eduardo y Beverly seguían contentos y entusiasmados con proyectos para el crecimiento de la iglesia, así que confiaban sin quejarse, que las cosas iban a mejorar.

Además de pastorear en La Pradera uno y dos, Eduardo daba clases en el Seminario Nazareno. El seminario era hermoso, rodeado de palmeras y jardines, estaba en camino hacia las playas de los balnearios. El ir cada tanto por Ecuador, y principalmente por Guayaquil, era para mí, como ver crecer a un niño; me parecía increíble el crecimiento y la modernización de la ciudad; surgieron autopistas, altos edificios coqueteando con las nubes, surgieron shoppings y Centros de Compras, restaurantes de todo tipo, esa Guayaquil de los 80' parecía no tener nada que ver con la Guayaquil de cuando nosotros fuimos en el 77. La ciudad se extendió en todas direcciones, y La Pradera uno y La Pradera dos, con una Iglesia del Nazareno en el medio estaban repletas.

El amigo en tiempos difíciles

Por más que tenían personas que los ayudaban, la situación no era fácil. No era fácil para ecuatorianos que además de ser pastores, tenían algún otro trabajo secular o algo hacían para mejorar sus ingresos, cuanto más para extranjeros como Eduardo y Beverly que ni papeles tenían y no podían trabajar para mejorar sus ingresos. No eran misioneros y su estatus y permiso para estar en el país, era para que fueran pastores; así que económicamente fueron tiempos difíciles, para ir a enseñar al seminario, usaban transporte público de no muy buena calidad, y con la modalidad de continuos asaltos como el que le sucedió una vez a Eduardo. Pero la iglesia creció, y ellos no se dejaron agobiar por el desánimo. Sin aire acondicionado y con un calor húmedo insoportable y ya con Esteban chiquito, se sentaban en las noches a esperar que refrescara un poquito para entrar a la casa y poder acostarse a dormir.

Dios siempre utiliza a personas para en momentos específicos sernos de bendición y a la misma vez de compañerismo y amistad, y así de forma casual, un día en el barrio con un vecino se comenzaron a saludar y ya después a conversar y a ir formando una sana amistad. Él no era una persona cualquiera, era uno de esos personajes que parece irradiar optimismo, alegría y positivismo, su nombre: Rigoberto Francisco Aguirre Cirio, pero conocido por todos como "El Bolita Aguirre". El mismo nos cuenta sobre ese encuentro con Eduardo y la formación de una amistad que los llevó a ser como de la familia:

"Teníamos poco tiempo de habernos cambiado a vivir en la Ciudadela Los Esteros, de repente a eso de las seis de la tarde al salir para tomar el carro, miro a la derecha a una vivienda, y con esa sonrisa amable y abierta a la amistad nos saludamos, y así siguió sucediendo en días siguientes, creo que él era también nuevo en el barrio, así que un día, además de saludarnos, me acerqué a ponerme a las orden; él me preguntó para dónde iba, y le dije que iba para el Estadio Capwell, él hizo el mismo gesto que cuando iba a servirse un asado, y le dije: ¿vamos?, entró a despedirse de Beverly y nos fuimos. Ahí se hizo emelecista, ya que fue el primer partido que veía aquí en el Ecuador. Cuando recuerdo ese momento, veo siempre en mi mente, un retrato de él con Beverly, de medio cuerpo, que estaba en la pared en el primer descanso de la escalera; tenía barba y bigote, vestía leva y corbata, imborrable imagen de mi compadre. Él andaba por los 29 años y yo 39. ¡Del estadio nos fuimos a servirnos un lomo, algo que se hizo una costumbre permanente!".

En una de mis visitas tuve la oportunidad de conocer al "Bolita Aguirre" y por afinidad era como si nos conociéramos de toda la vida, y hasta se me dio de regalarle mi Biblia, algo que uno generalmente no hace, pero que ahora al reencontrarnos en internet, él todavía lo recuerda y conserva esa hermosa Biblia que le regalé. Y me dijo que "además de recordarme, también tuvo el honor y el privilegio de conocer en Ecuador a nuestra madre, le besó en la frente y ella le dio su bendición". "El Bolita Aguirre" nos sigue contando de su amistad con Eduardo:

"Eduardo no solo conoció a mi familia, era de mi familia, imagínense: tres veces compadres, padrino de Maritza mi hija mayor, en su primera comunión y confirmación, testigo civil de su matrimonio y padrino de confirmación de mi hijo Juan Francisco".

Tal era la amistad de Eduardo y "Bolita Aguirre", que aún Eduardo siendo evangélico participó en ceremonias religiosas católicas apoyando a la familia Aguirre; y aun siendo de equipos con una rivalidad muy grande, la amistad de ellos estaba por sobre todas las cosas. "Bolita Aguirre" era por tradición y por su paso por el equipo, acérrimo hincha del Club Deportivo Barcelona, pero Eduardo de origen peñarolense, en Ecuador se hizo seguidor del Emelec. ¡Los dos equipos se disputaron siempre el favoritismo guayaquileño, y cuando juegan entre ellos el famoso "Clásico del Astillero" todo Guayaquil vibra!

Los Aguirre y el Barcelona Sporting Club (compartido por "Bolita Aguirre")

"Los Aguirre poseen uno de los apellidos más ilustres en el deporte guayaquileño y en el Barcelona S. C. Y en esas páginas de gloria, aparece por la izquierda, Ernesto "Yiyo" Aguirre Cirio, un volante que deslumbró en juveniles, pero se retiró abandonando el fútbol. A su lado Rigoberto "Corbata" Aguirre Cirio, alero derecho, considerado uno de los mejores en la historia del ídolo del Astillero. Fue campeón nacional en 1960 y en 1963 y campeón del torneo de la Asociación de Fútbol en 1961 y 1963. Junto a ellos, el patriarca de la familia Aguirre, Rigoberto Aguirre Coello, uno de los fundadores del club, arquero del primer equipo desde 1925 hasta 1940 y protagonista de épicos episodios de Barcelona. Como arquero salía jugando hasta su medio campo, tapaba los tiros de los adversarios con los codos para propiciar contraataques, y llegó a taparle un penal con la cabeza en 1929 al hasta entonces infalible Ramón Unamuno. Luego de retirado, fue director técnico del Barcelona S. C., llevándolo nuevamente a la primera categoría; y fue tan grande su figura que hasta llegó a ser el presidente del club de sus amores durante varios periodos. El último de los Aguirre en aparecer en el Barcelona fue Rigoberto Francisco "Bolita" Aguirre Cirio, estupendo volante, uno de los mejores de la década de los años 60. Campeón nacional en 1963 y 1966, y Campeón de la Asociación de Fútbol en 1963 y 1965. Se retiró tempranamente a consecuencia de una lesión rebelde de rodilla".

Y con orgullo "Bolita Aguirre" nos sigue contando más sobre la participación de su familia en la historia del Barcelona Sporting Club citando diversas notas de periódicos:

"Fueron los muchachos de la populosa y muy deportiva barriada del Astillero, entre los que estaban Carlos García Ríos, Arturo Caldearon, Luis Rodríguez, Carlos García Vergara, Víctor Manel Olivera, Rigoberto Aguirre Coello, Alberto Pombar, José Salem Dibo y Guillermo de la Cuadra, quienes fundaron el Barcelona en 1925. Contaron con la colaboración de caballeros españoles en el afán de crear un club deportivo: Eutimio Pérez, Valentín Sala, Arturo y Juan Doménech, entre otros. Por eso no extraña el nombre catalán de la popular entidad del Astillero. Su debut fue el 15 de junio de 1925 en el torneo de la Federación Deportiva del Guayas, perdiendo ante el C. S. Ayacucho por la mínima diferencia. Tenía ya jugadores que destacaron luego en el balompié guayaquileño: el arquero Rigoberto Aguirre, quien formo en la selección de Guayaquil en la disputa del Escudo Cambrian y se dio el lujo de atajarle un penal al infalible Marco Unamuno, y quedó en la historia no solamente por eso, que ya era suficiente, sino que se lo atajo con la cabeza. En la zaga destacaba Carlos Sangster, el mejor boxeador amateur de la década de los 20', en el ring gano dos títulos en una sola noche. En el centro alineaba el famoso "Gallo Ronco" Murillo Moya, todo un símbolo del bravío espíritu porteño de entonces. También formaban, Joaquín Franco, Bolívar Guzmán, Rafael Viteri, Otón Márquez de la Plata, Gonzalo Cevallos, Pepe Moria, Joaquín Pacheco, Julio Criollo y León Franco. Barcelona llegó pronto a la serie A y allí estuvo hasta mediados de los años 30 a las series menores, en lo que pareció una larga noche. En 1942 de la mano de Victoriano Arteaga y conducido en la cancha por Roberto Espíndola y Wilfredo Rumbea, volvió a la primera serie del fútbol federativo. Su era de grandeza empezó en 1947 bajo la presidencia del ex centro medio, Federico Muñoz Medina, quien incorporó al plantel a jugadores juveniles, y con ellos empezó Barcelona a edificar su grandeza de ídolo. Encuentros con Libertad de Costa Rica, Deportivo Cali y América de Cali de Colombia, y ásperos cotejos con su rival de barrio, Emelec, hicieron que el Barcelona gane un lugar dentro del alma popular".

Al ser como de la familia, y siendo los Aguirre tan apasionados por el fútbol, muchos de los momentos de esa amistad entre Eduardo y el "Bolita" Aguirre, estaban relacionados con el fútbol. Yo recuerdo ir a ver el trabajo que el "Bolita" hacía en la formación de juveniles y ver su pasión por esa tarea. Eduardo lo acompañaba cuantas veces podía, y en esas charlas futboleras, el tema del padre famoso en el Barcelona, siempre le interesaba saber a Eduardo. Y el "Bolita Aguirre" nos dice sobre eso:

"Eduardo sabía todo de mi papá, conversando hacíamos revivir su esencia de gente y deportista, mencionar a nuestro padre, era iniciar una historia larga y hermosa. Él vivió a su manera, disfrutó de la amistad de la gente y del amor de su familia, creo que se fue muy temprano, apenas tenía 62 años…Nuestra hermandad con Eduardo, hizo que él conociera a todos los míos, y eso le sucedió mucho antes de que la fama llegara a su vida, entró en el corazón de mi familia con su forma natural de ser. Eduardo tenía una mirada serena, y mantuvo esa serenidad aun cuando el éxito le llegó; en el trato con la gente no miraba el atuendo, miraba los ojos de la gente, percibía su realidad y extendía su mano. En todas esas reuniones y encuentros casuales con los míos, los rostros se llenaban de alegría y en medio de esos momentos, la memoria de mi padre estaba presente, se comentaban su personalidad y los logros deportivos.

"En vida de mi padre, siempre lo vi alzar su mirada al horizonte, nunca le pregunté el por qué, o qué buscaba. Con el tiempo, no sé en qué momento, me di cuenta de que yo hacía lo mismo. Tal vez buscaba la energía divina de Dios, eso pienso yo.

"Mi compadre Eduardo conoció a mi padre a través de mi familia, de mí y de gente mayor del fútbol y de Barcelona, y Eduardo nunca se cansaba de oír las historias del famoso Rigoberto Aguirre Coello.

"Mi amado padre nos puso a todos los varones su nombre de pila y por eso todo somos Rigoberto, pero nunca nos llamaba por ese nombre, nos identificaba por apodos que él nos ponía. A mí me puso "Bolita" por la panza hinchada de tanto comer pan, a uno de mis hermanos, lo llamaba Chorrosco por los chorros de cabello que tenía en su cabello, y así con todos. En mi familia, el fútbol fue religión, la vida de mi querido padre se realiza paralelamente con la del club más importante del Ecuador; fue uno de los fundadores del mismo en 1925, y como jugador fue guardameta de Barcelona por 15 años consecutivos, era también interior izquierdo, tenía buen manejo de balón y criterio de juego, y eso le permitía hacer gala de su salida ofensiva, siendo golero era capaz de salir a despejar el balón con su cabeza fuera del área del guardameta, inclusive le interceptó con su cabeza un tiro penal al goleador de los campeonatos, el gran Ramón Unamuno quien poseía alta técnica y potente disparo, y ese hecho consta en los diarios de la época. Mi padre fue presidente y presidente Vitalicio de su querido club Barcelona. Muy querido por el pueblo, especialmente de Guayaquil; en el camino a su entierro fue una larga travesía repletas de gente al borde de las calles por donde paso el cortejo fúnebre. Le dieron honores aun sin ser programados y que nacieron de forma espontánea y así al pasar por la Comisión de Tránsito, por el Diario el Universo, y la zona Militar ubicados en la principal avenida de nuestra ciudad, la calle 9 de Octubre, pusieron las banderas de Ecuador a media asta. Sobre él han escrito los más reconocidos periodistas deportivos del país, como Ricardo Vasconcelos Rosado, Mauro Velázquez Villacis, Ricardo Chacón, Manel Mestanza Pacheco, Ralph del Campo, los hermanos Valdez y Arístides Castro Rodríguez, quien hizo al morir mi padre, uno de los artículos más llenos de sentimiento deportivo y humano que se halla escrito, lo titulo 'El Hombre que no debió morir'. Su programa radial se llamaba: 'El Fútbol tiene Corazón'; Arístides era el sentimiento hecho letras, su juego de palabras y frases hacían sentir al fútbol como arte, como un canto, tenían ritmo de juego.

"A los 17 años estuve ya vinculado con la Primera de Barcelona y alcance la titularidad, pero me lesioné de la rodilla y a pesar de que intenté recuperarme siempre volvía a sucederme y mi lesión se recrudecía. Quise estudiar Medicina, pero no encontré cupo, así que me decidí por estudiar Arquitectura y ahí he hecho mi vida sin dejar de amar al fútbol, donde esencialmente valoro muchísimo las amistades que hice

"Mi padre me puso de apodo 'Bolita' y así me conoce la gente y me saca rápido. Una vez, ya avanzado en los estudios de Arquitectura, decidimos con 26 compañeros ir al Congreso Mundial de Arquitectos y Urbanistas, el gran problema era conseguir los fondos para financiar el viaje; una de las posibilidades era pedirle al ministro de Obras Públicas Ingeniero Miguel Salem Dibo el apoyo. A nuestro favor estaba que él conocía a mi padre y eran muy amigos y el haber sido presidente del Barcelona en los tiempos de mi padre. Al llegar al Ministerio en Quito, el presidente de la Comisión de la Facultad se acercó a la secretaria y le indica de nuestra presencia, ella comunica y nos dice que esperemos. Sucedió lo típico, paso un rato y se me ocurrió avisarle al ministro por medio de la secretaria, que yo era conocido desde pequeño por el ministro, y le di mi nombre, Francisco Aguirre, y como nuevamente nos dicen que esperemos, así que le pedí a la señorita que por favor le diga que yo era 'el Bolita Aguirre'. De forma inmediata nos hizo pasar y el ministro se levantó y me recibió con un abrazo y saludó a los demás compañeros. El Ingeniero Salem era un hombre extraordinario, precursor de las grandes obras de ingeniería en el país, compañero de luchas deportivas con mi padre y nos veíamos frecuentemente en cada partido, pues los palcos en el Estadio Capwell estaban muy cerca. ¡Conseguimos financiar ese proyecto de cinco semanas, y fue hermoso para mi conocer Uruguay y Chile y participar en ese Congreso!

"Gracias a mi padre yo era 'el Bolita Aguirre', y en todos mis años de amistad con mi Compadre Eduardo, no recuerdo una vez que él me haya llamado Francisco, siempre directamente 'Bolita', y yo le decía: 'Che, ¿qué haces?'.

"Mi padre fue mentor de muchos jugadores trascendentes como Luciano Macias, Vicente Lecaro, Pablo Ansaldo, Zambrano, Pelusa Vargas, Enrique Cantos, Guido Andrade, Cimaco Simón Cañarte, Sigifredo Chuchuca, Pibe Sánchez, y otros; y también lo fue de dirigentes que llegaron a ocupar la Presidencia del Barcelona, como Juan José Villaseca, Carlos Coello Martínez, Galo Rogerio Rolando, Silvio Devoto Passano. Sus hijos hemos disfrutado de este legado de la manera más sublime, pura y silenciosa; un padre irrepetible, un hombre de veras".

Con "el Bolita" Aguirre, para Eduardo fue como que Dios le proveyó un hermano y amigo que me suplantara a mí al no poder estar juntos como siempre lo habíamos estado, y "el Bolita" fue eso para Eduardo, y prueba de eso es lo que él me escribió:

"He despertado hoy, 4:45 dice el reloj, y mi compadre está ahí para decirme: ¿Qué tal? ¿Qué hay de nuevo? Tenía el gesto de siempre, el de levantar sus cejas sonriendo. Definitivamente, los mejores momentos de nuestra amistad, no eran ni para él ni para mí, aquellos que nos daban a conocer nuestras actividades públicas, muy poco hablábamos de esas cosas. Lo nuestra era salir a un parque contiguo a nuestras viviendas en Los Esteros y de repente mientras Beverly tomaba en brazos a mi sobrino Esteban, se me ocurrió declamar no siendo declamador, la glosa: 'Por qué canto así' de ese uruguayo llamado el varón del tango don Julio Sosa. Mi atrevimiento fue sorpresa para ellos y para mí también; fue espontáneo y sorpresivo, algo que me surgió de repente como solían suceder las cosas entre nosotros, no se planificaban, solo arrancaban, y vaya si lo disfrutamos. Con Eduardo los dos éramos nacidos en septiembre, él era 10 años menor que yo, pero éramos del mismo signo. Tipo 7 de la noche yo salía a trotar y de repente su voz me decía: 'Che, espérame, enseguida salgo'. Dábamos una vuelta por la ciudadela, bajábamos unas libras y la rematábamos en una carretilla comiendo no sé cuántos chuzos, je, je, je. Solíamos ir a un sitio hoy famoso, llamado Hebra en la 13 y Brasil, pollo a las brasas con hojas de eucaliptus, comenzábamos con medio pollo cada uno y repetíamos, Beverly apenas se servía una presita. Eduardo aprendió a comer todo lo criollo nuestro, sea en mi casa o en la calle (como decimos acá), solo el caldo de salchicha no le gustaba. Éramos clientes asiduos de La Selvita y El Ñato. ¡Salíamos a trotar por el Barrio Centenario y ahí estaba La Selvita, tremendo lomo!; ahí Eduardo se expresaba con el movimiento de cejas y su infaltable sonrisa, y moviendo la cabeza para decir: ¡vamos al morfe!

"No son los grandes eventos donde se comparten fama y o negocios grandes, los que quedan en el recuerdo, sino que son las cosas sencillas como estas donde se valoriza la amistad, pues compartir significa: un poco de ti y un poco de mí". Y termina su escrito diciéndome: "¡Un beso en la frente a la querida madrecita!".

Algunos Escritos de "El Bolita" que demuestran el valor de este amigo de Eduardo:

El valor de ser entrenador infantojuvenil

Ser entrenador infantojuvenil es un privilegio y una oportunidad que Dios nos da; es un espacio donde podemos abrir nuestros corazones sin miedo, sin temor. Es entregar a diario, permanentemente nuestra vocación al servicio de la formación que va más allá del fomentar el desarrollo técnico y físico del niño va dirigido a construir un ser humano de bien, con principios.

Es de manera especial, la gran oportunidad de entrar en el corazón de ellos y ser parte de sus recuerdos y de haber estado ahí en su alegría y en su tristeza. Cuando llegamos a ser mayores, de tanta alegría nos sirve el sencillo saludo de aquellos que alguna vez fueron "nuestros niños", seguramente este es el mejor galardón que podamos obtener, pues los grandes homenajes llenos de publicidad solamente pueden alimentar nuestro ego y confundir nuestro ser, la vanidad es una vieja seductora del hombre que alimenta solamente la superficie del individuo y enferma el alma.

En el fútbol, enseñar no es una simple válvula de escape emocional, "es un encuentro espiritual donde descubro paz, relajación, alegría y un propósito humanístico de servir". Cuando estoy en la cancha, me siento liberado y bendecido por el Creador; o cuando por las noches estudio o escribo sin la intención de ser escritor. Y cuando en el sueño, el fútbol se apodera de ese espacio que siendo para el descanso, se convierte en alegría, ya que en él nunca pierdo; el juego se convierte en un escenario vivencial de comunicación permanente donde puedo hablar sin las restricciones del diario vivir, ahí hasta mis mejores amigos, que son muchos, me soportan.

Soy feliz porque entendí y consumí el fútbol de la manera más pura que pude. Solo existe día en cuya noche o en su amanecer aprendo algo nuevo, sea en la lectura o en la reflexión para entender este lindo deporte como un medio idóneo para el desarrollo del niño; seguro estoy de que quienes alcancen por algún motivo leer estas líneas, dirán de mí, que soy un niño también, ¡ojalá fuera así, volvería a jugar al fútbol!

Francisco Aguirre Cirio.
Marzo 30 del 2007.

¿A qué huele nuestro fútbol?

Escuchando sugerencias del silencio, vienen pensamientos en forma de reflexión.

En medio de triunfos que nos llenan de orgullo y de gozo, el mundial parece nuestro; salimos a las calles, hoy huele a rosas, nos confundimos en su aroma y dejamos de mirar el otro lado de la realidad. Hoy es tiempo de disfrutar, hay que olvidar, dejar a un lado los sinsabores, los desórdenes, los delitos y los errores.

¿Mas la reflexión, no se detiene ante toda esa emoción y sigue en su convicción de establecer "para qué sirven estos momentos?". Ha quedado en permanencia aquel olor en nuestras caducas estructuras, para que surja la evolución o existen olores diferentes donde no llega esta alegría.

¿A qué huele nuestro fútbol? Huele a conflictos entre dirigentes que no ayudan al progreso, a mutuas condecoraciones que no trascienden ni la sienten los niños ni los jóvenes, porque muy poco han estado con ellos, han sido y son distantes, su elevación no está al alcance de sus manitos ni de sus sonrisas. Nuestro fútbol huele a arribismo político de algunos a través de la pureza de nuestro deporte;

huele a indolencia cuando la gente operativa del fútbol espera horas para ser atendidos. Huele a deserción de buenos dirigentes que se origina por la envidia y las criticas sin fundamentos. Huele a incertidumbre económica de nuestros clubes, a deslealtad cuando los interese priman sobre los principios. Huele a empresarios que se llaman dirigentes; ser empresario es correcto, pero hay que llamarse así, el dirigente de veras procura producir ingresos que aumente el patrimonio de la institución y no de su bolsillo. Huele a competencia nacional de las series formativas, que es solo privilegio para los jóvenes de la serie A, lo cual es discriminativo. Huele a jugador retirado, preso de la angustia de su destino, sin un seguro que lo proteja. Huele a entrenadores sin trabajo o con sueldos indignos; ricos en entusiasmo, más algunos, pobres en educación deportiva, ya que no hay dónde prepararse o estudiar, ni los recursos personales para estudiar, y tampoco la perseverancia para autoeducarse. Huele a desesperanza y a estigmatización cuando son postergados. Huele a océano desesperado donde naufragan sus más puras ilusiones, y algunos mueren en el intento. Huele a injusticia cuando solo se otorga merito a quien dirigió en las eliminatorias y cosechó inteligentemente, y el sembrador es olvidado a pesar de que el 99.9 por ciento del trabajo formativo ha sido y es manejado por los entrenadores nacionales.

Al igual que en otras partes, nuestro fútbol no huele a FIFA, donde el caviar y el champagne son simple formalidades. Los lujos son otros, mientras los que originan este deporte, los niños de todo el mundo, unos se acuestan con la suave caricia de su madre y algunos sin ella, porque son huérfanos o abandonados, alimentándose solo con la ilusión de algún día quizás, y nada en el estómago. Esperemos que la percepción y la sensibilidad de quienes deciden en el máximo organismo, proyecten su corazón hacia la frontera de la pobreza, no como dádiva, sino como la extensión de lo que en verdad debe producir el espíritu deportivo, el amor, y la protección de la niñez.

Huele a pocos jugadores que tienen mucho y a muchos que no tienen nada. Nuestro fútbol huele a barro, a lluvia, a incomprensión, y muchas veces huele a miseria. Los que hemos vivido trajinando en él, somos testigos, operacionales y vivenciales. Huele a Guasmo, a Prosperina o Bastión, a niños y juventud afro ecuatoriana de la verde y olvidada Esmeralda, y a un Chota que gritan fuerte pidiendo auxilio. Huele a muchos rincones patrios del Amazonas donde el amparo deportivo es seguro de muerte, y si el fútbol todavía vive ahí, se debe a que es una esperanza que no muere. Huele a gente que no cree en esta esperanza para dejar de comer restos y sobras. Huele a dormir en tinieblas en la humedad de la costa o en el frío intenso de la sierra sin cobijas que correspondan. Huele a lustrabotas que patean un platillo o cualquier cosa, fantaseando un balón, abrigando la esperanza que su sueño se haga realidad. Huele a ausencia médica sin control y prevención de la salud. Huele a niños que llevados por la ilusión entrenan con 35 grados de temperatura, muchas veces almorzados con un pedazo de pan resbalado con un poco de agua de tuberías o tanques infectados.

Nuestro fútbol huele a chicos que caminan 10 kilómetros para llegar al entrenamiento y en los últimos 500 metros apuran un trote o corren para no tardar en tocar el bendito balón que los puede salvar o hacer sonar. Huele a madre soltera, que ruega a Dios que su embarazo de un varón como Mendes, Iván o Valencia para salvar su desgracia de ser pobre y abandonada. Nuestro fútbol huele a niños sin educación y cultura errada, como raíz profundizada que estuvo mal decidida, mal sembrada, ya que los que eligieron su destino, pensaron en ellos y no en los pequeños.

También huele a voces críticas mal fundadas, algunas de ellas deshumanizadas, que lastiman la dignidad de los actores. Huele a desahogo de frustraciones, a incapacidad de comprender, tolerar y aceptar que todo es producto del sistema que se hace obsoleto y se ejecuta sin revisión y nada más.

Huele a todo nosotros que estamos involucrados, que cuando crecemos perdemos la normalidad de ser sencillos, porque desarrollamos y vivimos solamente en el ego, quedando nuestro ser a un lado, dejando de crear para el resto y servir. Huele a sonrisa piadosa de ese entrenador de barrio, que se despoja de todo por reunir un grupo de niños, cumpliendo con su naturaleza, con su vocación de servir y con la esperanza de ver de lejos a su pupilo triunfar, y derrama unas lágrimas de gozo; en silencio, generalmente los chicos se van, y en su crecimiento a veces tocan el cielo y el entrenador desconocido, queda casi siempre olvidado.

Nuestro fútbol huele a mucho más que hay que erradicar. Tiene que oler a reto que hay que tomar, al desapego de la vanidad y del control manipulador que nos detiene y nos frustra; tiene que oler a esperanza, a liberación de ataduras tradicionales, rotas por siempre y para que se proyecte en confianza en el entrenador ecuatoriano, y de este en el dirigente. Y para andar en paz, tiene que oler a FIFA y a FEF, llegando a las bases de los Guasmos patrios con creativa predisposición, invirtiendo la utilidad de los mundiales en gran parte; calzando primero los pies de los niños, nutriendo su organismo, fomentando su desarrollo personal, su talento y su esperanza. Alimentando el conocimiento del entrenador, incluido el desconocido del barrio, ya que ahí comienza el fútbol. Olerá entonces a organización, a humanización; y con logística actualizada, canchas por doquier, y árboles en el entorno, que inviten al viento a purificar el ambiente, aprendiendo los chicos alegremente el fútbol dejará de oler a infortunio, olerá a vida, olerá a Dios.

Francisco Aguirre Ciro.
Junio 14 del 2007.

Eduardo con "el Bolita" Aguirre.

Familia Flores de la Iglesia de la Pradera.

Visitando a Eduardo y Beverly en Guayaquil

Como yo ya era Representante de América del Sur en el Concilio Mundial de la JNI (Juventud Nazarena Internacional), a lo menos en cada viaje a las reuniones del concilio mundial, me aseguraba con mi agencia de viajes que entre mis paradas y sin cambiar el costo del vuelo (que estaba pagado por la iglesia) pudiera parar en diferentes países para reunirme con líderes juveniles y de las iglesias, y especialmente, que el viaje incluyera una parada en Guayaquil, y lo mismo hacía Linda cuando ella iba a sus reuniones del Concilio Mundial de la SMNM (Sociedad Misionera Nazarena Mundial). Era una bendecida oportunidad de pasar unos días con Eduardo, Beverly y Esteban, y conocer también a las personas de su iglesia, a los misioneros y a amigos como "el Bolita" Aguirre.

Era hermoso ver cómo los misioneros se preocupaban de ayudar en todo lo posible con las necesidades de la familia de Eduardo; y en ese aspecto, la familia Hall incluían a Eduardo, Beverly y Esteban en sus actividades familiares y los tenían como parte de la familia y del grupo misionero en Ecuador aunque Eduardo y Beverly fueran solamente pastores en ese momento.

Cambios a nivel mundial de la Iglesia del Nazareno, beneficiaron a Eduardo y Beverly

Ya desde hacía un tiempo diferentes comités de la Iglesia venían trabajando en un cambio profundo de la estructura y estrategia de la Iglesia del Nazareno, tenía varios puntos, entre ellos: hacer a la iglesia más internacional, descentralizándola y dividiéndola en más regiones; esto permitiría un mejor uso de los recursos financieros y también el surgimiento de más líderes internacionales, entre otros objetivos. Y de forma maravillosa, Dios nos tenía "a los hijos del peluquero" en lugares oportunos para ser usados en esos cambios que nosotros antes que sucedieran, ni cuenta nos dábamos. Beverly nos cuenta lo que sucedió con ellos:

"Cuando el Reverendo Louie Bustle fue asignado como director regional para América del Sur, él escogió a la ciudad de Quito en

Ecuador como la nueva sede, pero aún no había presencia nazarena allí, así que nos pidieron a nosotros si aceptábamos ir a Quito a abrir la primera Iglesia del Nazareno en la ciudad capital del Ecuador, y a trabajar en la nueva Oficina Regional para América del Sur. El 2 de enero de 1984, nos mudamos a Quito, y con el apoyo de los Bustle y pronto de otros, nos fuimos adaptando a los cambios y fue precioso la forma como Dios nos usó".

Louie Bustle

Eduardo y Beverly tenían la seguridad de que Ecuador era el lugar al cual Dios los había llamado y guiado. ¡No exigieron nada para ir, solo fueron! Confiaban en Dios y en su promesa de que: "Fiel es el que os llama, el cual también lo hará", 1 Tesalonicenses 5, 24. Y si Dios eligió a Eduardo, sabía muy bien para qué lo quería; sabia aún más que Eduardo y Beverly. Creo que ni Eduardo y Beverly se dieron cuenta de que estaban siendo parte de todos los cambios que se estaban produciendo dentro de la denominación, y fue para ellos una entusiasmante sorpresa el que el propio Louie Bustle los escogiera como su principal colaborador en Ecuador y toda la región. Todo lo que habían pasado y hasta sufrido en silencio, resultó como una escuela de preparación para lo que Dios los necesitaba. ¡Estaban en el lugar justo y en el momento propicio! Eduardo abrió sus alas y fue el líder perfecto para ese momento de la región y la iglesia. Tenía la capacidad y el liderazgo para hacerlo y tenía en Louie Bustle al líder ideal. ¡Dios abrió las puertas en el momento justo, y Louie Bustle supo ver de inmediato la capacidad de Eduardo y lo fue empujando hacia el éxito y disfruto de trabajar con él! Saber ver más allá de lo que se ve a simple vista, es muy importante, y Louie Bustle tuvo eso con Eduardo.

Eduardo voló alto y de lo primero que hizo fue pensar en mí. Una de sus responsabilidades en la Oficina Regional era administrar un sistema de enseñanza para la preparación de pastores; en ese sistema, los aspirantes a pastores o servicio en alguna rama de la iglesia tomaban cursos en sus distritos con pastores o profesores locales, y cada tanto algún profesor acreditado, iba a esos países y enseñaba cursos intensivos de dos semanas en las cuales completaba alguna materia requerida para graduarse. Ese sistema suplantaba a los anteriores Seminarios o Institutos Bíblicos o se complementaba con Institutos Bíblicos que seguían funcionando. Así que, sin quererlo, volvíamos a estar en el mismo barco en la región de América del Sur, y Eduardo como encargado del programa a nivel regional, me enviaba a mí a los diferentes países y distritos y yo daba intensivos por toda América del Sur. Para abaratar los costos, a cada país que me enviaba, yo daba dos cursos intensivos en cada país en diferentes distritos. A veces nos encontrábamos con Eduardo en algún país, o nos cruzábamos en el aire. En cierta forma, ahora Eduardo era mi jefe, y era un placer trabajar con él.

También, el tipo de trabajo de Eduardo le permitía ir seguido por Uruguay a visitarnos y a visitar a la familia. Fue una época que como en 30 Metros, volvimos a compartir ministerios. La región le proveyó, entre otras cosas, tener una hermosa casa en Quito con todas las comodidades, auto para trasladarse, se vistió como a él le gustaba y a él y su familia, no les faltaba nada. Beverly nos cuenta algo más al respecto:

"Estuvimos 5 años en Quito, desde enero del 1984 hasta diciembre de 1988. Durante ese tiempo Eduardo tuvo diferentes responsabilidades en diferentes años; estuvo como superintendente del Distrito Costa (al que pertenecían las iglesias de Guayaquil) aunque nosotros vivíamos en Quito, también fue director de Misión en Ecuador, fue director de CENETA (nombre del sistema de enseñanza y preparación de pastores) para América del Sur, y luego director de Evangelismo y Crecimiento de Iglesias para América del Sur, a veces ocupando dos o tres cargos a la vez. Siempre trabajamos en la Oficina Regional; abrimos la Iglesia de Carcelén con el apoyo de los Bustle y hermanos nazarenos que vinieron de Guayaquil. En 1985 aceptamos la invitación de ser misioneros con asignación especial por un año, y en 1986 fuimos ante la Junta General para solicitar ser misioneros de tiempo completo".

Todo parecía color de rosa para Eduardo y Beverly, habían llegado a una situación que bien uno podía pensar que habían alcanzado lo que querían alcanzar y más. Los Armstrong estaban felices y orgullosos de ellos, y los González también. Pero algo no andaba bien.

En ese tiempo, con mi hijo Danny fuimos por Ecuador, Eduardo mismo preparó toda mi estadía allí; además de la visita el propósito de mi viaje era dictar un curso intensivo de dos semanas para un grupo de pastores que ya había en Quito, y también para ser el evangelista en un campamento de jóvenes que, aunque se realizó en la selva, era para los jóvenes del Distrito Costa. Mi hijo Danny disfrutó de estar con sus primos y sus primos estaban felices de estar con él. Hasta experimentamos un fuerte terremoto que se dio en Quito y que nos hizo correr fuera de la casa con todos los niños. Pero el terremoto más fuerte fue cuando invitándome un día a su casa, unos pastores que Eduardo había traído para ayudar en Ecuador me comentaron en confianza que las cosas entre Eduardo y Beverly no andaban bien.

Mesa de Oficiales del Distrito Costa.

Esteban lavando camioneta de papá.

La Canoa a veces es la única forma de llegar a la iglesia.

Mi hijo Danny vino conmigo a Ecuador.

Danny con los primos Esteban y Roberto.

Ricky, hijo de Eduardo y Beverly.

❧

CAPÍTULO SIETE

Una larga noche en el abismo

Ese terremoto con epicentro en Quito y resonancias por todo el Ecuador y países vecinos. Fue el terremoto más grande que experimenté. Recuerdo que esa noche estábamos en la cocina mirando una película de Sylvester Stallone en el papel de "Rambo", y sin previo aviso todo comenzó a moverse, se fue la luz y la televisión se apagó dos veces seguidas. "¡Terremoto!", gritó Eduardo y subió corriendo a buscar a sus hijos que estaban durmiendo en el piso de arriba, y ya cuando pasó con rumbo a salir de la casa y me vio a mí todavía parado tranquilo en la cocina, me dijo: "¡Anda a buscar a Danny y sácalo para afuera!". Él y Beverly hacían lo mismo con sus tres hijos. En un terremoto no hay mucho para pensar y lo más conveniente es salir de la casa ante un posible derrumbe de la misma. La sensación del piso moviéndose debajo de tus pies, el ruido de cristales moviéndose dentro de los placares, cosas que caen al suelo y un silencio raro que envuelve el barrio haciendo como si alrededor no hubiera nadie más. Todo eso en pocos segundos. Al otro día cuando ya todo había pasado y yo estaba dando clases al grupo de estudiantes, hubo una leve réplica y en medio de la clase, la bombilla de la luz que colgaba del techo se balanceó levemente hizo que automáticamente uno de los alumnos gritara: "¡Terremoto!"; y antes que cundiera el pánico, traté de calmarlos y hasta nos reímos de ese breve susto.

Lo sucedido con Eduardo y Beverly, también fue un "terremoto", un terremoto que nos sacudió a todos y a todos nos afectó. El "epicentro" estuvo en ellos, y mal o bien, lo supieron manejar. Y aunque el hecho en sí ocurrió en un momento, llegar a esa determinación les tiene que haber llevado todo un proceso que solo ellos y Dios saben. Claro que una cosa es decirlo, y otra vivirlo, y así las ondas de ese "terremoto", nos afectó a todos, a los hijos, a la familia, a los amigos, a la iglesia. Para Eduardo, esa determinación, fue una roca enorme, "una loza muy difícil de levantar", lo hundía en un abismo y el precipicio parecía no tener fin. El igual se dejó caer, y raro en él, mantuvo la calma aun en momentos cuando las consecuencias lo superaban.

Lo más difícil de un terremoto, es todo lo que viene después de que sucede. Lo que ya sucedió no se puede cambiar y solo cabe saber enfrentar las consecuencias de quitar los escombros. Y aunque lo sucedido, definitivamente no fue algo de Dios, Él sí estuvo presente en todos los difíciles momentos de la reconstrucción.

Nuevamente, a Remar contra la Corriente

No pensé que la cosa fuera para tanto, y todo parecía estar bien, y ya después viendo lo que pasó, tuve un panorama más claro. Creo que poco a poco la relación y hasta el amor entre Eduardo y Beverly se fue deteriorando y se dio aquello de que: "¡No todo lo que reluce es oro!". No sé bien lo que pasó en el matrimonio de Eduardo y Beverly, pero el amor entre ellos se fue apagando con el paso de los días, los meses y los años, y llegó el momento en que ellos mismos se lo comunicaron a los Bustle, y a pesar de los intentos por remediar la situación, ya algo se había roto entre ellos. Dejaron el ministerio y regresaron a Estados Unidos con su familia. Y aunque encontraron trabajo, eso no era lo de ellos. Con el paso del tiempo Eduardo regresó a Guayaquil y Beverly a Uruguay con sus hijos. Fue un tiempo bien difícil para todos, pero Dios siguió con ellos. Y nadie mejor que Dios para rehacer vidas y ministerios. ¡Cuando uno llega a situaciones así, lo único que piensa es en que todo se acabó!, pero aun en la noche más oscura, la mano de Dios sigue extendida y podemos sentir que nos dice: "¡Yo estoy contigo!". Pero ni, aun así, es fácil levantarse.

El retorno del Hijo Pródigo

La historia del hijo pródigo tiene por su semejanza con lo sucedido con Eduardo, un relato actualizado de aquella historia que en un momento nos contó Jesucristo. Fue Eduardo el que decidió dejar todo lo que Dios le había dado; algún motivo los llevó a tomar y a aceptar esa decisión. Nunca yo sentí de ellos una acusación hacia el otro, pero lo cierto es que Eduardo, como el hijo pródigo, ¡se fue!. Y Dios en el papel de padre, desde ese mismo día que él se fue, esperaba su retorno. Y ese es la trama de la "historia del hijo pródigo", un hijo que se va y un padre que espera su retorno.

Por un tiempo largo, Eduardo y Beverly se instalaron en Miami, allí buscaron trabajo, lugar donde vivir y escuela para los niños, y de a poco fueron encontrando cómo sobrevivir. Pudo ser un tiempo propicio para una reconciliación matrimonial, pero de alguna forma eso estaba roto y terminado. Nunca fui de juzgar a nadie en casos así, y menos lo iba a hacer ahora con Eduardo, me daba tristeza sí, y me preocupaba él como persona, amigo y hermano. Él y Beverly vinieron por Uruguay, y ahí, llevándome aparte me contaron lo que estaba pasando, fue más bien una comunicación, y solo les desee que Dios los ayudara. Les ofrecí mi apoyo. Me imaginé que el motivo principal de ese viaje de ellos a Uruguay fue para comunicarles a la familia, la decisión que habían tomado y los pasos que pensaban dar. En lo personal yo guardé lo que había pasado en lo más profundo de mi corazón y traté de evitar conversaciones familiares donde a veces se toman posturas extremas que lo único que hacen es agravar la situación. "Rascar el grano cuando pica, por lo general no es lo mejor". "Guarda silencio y espera en el Señor", Salmo 37, 7. Era un consejo bíblico que ya lo sabía; todo estaba en las manos de Dios. Y cuando Beverly decidió venirse a Uruguay a vivir, con Linda la apoyamos y por un buen tiempo vivió ella y sus hijos con nosotros y fue relindo vivir todos juntos.

Nuestra casa estaba bien en frente a la playa, y así los niños de Eduardo y Beverly acrecentaron a los González Armstrong, cuatro de Eduardo y Beverly y cinco míos y de Linda. ¿Nueve niños? Pero se llevaban tan bien y estaban tan felices, que ni a la hora de comer se hizo difícil.

Ya pasado más de un año de aquel terremoto que fue la separación de Eduardo y Beverly, Eduardo decidió retornar a Guayaquil y comenzar un noviazgo con Lorena, ellos desde hacía tiempo estaban enamorados, no eran felices con toda la situación, pero se amaban. La primera intención fue traer a Lorena a Estados Unidos, pero al no lograr cumplir con los requisitos de emigración, Eduardo decidió irse él a Guayaquil. Al principio, consiguió trabajo como una especie de curiel para una agencia de viajes, y él iba una vez cada tres meses, no pagaba pasaje, pero tampoco podía llevar más equipaje que el equipaje de mano. Y además de estos viajes llevando correspondencia de la agencia de viajes a cambio del pasaje, también por medio de la misma agencia, Eduardo y Lorena se escribían cartas personales y que la mayoría tenían que ver con la solicitud de la visa para ella venirse a Estados Unidos. En cada vuelo iban y venían cartas de ellos. Eduardo le escribía lunes, miércoles y viernes, Lorena recibía la carta en la Agencia en Guayaquil y allí mismo le contestaba, y Eduardo recibía la carta de Lorena al día siguiente de haberle escrito, así que la carta de ella llegaba los martes, jueves y sábados. Un sistema rápido, barato y seguro, tendrían que haberlo patentado.

El de ellos fue un noviazgo a la distancia y complicado, pero lograron ir venciendo obstáculos; se comunicaban por teléfono, lo cual era costoso, y al no tener teléfono en su casa, Lorena tenía que atender las llamadas de Eduardo en la casa de una vecina. Dinero no tenían, ni tenían tampoco a quién acudir. La separación de Eduardo y Beverly todavía era un tema delicado, y para aclarar mejor las cosas, Lorena aceptó hacerse una revisación médica para comprobar su virginidad, y el médico constató que era tal como Lorena decía. Lorena admitía que con Eduardo tenían sentimientos, tanto de ella para con Eduardo como de Eduardo para ella, pero lo que negaba enfáticamente cualquier otro tipo de relación. Y ya con Eduardo en Guayaquil las cosas mejoraron un poco, tal como me lo cuenta el incondicional amigo de Eduardo, "el Bolita" Aguirre:

"¿Cómo llegó a la televisión? ¡Primera vez que lo cuento...! Eduardo estaba inactivo en lo de la iglesia, salía casi todos los días conmigo a realizar trabajos. Yo tenía un terreno esquinero en Bolivia y Guaranda, en esa esquina tenía mi taller de estructuras metálicas y había espacio suficiente para instalar algún negocio, y justo cuando estábamos por tomar una decisión para poner una parrillada como mi compadre Eduardo quería comenzar, salió mi secretaria y me dice: "Lo llama su hija Maritza". A Maritza le encantaba estar prendida a la televisión viendo las noticias, así que cuando vio que en el Canal 4, estaban buscando a una persona que supiera inglés como para traducir las noticias que llegaban en inglés de la Guerra del Golfo al español. Así que toda entusiasmada mi hija Maritza me dice: "Dile a Eduardo papi, él sabe inglés y tiene buena voz". Así que salí y le dije a Eduardo, y él me preguntó si yo conocía al que mandaba en el canal. Y le digo: "Vamos a la casa de Antonio Andretta, él es muy amigo del dueño del Canal 4". De inmediato salimos para la casa de este amigo, le presenté a Eduardo y apenas le comenté lo del pedido que estaban haciendo de alguien para traducir las noticias de la guerra, él tomó el teléfono y llamó a Carlos Muñoz Insua, y Carlos Muñoz Insua le concertó una entrevista. Al poco tiempo comenzó a aparecer la voz de mi compadre a diario; fue entrando de a poco, hasta que la gente ya quería verlo, conocerlo y con su *"Esto ya es historia"* inmortalizó su imagen".

Vivir el momento no fue tan fácil como quizás pareciera al escribirlo. Días de 24 horas que parecían ser de 40, buscar trabajo, conseguir dónde vivir; no rendirse, aunque extrañaba a los hijos estaba seguro de lo que sentía por Lorena. Y cuando ya todo parecía trancado, surgió ese pedido de un canal de televisión; de todos los trabajos que Eduardo vio como posibilidades, jamás se le ocurrió pensar en la posibilidad de trabajar en la televisión. Y él hubiera ido, aunque el pedio hubiera sido para limpiar los pisos.

CAPÍTULO OCHO

SE PRENDE LA TELEVISIÓN

Hasta ese momento Eduardo no tenía experiencia alguna en televisión o periodismo, pero era audaz y tenía una voz potente y privilegiada. Lo que en verdad lo entusiasmaba de trabajar en televisión, era la necesidad de hacer dinero como para sobrevivir a la tormenta que estaba viviendo. No tenía trabajo, no tenía dinero, no tenía siquiera casa donde vivir, así que en momentos así es casi desesperante conseguir una tabla o algo que te permita flotar y no hundirte del todo. Y en casos así, es cuando hasta el ateo acude a Dios. Y por cómo sucedieron las cosas, pareciera que fue la mano de Dios obrando. Surgió una necesidad, a alguien se le ocurrió dar el aviso al aire, justo Maritza estaba mirando ese canal y vio a Eduardo como la persona ideal para ese trabajo, ¡él siempre listo a ayudar! ("Bolita" Aguirre) se puso en contacto con quien podía ayudar y a Eduardo le consiguieron una entrevista. El requisito era saber inglés y español, no les importaba mucho eso de "tener buena presencia", ya que esa persona traduciría sin aparecer en pantalla. Como todo se presentaba, más Eduardo pensaba: "¡Esto es para mí!". Tempranito salió para el canal suplicándole a Dios su ayuda y manteniendo ese pensamiento de que: "¡Esto es para mí!". Lo entrevistaron y le explicaron lo que estaban buscando, y cuanto más le explicaban él más sentía: "¡Esto es para mí!". Le hicieron una prueba y quedó entre los candidatos. Nunca le dijeron lo que ganaría por su trabajo, ni a él tampoco se le ocurrió preguntar. El trabajo para el cual lo necesitaban era para traducir al momento lo que CNN transmitía en inglés sobre la Guerra del Golfo. Y aunque era solo su voz traduciendo al instante lo que CNN transmitía en inglés, gustó tanto su voz, que, ya pasada la guerra, lo siguieron usando en esa misma modalidad y tradujo los "Good Will Games" (Olimpiadas de Invierno) y también realizando tareas de reportero desde las calles.

¡Su pretensión mayor no era ni en sueños llegar a ser "el número uno" entre todos los informativistas de los canales de Guayaquil, él solo quería salvar el momento y comenzar a levantar cabeza! En Uruguay su familia, no podíamos creer que él estuviera haciendo televisión y nos reíamos diciendo: "¡Ay, este Waio!". Pero "el waio" fue creciendo, le llegó la oportunidad de integrar la mesa desde donde se presentaba el informativo.

El Camino del Retorno

Dios tiene las formas más increíbles para llevarnos por los caminos que nos conducen a las metas que ni siquiera nos imaginábamos. ¡Y con esto de la televisión comenzaba la restauración de Eduardo! Ya sentado en la mesa del informativo y frente a las cámaras de televisión, Eduardo comenzó a aparecer en los hogares de miles de ecuatorianos. Hubo sí que hacerle algunos retoques en cuestiones de imagen, con una cirugía dental le corrigieron el problema de que sus dientes delanteros que eran demasiado pequeños y eso hacía que cuando sonreía no se le vieran los dientes; fue algo menor, pero le dio mejor apariencia. Lo del uso de la voz, fue una iniciativa propia de él, quizás proveniente de aquellas clases de Oratoria en el Instituto Bíblico Nazareno de Uruguay. No lo vi, pero conociéndolo al "Waio", me imagino que lo fue ensayando y practicando, imitando quizás a algún relator de fútbol que nació escuchando en la vieja radio "Espica" de mi casa. Y le salió bien esa audacia propia de Eduardo. Su acento diferente al ecuatoriano, su particular voz prolongando las "a" y dándole mayor tonalidad a las palabras, fue cautivando a la gente. Y al tener mayor audiencia, el canal lo fue ascendiendo y hasta se la jugó poniendo a Eduardo González a cargo del Informativo Central. Eduardo se abrazó con el éxito y la fama. Su frase con la que despedía la emisión del informativo: "¡Esto ya es historia!", pegó de tal manera, que se hizo un dicho popular y superconocido como ya lo era Eduardo. Tan bien le fue como informativista, que el informativo del canal llegó a ser el número uno en Guayaquil y mirado por millones de televidentes.

Caminé con él por los pasillos del canal, caminé con él por las calles de Guayaquil, y por donde fuera se veía la admiración y cariño de la gente hacia él. Y cuando me veían junto a Eduardo, algunos se animaban a preguntarle si yo era su padre. Y Eduardo abrazándome y riendo les decía: "¡Noooo, él es my brother!". O mi "nano", como se le dice al hermano en Ecuador. Y ya de regreso a su casa, con Lorena decidieron teñirme mis canas para que me viera un poco más joven.

Guayaquil entero en busca de la misteriosa voz del desconocido

Si los productores y dueños del canal lo hubieran planeado así tendrían un mérito tremendo, pero aparentemente solo fue una idea provisoria para una situación específica. La gente reaccionó encantada con esa voz que los despertaba cada mañana, y ya todos querían saber, ¿quién era? Como traducía programas de CNN que eran originalmente para los Estados Unidos, se empezó a correr el rumor que el dueño de esa voz era alguien enviado por CNN, pero, aun así, la pregunta de por qué no se veía su rostro y su imagen, sembraba diferentes hipótesis que crecían a la vez que crecía también el rating de espectadores. Lorena vivió todo ese tiempo junto a Eduardo, y ella nos cuenta más al respeto:

"Fue traduciendo en vivo tanto la Guerra del Golfo como los Good Will Games (Olimpiadas de Invierno) siempre sin aparecer su imagen, pero su voz se fue haciendo cada vez más conocida y fue ganando fama y comentarios positivos a la vez que también fue generando diversas especulaciones sobre quién sería la persona con esa voz diferente que los cautivaba de esa forma tan especial".

La audacia del "Waio" era increíble, traducir con su inglés limitado al no ser su lengua original, y sin experiencia suficiente en el mundo de la televisión y las noticias, era algo que solo él se animaría a hacer. Por otro lado, las circunstancias por las cuales él estaba pasando, ¡lo impulsaban a ser audaz para aprovechar al máximo esa oportunidad que ni él mismo se hubiera imaginado tener! La "Guerra del Golfo" era un suceso que acaparaba la atención mundial, era una guerra crucial en la historia de la humanidad. En Ecuador, especialmente en Guayaquil, los medios periodísticos e informativos, comenzaron a buscar la identidad de "esa voz". Lo encontraron y así empezaron a hacerle entrevistas en diarios, radio y televisión. Y ya por un periódico que lo entrevistó, la gente pudo ver el rostro de Eduardo.

Por las diferencias horarias de los lugares de origen de donde surgían las noticias, Eduardo entraba a trabajar muy temprano en la madrugada, en ocasiones se iba para el canal la noche anterior y allí preparaban algunas cosas básicas. Eduardo traducía en vivo, y también dejaba grabado para que los diferentes noticieros las pasaran durante el día.

Entrando a medianoche por la ventana del canal

Como su trabajo era tarde en las noches, y para esa hora las oficinas y estudio de grabación del canal estaban cerrados, Eduardo y el equipo con cámaras de televisión y otros aparatos, se las tenían que ingeniar para entrar al cuarto piso donde funcionaba el estudio del canal. Para hacerlo, debían ir por los fondos del edificio donde el guardián los dejaba entrar, ahí usaban el ascensor para ir hasta el tercer piso, y para llegar al cuarto piso, que era donde se producía esa parte de la transmisión. Y ahí, ventana mediante, usaban la escalera de incendios que estaba instalada en la pared exterior, y subiendo por ella llegaban al cuarto piso y entraban por la ventana. Así que se puede decir: que, en esto de la televisión, ¡"el Waio" fue escalando! Y también: "que entró al mundo de la televisión por una ventana". Me imagino que, al hacerlo, debe de haber recordado las carreras de árbol en árbol que hacíamos de niños en la vieja quinta de nuestro barrio.

Lorena agrega, que: "Ya al descubrir la identidad de la voz, le fueron surgiendo trabajos para hacer comerciales; además, cuando estaba terminando la "Guerra del Golfo" y las Olimpiadas de Invierno eran de corta duración, justo en uno de esos días, al informativo sorpresivamente faltó uno de los presentadores de las noticias. Fue una situación desconcertante, de esas que hay que tomar medidas de forma urgente y contra reloj para solucionar el problema. Alguien le sugirió al productor general, teniendo en cuenta que la gente estaba encantada con la voz de Eduardo: '¿Por qué no ponemos a Eduardo?". Al productor general le interesó la idea y dijo: "Tráemelo, ¡tenemos que salir de esta!". Así que de apuro salieron a buscar a Eduardo, y al llegar la hora del noticiero, allí estaba Eduardo en su primera vez como presentador de noticias".

Fue como aquellos cambios por lesión en nuestros equipos de fútbol del barrio: "¡Pongamos al Waio pues!". ¡Y allá entraba "el Waio" con todo su entusiasmo, dispuesto a dar lo mejor de sí! En esta ocasión, tampoco iba a perder la oportunidad.

Y aunque los salvó del apuro y realizó un buen trabajo en su primera vez dando el noticiero, Lorena nos cuenta de la razón por la cual el productor general no estaba muy decidido a usarlo como presentador de noticias:

"Al productor general, Eduardo le parecía feo como para ser informativista televisivo, y hasta le dijo que no le servía por ser feo. Esa opinión sorprendió, más cuando la gente pensaba todo lo contrario. Eduardo era superconocido como 'la voz en off" de la 'Guerra del Golfo'. Eduardo ya no solo era una voz superespecial, sino que su imagen iba en consonancia con su voz. La opinión de la gente fue contundente, y como el rating manda en televisión, el canal terminó haciéndole una oferta para ser el presentador del principal noticiero".

Así arrancó Eduardo su escalada al éxito y a la fama; un "ceniciento" en la vida real, ¡un milagro de Dios! Fue Presentador de Noticias de RTS Canal 4 de Guayaquil por diez años; daba las noticias de las diez de la noche para todo el Ecuador. Ese era el noticiero estelar del Canal 4. A la misma vez, seguía en el informativo matutino, y para eso, tenía que estar en el Canal para las cinco de la mañana comenzar. Seguía subiendo por "la escalera de terror" (según Lorena); así que "el Waio" entraba al mundo de las noticias por una ventana y subiendo una peligrosa escalera de metal contra el edificio. Nada es fácil en la vida; es más, Eduardo nunca pensó en ser informativista de televisión, pero cuando en la hora más difícil, como le pasó a Moisés en el relato bíblico, Dios le dijo: "Usa eso que tienes en la mano!". Moisés usó un largo palo en forma de bastón, Eduardo subió por una escalera de incendios por varios años.

Hogar dulce hogar

Ya con un buen trabajo, podían comenzar a ver de mejorar su vida en pareja e ir viendo las posibilidades de establecer una familia y un hogar. Lorena nos cuenta detalles de cómo fueron los comienzos:

"Lo primero que hicimos cuando Eduardo tuvo su trabajo confirmado como presentador de noticias en el Informativo Estelar de RTS Canal 4 Guayaquil, fue buscar una vivienda cercana a donde él trabajaba.; así conseguimos alquilar un apartamentito a los fondos de una casa en la Ciudadela Las Acacias. Era un apartamento bien chiquito, de un solo ambiente, sala y cocina, y un dormitorio bien pequeño. ¡Teníamos por fin un techo, pero no teníamos absolutamente más nada! De a poco fuimos consiguiendo algunos muebles y cosas, pero era "nuestra casa" y estábamos felices. De la casa de mi madre me traje mi cama de soltera, era chiquita y de una sola plaza; me traje también un televisor, y un banquito. El abuelo de una amiga mía me regaló una mesita rústica que él mismo había hecho y dos banquitos, y aunque él la había pintado a mano en un color celeste, para que se viera mejor, conseguí un gran mantel blanco que la cubría toda; ¡era nuestro comedor! ¡Y teníamos una mesa para dos!".

Lorena se emocionó al contarme el relato de su ¡primera casita! Para ayudar con los ingresos y con las obligaciones que Eduardo tenía con su familia, Lorena consiguió volver a trabajar con su anterior jefa, se llevaban muy bien y eran amigas. El trabajo lo hacían en la casa de la jefa de Lorena, y les estaba yendo muy bien; tan bien, que cuando surgió una posibilidad de mudarse a una casa frente a la casa de su jefa, esta le pidió que vieran la posibilidad de venirse a vivir a esa casa. Eso facilitaría mucho la situación para Lorena, ya que trabajaban todo el día, y a veces hasta altas horas de la noche, y la actual casa de Lorena y Eduardo estaba bastante lejos. El problema era que la señora vivía en una urbanización de casas más grandes y caras, y ellos no podían pagar lo que pedían por el alquiler de la casa. Así que la señora viendo la sinceridad de Lorena, le dijo: "Lorena, ¿cuánto pagan ustedes por la casa donde viven?", y cuando Lorena le contestó, la señora le propuso lo siguiente: "Ok, ustedes me dan lo que pagan cada mes por su actual apartamento, ¡y yo pongo el resto!". Así que gracias a la generosidad y al cariño que Ruth Cabrera (la jefa de Lorena) les tenía Eduardo y Lorena se mudaron bien enfrente a la casa de la jefa de Lorena en Los Esteros.

¡Barrio nuevo, vida nueva!

Eduardo y Lorena fueron haciendo una gran amistad con Ruth Cabrera, y estaban felices con su nueva casa, resultó una casa muy especial por varios años. Cuando llegaron, los niños de la vecindad les dieron un gran recibimiento, la fama de Eduardo ya lo había convertido en algo así como una celebridad o estrella popular. Cuando los niños vieron la casa, dijeron con asombro: "¡Pero no tienen nada!". Es que al ser una casa tan grande y con los pocos muebles y cosas que tenían, parecía aún más vacía.

De a poco la casa se fue llenando y allí hasta tuvieron a Eduardo Andrés, el primer hijo de su matrimonio. Ellos ya tenían buenos trabajos y en muchos sentidos, las cosas fueron mejorando. Además de sus trabajos, Eduardo y Lorena daban clases de inglés y ayudaban a los niños de la zona con sus tareas escolares. Los dos trabajaban muchísimo y se veían poco; y como Eduardo trabajaba casi toda la noche con sus traducciones para la "Guerra del Golfo" y los "Good Will Games", a veces la forma de estar juntos era que Lorena y el bebé iban con Eduardo al canal y dormían allí en algún sofá mientras Eduardo trabajaba. ¡Así que lo que fueron consiguiendo fue todo en base a esfuerzo y sacrificio, y a un caminar juntos en lo que fuera!

Al mejorar la situación económica, ya podían ayudar económicamente a los hijos de Eduardo y Beverly y de lo primero que hicieron fue ir trayendo de visita a los hijos mayores de Eduardo. Eso era precioso para todos, para los niños ver a su padre y sentirse en familia con Lorena, y para Eduardo y Lorena era precioso también tener a los hijos cerca. Por medio del canal consiguieron comprar su primer auto; como forma de pago por publicidad que el canal emitía, algunas compañías pagaban a cambio con autos u otras cosas, y el canal se los vendía a los empleados. Era un auto nuevo, pero a pesar de eso, a veces necesitaban andar empujándolo, y hasta "las visitas" que ya venían seguido a visitarlos, tenían que empujar. A veces salían a pasear con Esteban y Roberto, y al auto se le ocurría no querer andar, y la gente al ver la situación, se apiadaba de ver a un auto cargado de niños y con una mujer con un niño en brazos, y todos ayudaban a empujar hasta que el auto arrancaba y seguía andando.

Como una bola de nieve

El éxito genera más dinero sí, pero también requiere de más trabajo y limita los tiempos en familia. Y al tener dinero, uno se mete en cuentas y satisface deseos que después hay que pagar y entonces para pagar hay que trabajar más. Pero era lindo darse el gusto de traer a los hijos de Eduardo a visitar, y ya hasta a mi madre pudo volver a ir por Ecuador.

Prácticamente, Eduardo pasaba el día en el canal, y como Los Esteros (donde vivían) estaba lejos, a Eduardo no le daba el tiempo para venir a la casa a almorzar, y comía algo en algún lugar cercano al canal. Y a veces, cuando Lorena podía, tomaba a Andy (Eduardo Andrés) e iban a almorzar con Eduardo y así poder estar juntos por esa hora que Eduardo tenía para el almuerzo. Y ya cuando pudieron, empezaron a buscar una nueva casa más cercana al canal. Por supuesto que era más costoso vivir en zonas céntricas, pero ya era una necesidad el tomar esa decisión. Así que encontraron una casa preciosa en La Alborada, al norte de Guayaquil. Era una casa grande y con muchas ventanas; a Eduardo le encantó esa casa, y además le daba la oportunidad, por estar cerca, de aprovechar cada momento libre, para venirse a la casa y estar en familia. La casa estaba a solo diez minutos del canal. Además, para ese tiempo ya había nacido su segundo hijo con Lorena (Erick); así que Eduardo corría a la casa para estar en familia.

Oferta de otro canal

Siempre me impresionó la cantidad de medios y especialmente televisivos que había en Guayaquil y con el éxito y popularidad que alcanzó Eduardo y su frase: "¡Esto es Historia!" con la que despedía cada emisión informativa, así que no me sorprendió que aceptara una oferta de cambio de canal. Lorena nos cuenta de cómo se dio ese acontecimiento:

"En ese momento (cuando se mudaron a La Alborada) lo llaman de TC Televisión con una interesante propuesta para cambiar de canal. Le ofrecían mejor salario y era, además, una forma de ver que estaba progresando y que gustaba lo que hacía. Enseguida Eduardo me comentó sobre la propuesta recibida; eso era algo que él siempre hacía conmigo y siempre fue así, cada vez que había que tomar una decisión o alguna propuesta, siempre lo decidíamos juntos. Y como nos interesaba la propuesta, fuimos juntos a la entrevista. Incluso el abogado Jorge Kron, cada vez que había algún problema de enojo de Eduardo, me llamaba a mí y se solucionaba lo que fuera".

Lorena era una especie de intercesora o representante de Eduardo con los directivos del canal. Y como Eduardo tenía un carácter explosivo y si se enojaba con alguien, su reacción inmediata era la de renunciar, así que cuando eso sucedía, el director general lo tranquilizaba diciéndole: "Tú te me quedas tranquilo, yo voy a tratar ese asunto con Lorena y ahí hablamos, ¡pero tú no me renuncies!".

Cuando uno camina con Dios, Él va delante de nosotros, así le sucedió a Eduardo y Lorena, que ya habían decidido mudarse y sin que esa fuera su intención, se estaban mudando más cerca del que iba a ser su nuevo Canal y trabajo.

TC estaba solo a cinco minutos de la casa y como ellos le vendieron un auto más (de esos que el Canal recibía como pago por publicidad), ya Lorena y Eduardo tenían dos carritos y eso les permitía una mayor y más rápida movilidad. Seguían con el "carro" que andaba a los empujones y ahora un Kia blanco. Además, Lorena consiguió trabajo más próximo a donde vivían. No le fue fácil dejar de trabajar con su amiga Ruth, pero la casa de Ruth le quedaba muy lejos como para ir a diario a trabajar allí. Consiguió trabajo más cerca de la casa, y eso le permitía manejar más eficazmente su tiempo, atender a los niños y las obligaciones de la casa y disfrutar más de la familia.

Comerciales y eventos especiales

Lorena nos cuenta: "Que fue tal la fama de Eduardo que ya lo contrataban para todo tipo de evento, tanto en Guayaquil como por todo el Ecuador. Certámenes de belleza y elecciones de reinas en diferentes tipos de certámenes. Eso les permitía ir con todos los gastos pagos para él y toda la familia; le hacían agasajos, reconocimientos, regalos; además que le pagaban bien, no exageradamente, pero bien. Además de esto, y gracias a la fama conquistada por Eduardo, él comenzó a hacer todo tipo de comerciales, y especialmente le hizo todos los comerciales para una conocida casa de electrodomésticos y artículos varios, y lo hizo durante varios años; Eduardo fue como la imagen de esa tienda; presentaba los artículos que la tienda vendía, las ofertas que lanzaban y la tienda le pagaba muy buen dinero. ¡Igual, ni la fama ni el dinero lo mareaban y Eduardo seguía siendo el mismo "Waio" de siempre!

En esos tiempos de abundancia, pudieron darse el gusto de visitarnos en Uruguay y estar con toda la familia. También Eduardo y Lorena pudieron ayudar a toda la prole de González, les compraba cosas, los traía a visitarlos, y hasta mis hijos fueron afortunados en eso. Y Eduardo pudo darse el gusto que siempre tuvo de vestir ropa elegante.

Todo muy lindo cada vez que Eduardo venía y volvía a ser "el Waio" de siempre, entonces la casa de mis padres se llenaba de familia y amigos, de grandes y chicos y sentados alrededor de la mesa del patio, ¡la casa se llenaba de risas jugando los grandes como si fueran niños imitando transmisiones de fútbol entre Uruguay y Ecuador! "El Waio" era el relator, mi padre el comentarista y mi primo Enrique hacia los comerciales. A puro ingenio aparecían en el relato jugadores como "el Tin Delgado" o Diego Forlán, entre otros…y ya despés del grito de gol del "Waio", el micrófono imaginario iba a los comentarios del "Peluquero" y a los reclames de Enrique, y así seguía el partido en medio de las risas y ocurrencias…"Esto también es historia", y hasta las risas siguen vivas en los recuerdos de esos días de risas y felicidad.

Ocurrió así y ocurrió aquí

Otra puerta gigante que se le abrió a Eduardo en esos días fue una propuesta de CNN a TC Televisión y que le permitió a Eduardo hacer aparte del Noticiero, un programa de una hora que fuera semejante al que el uruguayo Jorge Gestoso hacía en Estados Unidos en CNN en español. Era un programa de cosas curiosas del país, de su gente y sus pueblos; con entrevistas y filmación de diferentes lugares y situaciones anecdóticas. ¡El programa original de CNN era "Ocurrió Así", pero al hacerlo en Ecuador con Eduardo le agregaron el "Ocurrió Aquí"! CNN autorizó a TC Televisión emitiera ese programa para el Ecuador y originado en Ecuador.

Así que, Eduardo terminaba los noticieros estelares los viernes a la noche y de ahí se iba a la casa, hacía la maleta y se iba a recorrer los diferentes pueblos del Ecuador. Todo era muy lindo, pero significaba también el que nuevamente le quitaba tiempo para estar con la familia; ¡así que para el "Ocurrió así y ocurrió Aquí", Eduardo y Lorena decidieron hacer esos viajes en familia. Usaban una de las camionetas de Ty C e iban en familia a donde fuera; metían coches de bebés, corrales y cosas de los niños y como una caravana iban a los más remotos pueblitos, pudiendo a la vez estar juntos y hacer algo especial en familia.

El "Ocurrió así y ocurrió aquí" tuvo un rating sensacional en Ecuador y acrecentó aún más la fama de Eduardo, así que ahora, por donde iban, la gente le gritaba saludándolo: "¡Esto es Historia!", o: "¡Ocurrió Aquí!". Y Lorena nos cuenta más de como fue el "Ocurrió así y ocurrió aquí":

"Con "Ocurrió así" trajo para Eduardo más trabajo, mejor salario, pero también menos tiempo para estar en familia. Requería viajar mucho, ya que demostraba formas y costumbres de pueblos por todo el Ecuador, a veces, pueblos que ni figuraban en el mapa. Para superar el inconveniente de estar los fines de semana separados, hablamos con Eduardo y le encontramos una solución a ese problema. Siempre con Eduardo tuvimos muy buena comunicación durante todo nuestro caminar juntos, Eduardo era un hombre que me incluía en todo consultándome lo que fuera, y en este caso de "Ocurrió así" también ocurrió así; la solución fue hacer esos viajes en familia, y fue hermoso, ya que viajábamos todos juntos para todos lados. Éramos un equipo y así funcionamos con "Ocurrió Así".

CAPÍTULO NUEVE

La paciente espera del Padre Dios

Se piensa que muchas de las historias que Jesucristo contaba en forma de parábolas, en verdad eran casos que Él había visto viviendo en Galilea. Y uno de los relatos más conocidos y famosos, Él lo titulo "El Hijo Pródigo", y medio oculto en el protagonismo, Jesús resalta la forma en la que actuó el padre del hijo pródigo. Aunque le dolió la decisión que el hijo tomó, igual le dio lo solicitado, y el hijo se fue; y lejos de su padre, malgastó el dinero y tuvo que sufrir las consecuencias. Y aunque evidentemente el hijo estuvo mal, desde el momento que se fue, el padre salía al camino con la esperanza de ver a su hijo regresando. Día tras día salía a esperarlo y el hijo no volvía. Pero un día lo divisó regresando a casa y fue tal la alegría del padre que hizo una gran fiesta. Y cuando "la iglesia" representada en el hijo mayor, le reclamó al padre no entendiendo el motivo de tanta alegría para quien había estado en desobediencia y pecado. En contraste con el hijo mayor, la alegría del padre se debía a que el hijo había vuelto, estaba muerto y había regresado, estaba perdido y fue hallado. Y en esa espera de Dios por Eduardo, lo que más le interesaba a Dios, era que Eduardo regresara.

Ocupados como estaban, aunque ansiaban regresar, ¡el tiempo pasaba y ellos se sentían indignos (como le pasó al hijo Pródigo) de volver! Creían en Dios, veían la mano de Dios a diario, a su manera oraban a Dios, pero quizás tenían un poco de temor al "hermano mayor", así que se mantuvieron ocupados en trabajos y actividades del mundo televisivo, era como que no tenían tiempo para Dios; más Dios al estilo de Isaías 42, 1–9 es la figura de un Dios paciente en su espera y promete sostenernos con su mano y dice: "No se cansará el que te guarda", que bien se puede decir sin cambiarle el sentido original: "No se cansará el que te espera". Y aunque Eduardo parecía alejarse, Dios lo seguía esperando.

Las fiestas en casa de Eduardo González

Surgió en ese tiempo un movimiento de fraternidad entre periodistas de diferentes medios, se formó con la finalidad de limar asperezas y rivalidades, y se decidió que una vez al mes se realizara una actividad social en alguna casa o lugar, y que fueran invitados todos los periodistas no solo de TC Televisión. Como Eduardo y Lorena tenían una casa amplia y cómoda, estaba bien cercana a la mayoría de los canales televisivos, se optó por tener ese tipo de reunión social en casa de Eduardo, y Eduardo estuvo encantado con eso. Lorena nos cuenta cómo se fue dando todo eso de las famosas fiestas en la casa de Eduardo González:

"A las fiestas las organizaba el noticiero de T y C y venían gente de todos los canales; se pasaba un tiempo de compañerismo y alegría que ayudaba a que en vez de rivalidades se pudieran forjar amistades. Con el paso del tiempo las fiestas tuvieron tal éxito que comenzaron a salir en todos los periódicos y programas de farándula. Ya no solo venían los periodistas y empleados del canal, sino que venían también políticos, gobernantes y altas autoridades de la policía y el ejército. Las fiestas se hicieron tan concurridas que se daba el caso de que la policía cerraba las calles por seguridad, pero generaba inconveniente con vecinos que querían llegar a su casa, y al estar cerradas algunas calles, se les hacía complicado. Además, las fiestas solían prolongarse hasta altas horas de la noche, lo cual era también una molestia para los vecinos. Y hasta se dio el caso, de que a una de las fiestas vino hasta el propio presidente del Ecuador y aterrizó su helicóptero en la calle. ¡Como eran gente de televisión, los canales comenzaron a enviar a sus camarógrafos con cámaras y hacían entrevistas en medio de la fiesta! Pienso que el propósito primario de las fiestas se desbordó y hubo descontrol, los patrocinadores daban ciertos canjes con tal de que los participantes exhibieran las marcas y productos que ellos patrocinaban. Algo que debió ser privado se hizo demasiado público a través de los programas de farándula. Era tanta la abundancia de bebida y comida debido a que empresas y negocios enviaban como regalos a las fiestas, que al otro día yo las repartía entre los vecinos; además era para muchos toda una novedad el ver de cerca a tantos famosos".

Cada vez que había una fiesta en su casa, Lorena enviaba a los niños a la casa de su madre a pasar la noche, pero en una ocasión la madre no los pudo cuidar y ellos se quedaron en la casa a cuidado de la chica que era empleada de Eduardo y Lorena, y a la mañana Lorena encontró a sus hijos bebiendo de los restos de la bebida sobrantes. Esa fue la gota que rebasó el vaso e hizo explotar a Lorena. Evitó que los niños siguieran haciendo eso de andar bebiendo de botellas abiertas, y se fue derecho al dormitorio donde Eduardo todavía dormía. Le contó lo sucedido y le dijo su determinación de que ¡no habría más fiestas!, y le agregó con firmeza: "Esto no es el legado que quiero dejarles a mis hijos!". Eduardo la entendió y la apoyó aun sabiendo que el dejar de hacer las fiestas, le podría ocasionar problemas con sus jefes y compañeros. Así que al día siguiente que Eduardo fue al canal, ya les notificó que "no habría más fiestas en su casa" y les explicó el motivo. El propio presidente del canal llamó a Lorena tratando de convencerla a que cambiara de idea, pero Lorena estaba determinada y ya ni nada ni nadie la haría cambiar. Ella le hizo saber que no era un problema con la gente que venía y pasaban un buen rato de alegría y compañerismo, y ya de paso le hizo saber también de otros inconvenientes que las fiestas le generaban. ¡Y aunque enviaron a solucionar los problemas del olor a humo de cigarrillo en muebles y cortinas, ya la determinación estaba tomada y se acabaron ese tipo de fiestas!

Los atletas de Cristo de Ecuador

En los planes de Dios "todas las cosas ayudan a bien" o, dicho de otra manera: "Dios puede usar cosas que pasan para con ellas cumplir el propósito que Dios tiene para aquellos que le aman y que Él ha llamado para alguna tarea específica". ¡Y para el hijo pródigo Eduardo González, ya era hora de volver! ¿Había acaso otra forma más eficaz de entusiasmar a Eduardo que con algo relacionado con su pasión por el fútbol? Pues el Señor tenía la llave que abriría la puerta para el "retorno del hijo pródigo", y esa "llave" se llamó: "Los Atletas de Cristo en Ecuador". Lorena nos dice quiénes eran "Los Atletas de Cristo", y su forma de evangelizar:

"Los Atletas de Cristo eran en su mayoría, famosos jugadores profesionales de los principales equipos del país; ellos, de alguna manera habían llegado a tener un encuentro con Dios, y una vez que aceptaban a Cristo como su Salvador, se abocaban a tratar de que otros profesionales del deporte, especialmente, ¡tuvieran una experiencia como la que ellos habían tenido!, así que les compartían su testimonio y los conducían a alguna de las iglesias a las cuales ellos iban. Los 'Atletas de Cristo' fueron como el inicio de volver a Dios, Dios los usó generando una simpatía entre ellos. Así los "Atletas de Cristo" aparecieron justo después de ese impasse entre lo que eran las fiestas con la gente del medio donde Eduardo trabajaba, venían a la casa a discipularnos. Quien más nos ayudó en ese tiempo, fue uno de los principales 'Atletas de Cristo' en Ecuador, el famoso 'Emperador' Cesar Rosero, un ídolo popular del Barcelona de Ecuador, ¡y hasta nos llevaba a su iglesia!".

Más oportuno no pudo ser la aparición de este grupo de deportistas cristianos a la casa y la vida de Eduardo, con ellos lo que pasó fue más bien un cambio en lo que eran las fiestas que jerarcas y periodistas de la televisión; Lorena y Eduardo decidieron seguir con las reuniones y fiestas en su casa, pero con cambios de estilo y propósito, así que las reuniones pasaron a ser un tipo de "estudio bíblico", testimonios y hasta predicación. Seguía el énfasis de compañerismo y hasta realizaban parrilladas, lo que ya no había eran cámaras televisivas, bebidas alcohólicas ni bailes. Muchos de los que antes venían a las fiestas, ahora seguían viniendo y se interesaron en las cosas de Dios. Se recogían peticiones de oración y había hermosos tiempos de cánticos y oración. ¡Varios compañeros de Eduardo, se fueron convirtiendo y hasta Eduardo compartió su testimonio y se fue dando cuenta de que todavía había una esperanza para él! Y en cierta forma, comenzaron a "coquetear" con la idea y la intención de empezar a ir a congregarse en alguna iglesia evangélica.

Cuando trabajó para la Oficina Regional de América del Sur, Eduardo tuvo la posibilidad de conocer a un futbolista brasilero que llegó a ser campeón del Mundo con Brasil en el Mundial de Estados Unidos en 1994, su nombre es Paulo Silas, era de familia nazarena de Campinas, y él era un entusiasta y fiel cristiano y como tal, era uno de los líderes de "Atletas para Cristo" en Brasil. Y eso también influyó para que Eduardo estuviera tan receptivo para con los "Atletas de Cristo" de Ecuador. En uno de mis viajes a Ecuador, Eduardo me llevó a conocer a varios jugadores del Barcelona de Guayaquil que eran parte de los "Atletas de Cristo", y fue hermoso ver cómo vivían una real experiencia cristiana y tenían ese entusiasmo por evangelizar a otros.

"Las Parrilladas Cristianas" ocuparon el espacio que antes era el tiempo de fiestas, y se hizo de tal forma que no surgieron inconvenientes ni conflictos. Fue algo de Dios. Muchos se convirtieron y comenzaron su vida cristiana justamente en esas parrilladas en casa de Eduardo y Lorena.

✣

CAPÍTULO DIEZ

SE ABREN LAS PUERTAS DE LA IGLESIA

Aunque tomada la decisión de retornar a "la casa del Padre", les llevó tiempo encontrar una iglesia y denominación en la cual toda la familia se sintiera cómoda y feliz; así que llevados por compañeros del trabajo o por los mismos "Atletas de Cristo", asistieron a diferentes iglesias. Un día hablando con Richard Barr compañero de Eduardo en T y C quien era muy conocido y famoso, él los invitó a acompañarlos a su iglesia; él iba a "La Iglesia Galilea", una Iglesia de la Alianza Cristiana y Misionera en Ecuador. Y como habían ido en plan investigativo a otras iglesias, también aceptaron acompañar a Richard Barr a la "Iglesia Galilea" según nos cuenta Lorena:

"Cuando llegamos a la iglesia. Esta estaba tan llena que no había lugar ni donde sentarse; pero viendo que el que llegaba era Eduardo González, algunas personas rápidamente le cedieron sus lugares, el inconveniente fue que los acomodaron en lugares separados y Lorena terminó sentada en una punta y Eduardo en la otra. El Pastor ese día predico sobre: 'Es tiempo de cambiar'. Fue una predicación hermosa con el énfasis de que era 'El tiempo de decidir'. Indudablemente, era un mensaje tremendo para nosotros, y me llegó a mí en mi lugar, como a Eduardo en el otro extremo del santuario, nos llegó tan hondo que solo esperábamos que llegara la invitación para buscar a Dios y así pasar al altar. Dios me confrontó y estaba lista desde antes que el pastor dijera en su mensaje: '¿Hasta cuándo vas a seguir así?'. Sin embargo, el pastor sorprendió a todos al decir 'que sentía de Dios no hacer un llamado al altar ese domingo, ¡y explicó que ese mensaje continuaría el domingo próximo y allí sí invitar a los que sintieran el deseo de cambiar y buscar el perdón de Dios!'. El Pastor Neyo Pin no quería que se tomara una decisión basada en las emociones y nos invitó a todos a una semana de reflexión y oración, él quería que de haber un cambio, fuera un cambio profundo".

Para Eduardo y Lorena, al principio no aceptaban del todo eso de tener que esperar una semana, sentían que Dios les había hablado y pensaban que ese era el momento de pasar a orar. Pero una vez más, Dios sabía lo que hacía, y tanto Eduardo como Lorena tenían cosas que arreglar entre ellos antes de buscar a Dios. Y ya calmados, se encontraron con Dios hablándoles, lo hizo por separado y se fueron dando cuenta de que todavía había cosas que debían arreglar con Dios y entre ellos. Llegado el sábado, Lorena le preguntó a Eduardo: "Oye, ¿mañana vamos a Galilea?", y le contó que Dios había estado hablando con ella toda la semana. Y resultó que a Eduardo le había pasado lo mismo, así que decidieron ir nuevamente a Galilea como nos cuenta Lorena una vez más:

"Ese domingo fue un domingo muy especial, tal como le había dicho a la congregación en su mensaje del domingo anterior, el Pastor Neyo continuó con el mensaje: 'Es tiempo de cambiar'. Para esta ocasión él trajo una roca con la idea de colocarla en un lugar de la iglesia y fuera señal de que en ese día hubo un cambio y un renacer para la Iglesia y esa roca sería conmemorativa de un nuevo pacto, la roca sería señal y recordatorio del pacto que se iba a tomar. El Pastor Neyo Pin Rodríguez era muy sabio para saber obedecer a Dios aun cuando no entendía completamente lo que Dios quería y planeaba hacer. Y como ese domingo llegamos temprano y nos sentamos juntos con Eduardo, pasamos juntos al altar con muchos otros que estaban también decididos a cambiar. Dios derramó de su Espíritu y los que pasaron al frente, más toda la congregación, pactaron por medio de la señal de la roca, cambiar, ¡y fue un culto de victoria! Ese 'volver', para nosotros fue tan, pero tan especial, ¡que no nos quedó duda alguna de que estábamos volviendo a Dios! Pero aun en medio de esa certeza, los dos sabíamos que había mucho para arreglar y mucho para corregir. Sabíamos de donde habíamos venido; sabíamos que habíamos pecado y habíamos lastimado a muchas personas, a Beverly, a los chicos (niños), y a sus vidas; habíamos lastimado a la familia, sabíamos de su dolor; habíamos lastimado a la iglesia, a la gente, a los pastores y líderes que habían creído en Eduardo, y todo eso lo cargábamos. Pero para nosotros era tan especial haber podido tener ese encuentro con Dios, haber pasado al altar y encontrar el perdón de Dios".

Esa "pacto" para cambiar no llevaba implícita la idea de recuperar la situación que Eduardo había tenido antes, la decisión fue solo de "volver a Dios" así como el hijo pródigo volvió a su padre sin pretender tener los derechos de los cuales disfrutaba antes. Su "pacto" y decisión fue solamente la de seguir al Señor, no ya pensando en servir, ya que se sentían indignos de poder hacer eso, pero sí seguir para basar sus vidas en la fe y para ser parte nuevamente de la Iglesia del Señor. Lorena nos cuenta más sobre ese regreso a Dios:

"Pasar al altar y tener un encuentro tan real con Dios era todo lo que queríamos, necesitábamos del perdón de Dios para comenzar la restauración y restitución. No pensábamos ni aspirábamos a nada más, queríamos cambiar, pero no nos sentíamos dignos de otra cosa, eso sí, esperábamos consolidarnos como familia. Lo que encontramos ese día en el altar de la Iglesia de Galilea, era lo máximo que podíamos alcanzar como gracia y misericordia; para nosotros era más que suficiente que su Gracia nos hubiera alcanzado otra vez, y que su Misericordia nos permitió ser parte de una iglesia donde Dios nos habló de la forma como lo hizo y nos haya dado un perdón que no merecíamos. Así empezamos a ir cada domingo a Galilea, íbamos solo los domingos y nos sentábamos al fondo justamente por ese sentimiento de sentirnos indignos de otra cosa".

Ellos se conformaban con asistir y con saberse perdonados por Dios; pero Dios tenía otros planes para ellos

Caminando con el Padre

No importaba para el padre del hijo pródigo, cuán lejos el hijo se hubiera ido o cuán grande su pecado haya sido, para el padre lo que le importaba era "que su hijo estaba muerto y ahora vivía", "estaba perdido y ahora había vuelto". Por eso y solo por eso, hizo gran fiesta y se alegró en gran manera. Por medio de sus historias en forma de parábolas, eso fue lo que el Señor nos enseñó con esa y otras historias como la de "la oveja perdida", o la de la mujer que perdió una de sus monedas y no descansó hasta encontrarla. Eduardo había vuelto y eso era más que suficiente para Dios. Era lo que Dios esperaba desde el mismo día en que él se fue lejos de Dios.

De lo primero que hicieron Eduardo y Lorena fue viajar a Uruguay a visitar a la familia y hacer restitución con Beverly, sus hijos y con el resto de la familia. Lo hicieron bien, y Dios pudo ir sanando las heridas causadas años atrás. Yo ya no estaba en el país, pero, aun así, pude ver los resultados a la distancia. En cada vacación, los hijos de Eduardo con Beverly iban a Ecuador a visitar a Lorena y Eduardo, también lo volvió a hacer mi madre y mis hermanos. Y en el caso de sus hijos, ya no era solo en vacaciones, sino que hubo momentos en que cada uno de ellos vivieron también en Ecuador con Lorena y Eduardo.

Eduardo seguía siendo famoso, pero ahora era un famoso que era creyente y cristiano. No sé si en algún momento dejó de ser generoso, ya que hasta en los peores momentos él siguió siéndolo así, lo eran con Beverly y lo eran ahora también con Lorena. En realidad "todos los hijos del peluquero" teníamos ese atributo; nos ayudábamos con dinero o con lo que fuera necesario. Los hijos de Eduardo vivieron en mi casa en ciertos momentos, y mis hijos vivieron en la casa de Eduardo.

Cuando mi hijo David que era muy buen futbolista decidió probar la posibilidad de ser futbolista profesional, Eduardo y Lorena le abrieron las puertas de su casa y Eduardo usó sus contactos para que él practicara en Emelec y otros equipos de Ecuador. Tuvo en Rosero un buen maestro, y en cada práctica, comenzaban con una meditación bíblica y oración; y ya después, el mismo Rosero llegó a ser el director técnico de la Selección de Ecuador a nivel juvenil. Esto me escribió Eduardo cuando hablamos sobre la posibilidad de ir David a vivir con ellos y encontrar algún equipo de fútbol ecuatoriano. Y ya de paso, también me escribió de otras cosas que me ponían al tanto de cómo le estaba yendo. Fue una de las tantas comunicaciones que solíamos tener, aunque estuviéramos lejos físicamente:

"Hola, hermano Daniel…

"Te comento que hemos recibido todas tus comunicaciones…y dejamos para contestarte más tarde y poder darte información confirmada sobre tus interrogantes. Pero he pasado una semana enfermo con la garganta, una fiebre y un dolor tremendo, hasta falté dos días a trabajar, cosa rarísima, pero no podía más.

Te cuento que creo que Ecuador sería algo fabuloso para David… aquí tenemos conexiones con Barcelona y con Emelec…y no sé si te acuerdas de 'Bolita', él tiene más posibilidades de conectarlo en algún equipo hasta con paga. Yo estoy tratando de entusiasmar a Esteban para que se venga en las vacaciones por acá para ver las posibilidades que tendría en algún equipo. Pero parece que él sigue pensando en Uruguay. Pero en los próximos días, si tú me confirmas que vienes, hablaré con las personas adecuadas para ser más específico en las propuestas, y de allí podemos seguir.

"Hemos estado ocupados con la mudanza a nuestra nueva casa…estamos felices que por fin pudimos comprar…una casita. Claro, con la ayuda del canal…ya que ellos la compraron y me van descontando de mi sueldo, así que, por ese lado, estamos muy bien.

"Te digo que también me estoy desempolvando en mi vida espiritual…y las cosas parecen ir mejorando inmensamente. Tanto que la iglesia me invitó a predicar este próximo 14 de abril en los cultos de la mañana. Estoy tan nervioso que parezco un novato. Ya he predicado varias veces en cenas con profesionales y reuniones, pero nada tan grande como lo del 14. La iglesia es de la Alianza Cristiana y Misionera, se llama Galilea y es muy buena, grande y es de clase media alta. Les va a gustar, hay un grupo de jóvenes con muchas ideas, aun de programas de televisión tenemos algunos proyectos. Al pastor lo conozco de muchos años atrás. Así que como ven, todo marcha muy bien.

"Aunque te cuento que el bichito de irme a Israel me está molestando mucho en estos días…ya que las cosas están candentes. Ya lo tengo en oración.

"Bueno, tengo que trabajar...ahí están unas pocas líneas que espero que nos sirvan para saber que, aunque no nos escuchas, nosotros sí los escuchamos y anticipamos que puedan darse una vuelta. 'Bolita Aguirre' también quiere comprar una radio para hacerla de Noticias y Deportes...estamos viendo la posibilidad de comentar el mundial Japón Corea...¿no te pica?...es decir, ¿no te da ganas de venirte?...¡vamos anímate!...total...no se pierde nada con probar...¿y quién te dice que aquí no esté nuestro futuro y el de nuestros hijos?...¡esto va mejorando!

Chauuuuuuuuuuuuuuuuuuuuuuuuuuuuuuuuuuuu".

Con Eduardo nos manteníamos en contacto permanente, a veces a diario, a veces pasaban días sin comunicarnos, pero la internet nos volvía a unir; Eduardo parecía tener la esperanza de llevarme a trabajar en Ecuador con él, y siempre me estaba ofreciendo diferentes posibilidades para trabajar en la iglesia.

Y en esa vida loca de información y sucesos, la invitación que, sí acepté y que nos volvió a juntar por unos días, fue cuando el caso del "Balserito Cubano" tomó tal trascendencia, que el canal decidió enviar a Eduardo y un *cameraman* a cubrir las noticias de lo que pasaba con Elian González. Para ese entonces yo vivía y trabajaba en el área de Bradenton en la Florida. Y un día me llegó una llamada de Eduardo en la que me decía:

"¡Oye Daniel, necesito que me hagas un favor!". "¿Qué precisas?", le dije yo, y ahí él me contó: Que el canal lo estaba enviando a Miami a cubrir las noticias que habían surgido a raíz de la tragedia en la que se vio envuelto un niño cubano que, junto a su madre y otras personas, intentaron huir de Cuba en una improvisada balsa y en medio del mar los sorprendió una feroz tormenta, y ante la muerte evidente, la madre de Elian le construyó una especie de salvavidas y le dio una carta dirigida a familiares que tenía en Miami. Tormenta y feroces tiburones fue el destino para la mayoría de quienes iban en esa balsa, entre ellos, la madre de Elian González que no solo escapaba de la insostenible situación de décadas que sufría la isla, sino que, tomando a Elian, escapaba también del padre del niño. Milagrosamente, Elian sobrevivió y fue rescatado por unos pescadores que aseguran que el niño fue salvado por un grupo de delfines.

Si yo sabía la historia, creo que todo Estados Unidos estuvo pendiente de lo que día a día sucedía, ¿lo que no entendía era en qué y para que Eduardo necesitaba de mi ayuda? Y ahí él se rio bien al estilo "Waio" y me dijo que esa venida de él sería una buena oportunidad para vernos y pasar unos días juntos. "Tráete el carro (auto) y así tú me haces de chofer y te quedas con nosotros". La idea no era mala, además yo estaba solo a unas doscientas millas de Miami y podía arreglar y estar ahí con Eduardo y verlo en acción haciendo su trabajo desde "La Pequeña Habana" y otras áreas de la Florida.

Así que yo le hice de chofer y ya en Miami del aeropuerto nos fuimos directo a "La Pequeña Habana" sin ni siquiera saber bien dónde estaría Elian González y sus familiares. En muchas de las esquinas de la convulsionada Miami, grupos de gente vendían, banderas y afiches con la carita de Elian, así que, parando, fuimos averiguando hasta llegar a la casa donde estaba Elian. Muchedumbre de gente rodeaba la casa y la calle sosteniendo que "Elian era de ellos y que no lo iban a entregar". Desde la esquina, Eduardo presentó su primer informe, y ya después nos contactamos con la familia para hacerles notas y reportajes. Había cámaras de diferentes medios. Después fuimos hasta Fort Louderle que era el puerto desde donde salían los pescadores que dieron con el naufragio de la balsa, allí Eduardo hizo más notas informativas y mostraron los botes y el puerto desde donde Elian fue rescatado.

Lo interesante también de ese viaje, fue que hicimos arreglos para quedarnos en las noches en casa de amigos uruguayos que eran como familiares para nosotros. Así que José "el ruso" Scaglia y su esposa Alicia Rodríguez nos hospedaron y pasamos con ellos unos días preciosos en el área de Palm Beach. Todos los días salíamos hasta "La Pequeña Habana" donde Eduardo hacía sus informes diarios y a la noche regresábamos a la casa de José y Alicia. Fue un tiempo precioso e inolvidable.

¡Qué milagro para terminar el 2003!

Así me escribió Eduardo en un mail, la experiencia que tuvieron a finales del 2003 cuando fueron asaltados en su casa, y me compartió cómo el hecho fue publicado:

"Pillos Arrepentidos devuelven al famoso periodista Eduardo González, todo lo que le habían robado en su Casa". "¡Dios nos salvó!". Lo asaltaron en su casa de Samanes 6 a punta de pistola. La señora oró en voz alta y los ladrones se pusieron nerviosos.

"Pillos arrepentidos".

"La mano de Dios nos protegió", dijo la esposa del comunicador.

¿O se arrepintieron porque sabían a quién le habían robado, o fue la mano de Dios que protegió a los afectados? Lo cierto es que cuatro delincuentes que el 31 de diciembre del año pasado asaltaron la casa del periodista de TC Televisión, Eduardo González, les devolvieron las cosas a los pocos minutos de ocurrido el hecho. Increíble, pero es verdad. La familia González considera que fue obra del Todopoderoso, ya que ellos son cristianos, y durante y después del asalto, oraron y Dios los escuchó.

Relación de los hechos:

Lorena de González, esposa del periodista asaltado, con una gran devoción en el Señor, narró la odisea que les tocó pasar la tarde del miércoles. Ese miércoles tenían planeado viajar a Manta para recibir el nuevo año en ese puerto en compañía de unos amigos, pero cancelaron la salida por desperfectos en el coche. Como no se dio el paseo, fueron a realizar unas compras que le faltaban para la cena. A las 16:30 cuando regresaron al domicilio ubicado en Samanes 6. Mz 994, villa 60 con los dos hijos de Eduardo, Eduardo Andrés de 10 años y Erick de 9, más dos sobrinos de su mujer, los niños se quedaron al ingreso de la casa con unas luces artificiales.

Como la puerta principal quedó abierta, fue aprovechado por los pillos para ingresar a la casa. "Primero entró un tipo, llegó hasta la sala, lo saludó y luego encañó a mi marido; enseguida aparecieron tres sujetos más, ¡todos estaban armados!", dijo Lorena.

Los audaces delincuentes hicieron ingresar a todos a la casa y cerraron la puerta. A la esposa del comunicador la sentaron en un sofá junto a los cuatro pequeños, mientras que uno de los hampones, todo el tiempo que duró el asalto, lo mantuvo al periodista inclinado sobre el sofá y con la cara tapada con un cojín. Dos de los malhechores fueron hasta la parte alta del inmueble, y otro se dirigió a la cocina. En ese instante Lorena se puso a orar en voz alta y a pedirle a Dios que protegiera a sus hijos. Uno de los pillos que apuntaba a González, le manifestaba a cada instante: "¡Cállese señora! ¡No haga bulla!", y Lorena le respondió: "¡Estoy orando y no puedo dejar de hacerlo!". El hampón, al parecer, se conmovió y le manifestó que, si deseaba orar que lo haga, pero en voz baja, como en efecto ella lo hizo.

Los asaltantes les sustrajeron un equipo de sonido, un DVD, un televisor pequeño, 220 dólares, una pulsera de oro de Lorena, un teléfono inalámbrico, un celular y un reloj. Había más electrodomésticos de mayor valor, pero no se los llevaron, solo los dejaron desconectados. Tanto Eduardo como Lorena y los chicos, podían oír cómo los pillos subían y bajaban a cada momento, e iban de un lado a otro mientras uno de ellos los vigilaba. Lorena les pidió "que no le dejaran la casa vacía", y uno de ellos le dijo que estaba bien, que así lo harían.

¡Al final del asalto, uno de los individuos silbó y se fueron! A los pocos minutos llamaron a la policía, pero los tipos no habían dejado ni el polvo. Cuando la policía se fue de la casa del comunicador, Lorena llamó al celular que se habían robado, y estos le respondieron. Ella les dijo que la casa que acababan de asaltar era la casa de Eduardo González de TC, entonces uno de ellos le dijo a Lorena que lo volviera a llamar en cinco minutos. Lorena no se dio por vencida y los timbró nuevamente, entonces los hampones le manifestaron: "Señora sus palabras hicieron efecto, acabamos de chocar, venga a buscar sus cosas, las vamos a dejar en la avenida Juan Tanca Marengo".

González acudió al sitio y efectivamente encontró lo sustraído en la vía pública. Los pillos se quedaron con 220 dólares, la pulsera y el celular. Dos horas más tarde de ocurrido el asalto, fueron hasta la iglesia evangélica y agradecieron a Dios por haberles escuchado. ¡Y como suele decir el periodista, esto ya es historia! (ND).

CAPÍTULO ONCE

LLEGARON A LA IGLESIA QUE ERA PERFECTA PARA ELLOS

De todas las iglesias a las cuales Eduardo y Lorena fueron invitados y llevados por compañeros, todas eran muy buenas, pero "Galilea" era justo como para ellos. Era una Iglesia de la Alianza Cristiana y Misionera, pero conocida por todos con el nombre particular de: "Iglesia Galilea". Y más que el mensaje "Cristo Céntrico" y basado en la Biblia, a mí lo que más me impactó fue ver que era una iglesia comprometida con la salvación de las almas, ¡tenía si un excelente pastor y una adecuada organización y sistema como para ser buenos pescadores de hombres! "Galilea" es una iglesia en constante avivamiento, y en muchos sentidos a mí se me hizo semejante a lo que fue la Iglesia Primitiva, que es la iglesia que más admiro. El amor se nota en la misma congregación desde la cabeza a los pies, hay unidad y compromiso compartido por todos; hay estrategias y originalidad en cada uno de los planes con los cuales sirven a Dios. ¡No sé cómo lo hicieron, pero lo hicieron! ¡No sé tampoco el orden en cómo fueron surgiendo los diferentes programas estratégicos, pero se nota la inteligencia con la cual lo hicieron! Pareciera no haber área en la cual no estén abarcando o proyectándose. Y así surgen títulos y nombres con los cuales desarrollan esas estrategias: "Encuentros", "Hombres Fieles", "Barcas", etc. En "Galilea" funcionaban a la perfección antiguas estrategias que era una especie de llamado a ser discípulos y pescadores de hombres. El Pastor Neyo Pin Rodríguez es un notable predicador, pero creo que su mayor talento ha sido el saber discipular y enviar a los discípulos en misiones semejantes a las que Jesucristo usó cuando mandó a los 70 y esos 70 evangelizaron llenos del Espíritu Santo por todos lados, sanaron enfermos, echaron fuera demonios, predicaron y enseñaron. Hacer y enviar discípulos fue la gran estrategia que utilizó Jesucristo y que les ordenó que hicieran discípulos. En la Iglesia Galilea, este método de multiplicación supo ser utilizado, y así el que se convertía, pasaba casi de inmediato a ser discípulo, y a su vez ese nuevo discípulo hacia nuevos discípulos, y cada uno de ellos hacían discípulos.

Por más que Eduardo y Lorena se sentían indignos de volver a servir a Dios, el Pastor Neyo siempre los apoyaba y destacaba siempre la presencia de Eduardo en la iglesia, y eso fue haciendo que con la personalidad de amable y carismática de Eduardo, la gente se fuera encariñando de él. Eduardo y Lorena se sentían bien recibido en la iglesia por parte de la gente, y entusiasmados por ese renacer, conversaron entre ellos y pensaron: "Si antes teníamos fiestas acá en la casa, ¿por qué no empezar una "barca" acá en casa?". Con eso en mente y en sus corazones, decidieron preguntarle al Pastor Neyo, si estaba bien con él si ellos comenzaban una "barca" en la casa de ellos. Eran nuevos en la Iglesia Galilea y no querían hacer algo que no fuera bien visto por el pastor y por la iglesia. Ellos mismos se sentían como que venían del hoyo del pecado, de la basura, del lodo y no se sentían dignos de predicar. Pero Neyo les dijo que le parecía una muy buena idea el que comenzaran una "barca" en su casa, y hasta les ofreció mandarle a alguien que los ayudara si ellos querían. Pero Eduardo quería hacerlo él, quería hacerlo de frente y haciendo saber a los que lo escucharan, su testimonio de "hijo pródigo". Y así como fueron famosas "las fiestas en casa de Eduardo González", y también fueron importantes aquellas "parrilladas cristianas" con los "Atletas de Cristo", ahora "las barcas en casa de Eduardo González" fueron la continuación de lo anterior, y a las "barcas" ahora venían muchos de los que antes venían a "las fiestas" o a las "parrilladas cristianas", venían a orar y a estudiar la Biblia; muchos aceptaron a Jesús como su Salvador y cambiaron sus vidas. Y fue allí en esa "barca" que Eduardo desplegó sus alas y volvió a volar usando ese don que tenía para predicar. Y en esa "barca" o en la iglesia, mucha gente de la televisión se fue convirtiendo y añadiendo a la Iglesia en Ecuador.

Al ver cómo Dios lo usaba y de la forma que lo hacía, Eduardo se fue entusiasmando, y era un gozo para él y Lorena disfrutar de servir al Señor; y ya no era solo en las "barcas", sino que también en la iglesia, Dios los usaba cada vez más y más. El Pastor Neyo tenía esa sensibilidad de ver el propósito de Dios para Eduardo, y un día después del culto, el Pastor Neyo le dijo a Eduardo: "Oye, ¡quiero que te vayas a un "encuentro"!

Los "Encuentros"

Asistir o conocer a la Iglesia "Galilea" lo lleva a uno a la necesidad de aprender un "idioma creativo y original", dese el mismo nombre "Galilea" para la iglesia, el uso del nombre "Barcas" para estudios bíblicos y reuniones en casas de creyentes que ofrecían su casa e invitaban a vecinos a ese tipo de reuniones, y la tradición de tener el llamado: "Encuentro" del cual todos hablan en la Iglesia Galilea y en iglesias de la zona.

Lorena no estaba muy decidida en cuanto a ir a un "encuentro"; sí sabía que su decisión de seguir con el Señor, no la iba a dejar ni soltar por nada, pero estaba muy confundida en cuanto a su futuro, y esperaba más bien, ver la actitud de Eduardo y ver hasta dónde él seguía con esta restauración que había comenzado. Eduardo sí se fue a un "encuentro de hombres".

Yo también en su momento participé de un "encuentro" durante una de mis visitas a Ecuador, y no solo fue una bendición, sino que, al estar tan bien planificados y presentados, es inevitable el asistir a uno y esquivar un "encuentro personal con Dios". Se realizan en lugares de campamentos o retiros y eran por varios días. ¡Diferentes líderes presentaban charlas o predicaciones con llamados a buscar a Dios, y Dios obraba! También había periodos para estar a solas con Dios o para hacer tareas de restitución con personas con las cuales hubieras tenido algún problema o distanciamiento. Dios y los líderes, te conducían de tal forma, que te llevaban directamente a "un encuentro" personal y profundo con Dios. El nombre que ese tipo de evento tenían era de lo más adecuado, ya que te conducían a encontrarte con Dios, con uno mismo y con los demás. Habían "encuentro para hombres" y "encuentros para mujeres". Y en un clima de avivamiento se regresaba a las iglesias de dónde venían, y eran recibidos por toda la iglesia que esperaban de una forma especial a "los encuentristas"; esos recibimientos eran cultos de mucha alegría y emoción, abrazos y alabanza, se compartían testimonios.

"Los Encuentros" era una estrategia que yo nunca había visto en todos mis años de ministerio o de estar en la iglesia. Aquello era como una segunda obra de gracia, y aunque había mucha emoción y llanto, era para cada uno de los que participábamos, algo bien auténtico y profundo.

Lorena me contó que: "Eduardo fue y volvió tan cambiado que ella se fue dando cuenta de lo real que había sido su transformación". Él le dijo: "Lore, ¡todo va a ser diferente!". ¡Él se sentía restaurado y dispuesto a hacer lo que hubiera que hacer! ¡Y Eduardo mismo era el que le proponía a que ella fuera también a "un encuentro de mujeres"!

Lorena no estaba muy segura de ir a uno de esos "encuentros", ella temía que todo aquello tan maravilloso que estaba pasando fuera solo algo temporal. De todos modos, ella fue meditando y hablándolo de forma personal con Dios, y entre Dios, Eduardo y otros hermanos en Cristo, la convencieron de que fuera al "encuentro".

¡En eso de los "encuentros", una cosa es escucharlo y otra el experimentarlo! Y como le sucedió a Eduardo, también le pasó a Lorena, y ella en ese "encuentro" tuvo un encuentro personal con Dios, y fue tan claro y profundo, que hasta ella notó el cambio. Y ya de regreso a Guayaquil donde Eduardo la estaba esperando en la iglesia, entre ellos acordaron comenzar una nueva vida.

El orden de prioridades cambió en Eduardo, y desde entonces pasó a ser: 1. Dios; 2. La familia; 3. La iglesia; 4. El servicio a Dios; 5. El trabajo; y así siguieron estableciendo otras prioridades que iban a regir en sus vidas.

Ofrecimiento del Pastor Neyo

¡Apenas Lorena volvió del "encuentro", ya para los siguientes "encuentros" pasaron de ser participantes a ser "guías"! Para eso fue nuevamente fundamental el Pastor Neyo; él no dejó pasar el tiempo, sino que enseguida volvió a hablar con Eduardo y con Lorena y los invitó a servir en la iglesia diciéndoles: "¡Quiero que empiecen a servir aquí!". La idea de Neyo era integrarlos al cuerpo pastoral de la Iglesia Galilea. Era una invitación, Eduardo le explicó, por qué, aunque agradecidos por la invitación, no podían aceptarla. El Pastor Neyo los escuchó, vio en ellos la sinceridad y el sentimiento de la respuesta; los escuchó aun sabiendo todo el trasfondo de la misma y sabiendo todo lo que Eduardo y Lorena habían pasado. La negativa de Eduardo se basaba en que ellos si consideraban que podían restituir muchas cosas, pero el ser líderes de una iglesia era algo que ya no podrían volver a ser. "Dios es un Dios de nuevas oportunidades", le dijo el Pastor Neyo a Eduardo, y agregó que así como Dios le había dado la oportunidad de volver a casarse, así también le podría restituir el llamado a servirle y a predicar el evangelio. Que todas esas cosas que él ya sabía de Eduardo y Lorena, eran parte de un pasado en el cual sí habían pecado y lastimado, pero Dios era un Dios de oportunidades, un Dios de victorias y no de derrotas y que de ninguna manera si Dios un día había llamado a Eduardo iba a dejar que el diablo se lo arrebatara. Nadie mejor que el Pastor Neyo para ver cómo Dios estaba abriendo puertas que parecían cerradas, y él veía que todo lo que estaba sucediendo era dentro de los propósitos y planes de Dios; así que esa misma noche él le ofreció ser Pastor de la Iglesia de Galilea. El crecimiento constante de la Iglesia Galilea hacía que el pastor y la junta se vieran en la necesidad de más pastores para administrar ese crecimiento y hacerlo aún más eficiente, y Eduardo y Lorena eran los más indicados para hacerlo, así que la idea del Pastor Neyo, era que Eduardo y Lorena trabajaran bajo su supervisión, él tomaba toda la responsabilidad y haría todo lo que los líderes dijeran.

En esa conversación media informal y de apariencia casual, fue el inicio de la restauración al llamado que Eduardo tenía de Dios para servirle; aunque informal, fue una conversación profunda con un "hombre de Dios" como lo es el Pastor Neyo Pin Rodríguez. "Antes que me propongas algo formalmente, ¡necesitamos hablar bien contigo de todo esto!", le dijo Eduardo a Neyo, y acordaron una reunión para definir bien el tema.

Así que el día acordado, Eduardo y Lorena acudieron a esa cita. El propósito principal de Eduardo era contarle todo a Neyo, contarle desde el principio y desde su propia boca, y así lo hizo. Le agradecieron, además, al Pastor Neyo el que les hubiera permitido tener la bendición y alegría de estar en la iglesia y servir en algunas áreas de liderazgo, y que ya con estar en la iglesia sentados en el último banco, era para ellos más que suficiente, y era una prueba de la misericordia de Dios. Neyo les agradeció la sinceridad con la cual le contaron todo lo sucedido, y él también fue sincero con ellos al decirles que toda esa historia que Eduardo le había contado, él ya la sabía y la Junta de la Iglesia también la sabía. Y ya cuando todo parecía llegar a un punto de acuerdo, Eduardo le dijo también de "otro inconveniente" para que él volviera a ser pastor, y este inconveniente era que "él voluntariamente ya había entregado sus credenciales y eso le impedía volver a ser pastor.

"Dios es un Dios de restauración y Él hace siempre la obra completa!". Esa era la confianza del Pastor Neyo, así que confiando en Dios y en los líderes de la Iglesia de la Alianza Cristiana y Misionera del Ecuador, Neyo le comunicó a Eduardo que "iba a solicitar una reunión con esa Junta". Eduardo aceptó que así lo hiciera. Así que el caso "Eduardo González" pasó a ser consideración del cuerpo principal de líderes de la Iglesia Alianza Cristiana y Misionera del Ecuador. La Junta aceptó la solicitud y citó a Eduardo a una entrevista especial. Cuando llegó la fecha establecida para esa reunión, Eduardo se presentó y allí él volvió a contar la historia tal como se la había contado al Pastor Neyo. La Junta Nacional de la Iglesia Alianza Cristiana y Misionera, le agradeció a Eduardo el haberse presentado a esa reunión y el haber hablado con tanta sinceridad; le comunicaron que iban a tomarse un tiempo para discutir su caso entre ellos, y le comunicarían su decisión.

Creo que la disposición de Eduardo de aceptar la decisión que ellos tomaran como señal de la voluntad de Dios fuera lo que fuera su decisión, le dio la paz y la confianza necesaria a Eduardo para hablar a corazón abierto. Al poco tiempo esta Junta se comunicó con Eduardo citándolo para una nueva reunión. Para Eduardo y Lorena, el hecho de haber contado su caso al Pastor Neyo, a los líderes de "Galilea" y a las principales autoridades de la denominación en Ecuador, ya era un alivio que les daba mucha paz y tranquilidad.

La Junta Nacional de la Iglesia Alianza Cristiana y Misionera en el Ecuador estaba integrada por: Presidente, vicepresidente, secretario y vocales; y sin muchos rodeos le comunicaron que: "Viendo la forma sincera, desinteresada y desde el corazón, con la cual Eduardo les había contado su caso, ellos consultaron con los líderes mundiales de la Iglesia Alianza Cristiana y Misionera; y viendo la capacidad y los dones que Dios le había dado, ellos como Junta Nacional tenían la capacidad de renovarle las credenciales a Eduardo". Y ya con eso Eduardo no tenía impedimento alguno para volver a ser pastor. La alegría de Eduardo y Lorena fue inmensa, Dios no solo los había perdonado y restaurado, sino que también, tal como les decía el Pastor Neyo: "Cuando Dios restaura, ¡su restauración es completa!". ¡Fue hermoso sentir la felicidad con la cual Eduardo me contó todo ese acontecimiento que había pasado en Ecuador y que lo habilitaba a ser pastor nuevamente!

Es necesario destacar la importancia del tiempo en todo este caso. No fue cosa de un día, fue algo que llevó años. A la caída, quizás producida por un enfriamiento en el matrimonio con Beverly, Eduardo cayó también en un pozo profundo de perdida de rumbo y angustia personal; perdió la brújula que guiaba su vida, perdió su trabajo e ingresos, sintió la culpa por la situación de su exesposa e hijos, ¡y otros tormentos de azufre con los cuales el diablo disfruta cuando logra una victoria así! Pero Dios siguió a Eduardo y estuvo con Eduardo haciendo verdad su promesa de que: "Cuando pases por las aguas, yo estaré contigo; y si por los ríos, no te anegarán. Cuando pases por el fuego, no te quemarás, ni la llama arderá en ti", Isaías 43, 2. No fue fácil para Eduardo, como no fue fácil para ninguno de los afectados por ese triste suceso; y la cosa no fue peor gracias a que Dios es fiel y Él nunca deja al que llama. Es cierto que Él nos envía, la diferencia es, ¡que Él va con nosotros! Dios dejó que el tiempo pasara, no acortó las consecuencias de aquel pecado y a su tiempo fue obrando, sanando, restaurando y restituyendo. No siempre entendemos las decisiones y propósitos de Dios, pero Él sabe lo que hace, y lo hizo en el caso de Eduardo. Le dio una nueva oportunidad, y esta vez, ¡Eduardo no le falló!

Dios sabía que este Eduardo iba a ser aún más importante y útil que el anterior. Lorena fue fundamental en la formación de este nuevo Eduardo, era el complemento ideal. Lorena, además de sus talentos propios y su capacidad, tenía la forma de tranquilizar a la "fiera" que era el carácter de Eduardo, y se complementaba con él.

Su incondicional amigo "Bolita" Aguirre desde que Eduardo llegó al Ecuador, nos dice algo muy importante sobre Eduardo:

"…Cuando la voz de mi compadre comenzó a aparecer a diario, fue entrando de a poco, hasta que la gente ya quería verlo, conocerlo; y cuando con su "Esto ya es Historia" inmortalizó su imagen. ¡Dios nunca lo abandonó! De esto soy testigo. Estos recuerdos hacen que el alma vuelva a su origen… Saludos desde el corazón para todos ustedes, bendiciones… Bolita".

Restauración Completa

La "restauración" fue en mayor medida para Eduardo, y con esta renovación de credenciales que le otorgó la Iglesia Alianza Cristiana y Misionera, Eduardo estaba habilitado para volver a realizar todas las tareas de un presbítero, para Lorena fue más bien un llamado al servicio y a apoyar a Eduardo. Pero sí, la alegría fue de los dos. La alegría fue de toda la iglesia y se celebró con una "Fiesta Regocijo" en la Iglesia Galilea, y así nos lo cuenta Lorena toda emocionada:

"La Iglesia Galilea organizo una fiesta para celebrar 'el retorno de Eduardo al pastorado', por la restauración y entrega de sus credenciales. Fue una fiesta verdaderamente emocionante, con mucha alegría y muestras de amor y victoria. La iglesia de Galilea solía hacer fiestas con cada victoria que lograban y a esas fiestas le llamaban con muy buen tino: 'Fiesta de Regocijo".

Con el otorgamiento de las credenciales por parte de la Iglesia Alianza Cristiana y Misionera, Eduardo comienza a ser pastor de la

Iglesia Galilea, y ya de inmediato Lorena y Eduardo empezaron a servir y a ser parte del Cuerpo de Pastores de la Iglesia de Galilea; ambos eran muy capaces y poseían diversos talentos; además venían con todo ese empuje y entusiasmo no solo del perdón de Dios, sino también de la oportunidad de servirle, algo que ellos pensaban que nunca iban a poder hacer. Abrieron varias "barcas" y se involucraron de tal forma en la marcha de la iglesia, que se enrolaron como alumnos, aun cuando Eduardo no tenía por qué hacerlo, en unos cursos de "Capacitación para el Servicio" que la iglesia ofrecía a todos aquellos que tenían interés en servir a Dios en la iglesia y a través de los ministerios de la iglesia. Esa clase semanal la llamaban: "Academia para Obreros" y Eduardo y Lorena decidieron tomarla, ya que ellos querían empezar de cero su vida cristiana. Y la tomaron aun estando activos en la iglesia y en las "Barcas".

La Iglesia de Galilea venía en constante crecimiento y desarrollo de los dones del Espíritu Santo, y ese crecimiento se aceleró después de ese culto en el que el Pastor Neyo llamó a un desafío y lo selló con la roca que usó como señal de ese cambio en el que involucró a toda la iglesia y no solo a Eduardo y Lorena. Para Eduardo y Lorena, el volver a Dios y ser restaurados y poder servir nuevamente a Dios, les transformó la vida y a diario vivían para Dios y estaban siempre en la iglesia. Su ascenso y entusiasmo fue tan grande, que, al poco tiempo, ambos ya eran parte de la Junta de la Iglesia de Galilea. La dinámica de la Iglesia de Galilea, la convertía en una iglesia semejante a lo que fue en su momento "La Iglesia Primitiva"; era una iglesia militante, y así el que se convertía o volvía al Señor, era de inmediato a ser un soldado de Cristo. Se les daba la capacitación a través de la "Academia para Obreros" y se iban capacitando a la vez que ya están activos en el servicio a Dios. Y con un líder como el Pastor Neyo Pin de tremenda sabiduría y capacidad para dirigir, capacitar y organizar a la iglesia a fin de ganar almas y hacer de la iglesia una avanzada arrolladora para de múltiples formas, ganar a otros para Cristo. Eduardo y Lorena sumaron a eso que ya la iglesia era y fue cierto aquello de que: "El fuego cuando se junta con más fuego, da como resultado, ¡un fuego más grande!".

Creciendo de victoria en victoria

Ya como parte del "Cuerpo de Pastores" de Galilea, Eduardo pasó a ser el encargado de los "Encuentros para hombres" y Lorena se encargaba de los "Encuentros para Mujeres", y ella nos dice:

"Estábamos sirviendo con el gozo y la gratitud de sabernos útiles, y a la vez, si bien sabíamos que había danos que no podíamos restituir, si había otros que los podríamos hacer, y lo hicimos con el mismo gozo y amor que manaba de nosotros, sabiendo que era el tiempo para comenzar a restituir. Restituyendo y sirviendo, puertas se fueron abriendo por todos lados; tan fue así que Eduardo fue elegido para ser vocal en la propia Junta Nacional de la Iglesia Alianza Cristiana y Misionera, y con el crecimiento de la denominación en Ecuador, la Junta Nacional de la Alianza Cristiana y Misionera le ofreció a Eduardo ser el director regional del Distrito Costa de la Iglesia Alianza. Allí Eduardo se encargó de ayudar a todos los pastores de esa región, y estaba bien activo predicando por todas las iglesias de la "Región de la Costa". Eso que Eduardo hacía en la "Región Costa", era algo muy similar a lo que antes había hecho para la Iglesia del Nazareno en Quito y Guayaquil.

"Eduardo levantó gente y dio un nuevo impulso a la región. Los Pastores lo amaban. Eduardo tenía un don y un carisma especial, y con su influencia, les conseguía cosas y trabajos a los pastores, y también conseguía cosas para las iglesias y la gente de las iglesias".

A mí me preocupaba Eduardo

Verdaderamente, no sé cómo hacia Eduardo para hacer tantas cosas a la vez, televisión, Iglesia Galilea, Junta Nacional de la Alianza Cristiana y Misionera, director regional de la Costa, "Barcas", Retiros, "Encuentros", "Hombres Fieles", familia, radio, otras actividades, y todavía le quedaba tiempo para ir a ver a su Emelec y para recibir constantes visitas en su casa. Sí, ya sé que tenía en Lorena una ayuda constante y con capacidad para participar eficientemente en todas las áreas "Eduardo". También les ayudó mucho el poder tener una casa en la playa que les permitía aislarse por algunos días y recobrar energía. Pero era un ritmo de vida estresante. Igual a mí lo que más me preocupaba, era la forma como él realizaba todas esas cosas, la forma en la cual se involucraba en cada cosa que hacía. Amaba de forma intensa todo lo que hacía; amaba al Ecuador, amaba a Dios, amaba a la familia y ponía su vida en cada cosa que hacía. Predicaba de tal forma, que cada predicación tenía que ser para él un desgaste tremendo; a veces yo lo escuchaba predicar y me arrancaba el pesimista pensamiento: "¡Esto va a terminar mal!". En lo inmediato, generalmente terminaba bien, los altares se llenaban de gente buscando a Dios, pero yo pensaba que a la larga a Eduardo esa vehemencia con la cual predicaba, le podía perjudicar. Era algo más fuerte que él; parecía hasta querer tomar las decisiones por otros. Así era "el Waio", era una entrega total en cada cosa que hacía.

Varias veces Eduardo intentó llevarme a trabajar con él al Ecuador, eran invitaciones interesantes y las consideré, pero no sentí que fueran de Dios para mí. Claro que me hubiera gustado trabajar para una iglesia así, eso era el concepto que siempre tuve de lo que la iglesia debía ser, pero en cierta forma lo había intentado conseguirlo durante mi ministerio, y ya no tenía ni ánimo ni fuerzas para volverlo a intentar. Estaba bien como estaba y todo lo demás era parte de un pasado hermoso, me alegraba que Eduardo lo estuviera realizando, quizás lo mío fue plantar y regar, ahora ya la tarea era de otros, yo consideraba que había hecho mi parte.

❧

CAPÍTULO DOCE

PERIODISMO INTERNACIONAL

El éxito en su tarea como "Presentador de Noticias" le fue abriendo a Eduardo nuevas puertas y siendo amigo del Productor Paolo Galarza, fueron concibiendo proyectos para ir al exterior a estar en las noticias que en el mundo pasaban y es el mismo Paolo Galarza quien nos cuenta sobre esas experiencias:

Memorias con Eduardo González.

Hablar de Eduardo González es hablar del amigo, el hermano, el profesional de la comunicación, el pastor, pero sobre todo del siervo apasionado por Dios y su obra en la tierra.

Conocí a Eduardo en los años noventa. Para ese entonces yo trabajaba en la cadena televisiva Telecentro (hoy TCTV). Él laboraba en otra cadena televisiva, Telesistema (hoy RTS). Eduardo entró a esa cadena televisiva en el año de 1992, contratado inicialmente como traductor. Ese año se desarrollaba en España los Juegos Olímpicos de Barcelona, la mayoría del contenido en esa época llegaba en inglés. Su voz, y su dominio del idioma le permitía a Eduardo hacerlo simultáneamente, lo que fue un éxito para las transmisiones televisivas. Ese trabajo le abrió las puertas para quedarse como productor de noticias internacionales, fue en ese contexto que, con un amigo en común, Walter García, en ese entonces editor y ahora productor general de "La Noticia", se escucha por primera vez... ¡Esto, ya es historia!

Así empezó su ascenso vertiginoso en la televisión ecuatoriana. Posteriormente, lo veríamos presentando el segmento internacional, después el noticiero matinal, y finalmente lo que todo periodista aspira, ser el *anchor* central del noticiero estelar de las 22:00.

Su conocido "Esto ya es historia", trascendió...En TCTV, en Noti 10, se necesitaba un profesional así para reforzar el contenido internacional...y ahí fue el primer, pero fallido intento de tenerlo. Cuando todo estaba aparentemente arreglado: cargo, funciones y sueldo me solicitaron a mí a que le muestre la estación y les presenté a sus nuevos compañeros. Fue ahí cuando por primera vez nos estrechamos nuestras manos...pero oh sorpresa, luego de tres días, Eduardo volvió a RTS...las consideraciones y amistad con el presidente Carlos Muñoz Insua, que lo invitó a regresar fueron más fuertes, y no se quedó con nosotros.

Paso a paso Eduardo había alcanzado todo lo que profesionalmente podía aspirar. Luego de seis años de trabajar duramente en RTS, era necesario un cambio para seguir creciendo y conquistando sueños. TC era la pantalla ideal para él, y el departamento de noticias lo seguía necesitando.

En el año de 1996, Eduardo González fue contratado y ahora sí llegó para quedarse hasta el final...y no solo se incorporó como inicialmente estaba en los planes, ser el responsable de las noticias internacionales, sino también como presentador de las noticias de las 06:55. La experiencia adquirida en RST le daba el aval.

Uno de los programas de gran popularidad en Latinoamérica y más visto de los 90' fue "Ocurrió Así". En el año 1997 TC adquirió los derechos para retransmitirlo en territorio ecuatoriano. Y ¿adivinen quién fue el elegido para conducirlo? Sí, Eduardo González. Viajamos a Miami, Estados Unidos, sede de la Cadena Telemundo para conocer detalles de la producción, capacitarnos y preparar reportajes para el lanzamiento, fue una experiencia muy enriquecedora para los dos, ahí conocimos personalmente a los periodistas y presentadores latinos pioneros en la televisión estadounidense, Enrique Gratas (+), Pedro Sevcec, Candela Ferro, entre otros..., fue un viaje sensacional, una cosa era estar en Miami sin Eduardo, y otra cosa con él, había vivido algunos años en "la capital de las Américas o capital mundial de los cruceros", como se le denomina. Se lo conocía "al revés y al derecho", no hubo rincón emblemático desde los envergadles y el Atlántico que no recorriéramos y conociéramos.

"Ocurrió Así" tuvo el éxito esperado, y gustó más cuando como parte del programa se innovó con el segmento: "Ocurrió Así Ecuador", ("Ocurrió Aquí") donde se destacaban las noticias raras, curiosas y sorprendentes que generalmente no eran consideradas en los noticieros regulares.

La predisposición para el trabajo que tenía Eduardo, eran sorprendentes, y para muestra un botón...sábado 31 de agosto de 1997, la muerte de Diana princesa de Gales. Eran tiempos en que las noticias internacionales, no las recibíamos como ahora, al mismo tiempo y casi a la misma hora que sucede el hecho aparece en nuestro teléfono móvil...No, uno tenía que estar pendiente y buscar intencionalmente las noticias a través de la televisión por cable; nuestro trabajo demandaba que todo el tiempo estemos pendientes, y así en la señal de CNN en inglés me enteraba del accidente. Contacté a Eduardo y luego ya nos vimos en el canal, él en el set y yo en el control máster encendiendo todos los equipos para compartir esa noticia que generaba conmoción mundial por lo que implicaba. Fuimos el primer canal del Ecuador que informaba con un *anchor* en pantalla y desde los estudios centrales, la habilidad para transmitir simultáneamente de Eduardo, nos permitieron captar la sintonía y llevarnos esa primicia. Horas más tarde, las demás cadenas televisivas y las radios se enganchaban directamente con la señal internacional, pero la primicia, ¡ya la habíamos dado nosotros en TC!

Otra de las grandes anécdotas con Eduardo fue en 1998, el primer documental que realicé "ETA, 3 Letras para Matar". Se refería al grupo terrorista que sembró muerte y destrucción durante décadas en España perpetrando más de tres mil atentados, con un saldo de 864 muertos y más de siete mil víctimas.

Cuando todo estaba listo para viajar a la Península Ibérica para rodar el documental, no se me otorgó el permiso del medio en el que trabajaba; replanteamos y Eduardo asumió no solo la labor de periodista para la cual lo habían contratado, sino también de productor. Tenía la confianza en el trabajo que efectuaría sería exitoso como efectivamente lo fue. Realizó excelentes entrevistas a autoridades y víctimas, recorrió las zonas de los atentados en Madrid, Barcelona y Bilbao; permitiendo que en Ecuador conociéramos de cerca lo que vivieron los españoles en esa época de terror.

A mediados del 1998, por mutuo acuerdo, terminé la relación laboral con TCTV como jefe de producción noticias y acepté la invitación de Jimmy Vallazza, hasta ese entonces director de noticias de ese medio, para que dirija su productora: "Calidad Total". Era la oportunidad para desarrollar y dedicarme a la producción de documentales. Mi ausencia en el medio no impidió que la sólida amistad que habíamos consolidado con Eduardo se enfriara, como suele ocurrir cuando uno deja su lugar de trabajo. Además de nuestra fe, compartíamos tiempos en familia; sus hijos y mis hijos eran contemporáneos, nos visitábamos, íbamos a la iglesia, al cine, visitábamos lugares turísticos, disfrutábamos de esos tiempos en familia. Y en ese contexto, lo invité en el 2000 para hacer "La Ruta de Moisés", un documental que tuvo como escenario los países de Egipto, Jordania e Israel. El solo hecho de viajar a tierra santa ya es una de las mejores experiencias que el ser humano puede tener, si a eso le sumamos: caminar, describir, y reflexionar en ella, para los que optamos por la fe cristiana, estar allí es un sueño hecho realidad. En ese trabajo, Eduardo puso su sello; conocer la Biblia fue muy bueno para el desarrollo del anhelado trabajo…Paso a paso y como se describe en la Biblia, recorrimos el éxodo del pueblo de Israel a la tierra prometida después de 430 años de cautiverio (Éxodo 12, 40).

El recorrido fue maratónico, al tener que hacerlo en solo diez días. La península de Sinaí y el lugar donde se cree que Moisés recibió el llamado por medio de la zarza ardiendo, las pirámides como testimonio viviente de las tumbas de los faraones…El río Nilo descrito en las 10 plagas que soportaron los egipcios…El mar Rojo que atravesaron los israelitas en su huida del ejército del faraón, pasando por Mara y Elim, llegamos al Monte Sinaí, lugar donde Moisés recibió los 10 mandamientos. El desierto de Sinaí, donde el pueblo de Israel construyó el tabernáculo, el Monte Nebot, donde Moisés divisó la tierra prometida, el río Jordán ya dirigidos por Josué, hasta llegar a lo que hoy es Jerusalén, la tierra prometida.

El documental fue transmitido en la cadena que por 14 años (1996 a 2010) Eduardo prestó su contingente hasta su lamentable isquemia cerebral, TCTV. Un trabajo sin precedentes, de excelente calidad, además de ser realizado y producido con un equipo íntegramente ecuatoriano. Eduardo era uno más de nosotros, el dicho: "Nadie es profeta en su tierra" aplicó para él. El país de la mitad del mundo, Ecuador fue la tierra que le abrió las puertas, la tierra que el tanto amó, la tierra que lo vio triunfar y conseguir lo que todo humano aspira, ser un profesional exitoso, reconocido y amado.

Cómo olvidar nuestro viaje a la India, allí realizamos reportajes a dos personajes reconocidos mundialmente: Mahatma Gandhi, símbolo de la paz mundial, que mediante la resistencia pacífica consiguiera en 1947 la independencia de su país dejando de ser una colonia británica; y a la Madre Teresa de Calcuta, símbolo de solidaridad y ayuda a los menesterosos. En este bello y extenso país de apasionante cultura y folclore también estuvimos en el Taj Mahal, una de las siete maravillas del mundo moderno, un mausoleo construido entre 1631 y 1653 por el emperador Shoah Jahan en honor a su esposa.

Dos hechos vienen a mi memoria de ese viaje, el primero cuando pese a haber solicitado los permisos correspondientes, retuvieron a nuestro camarógrafo por haber "ofendido a los dioses" al grabar en uno de los templos de la ciudad de Jaipur. Preocupados, y tal vez desesperados, intentamos explicar con los permisos de la policía, que no se trataba de una arbitrariedad. La multa para dejar en libertad a Luis, nuestro camarógrafo era de doce mil dólares, una suma imposible de pagar. Apuntaron mal, no éramos una cadena estadounidense, europea o japonesa. Luego de tres horas de conversaciones que eran verdaderos interrogatorios, sabíamos que no era más que una extorsión.

El orar y confiar en Dios nos permitió salir de ese impasse del cual después nos reíamos. Terminamos pagando una multa de cien dólares, entendieron o nos les quedó otra, que nuestro propósito no era otro que mostrar en nuestro país la impresionante belleza del segundo país más poblado de la tierra, no era una película de Hollywood.

Teníamos la sana costumbre que luego de terminar el proceso de investigación y rodaje, terminábamos cenando en algún lugar especial; y esa noche invitamos a Ishwar, nuestro guía que nos había acompañado durante todo el viaje. El solo hecho de estar ahí, para él era ya un sueño; y nos sorprendió de verlo quebrantarse al ver el menú. Nos dijo: "No puedo acompañarlos", y salió del restaurante, con Eduardo fuimos detrás de él y le preguntamos qué había pasado, y él nos explicó que eso era demasiado para él, y muy humildemente y llorando nos dijo: "El postre más barato de ese menú es mucho más que un mes de mi sueldo!", no podía darse ese lujo, eso era demasiado, fue para nosotros el momento oportuno para hablarle de la gracia de Dios. Posteriormente, pudimos disfrutar con él de la cena en el restaurante, tomándolo como la salvación, ¡un regalo!

En otra ocasión nos tocó cubrir en primera línea de forma circunstancial, uno de los conflictos más antiguos del mundo. El palestino-israelí. Varios han sido los intentos por encontrar la paz, pero hasta nuestros días no ha sido posible…El 6 de octubre del 2000 fuimos levantados por sonidos de sirenas, luego de desayunar, los sonidos se oían más fuertes por toda la ciudad de Jerusalén. Al preguntar qué era lo que pasaba, nos comentaron que era "El día de la ira palestina". Día en que los palestinos protestaban contra la ocupación israelí.

Para nosotros como periodistas el estar ahí era la oportunidad de cubrir un hecho noticioso que tenía repercusión mundial. En primera instancia decidimos ir, pero mientras nos acercábamos al lugar de los enfrentamientos, éramos testigos de cómo todos los establecimientos comerciales, restaurantes, lugares turísticos se cerraban y la ciudad quedaba desolada. La preocupación saltó en Eduardo y me preguntó si estábamos haciendo lo correcto en ir al inminente peligro. Le respondí que teníamos una oportunidad única y no podíamos desaprovecharla, "Dios está con nosotros", le dije, y agregué: "¡Vamos!, mañana estamos regresando a Guayaquil y puedes tener una exclusiva en el noticiero!". Aceptó, aunque con dudas…

Al llegar, ahí estaban las cadenas informativas más importantes del mundo: BBC de Inglaterra, CBS, NBC, CNN de USA, TV Española, NHK de Japón, DW de Alemania, RAI de Italia, entre otras, y nosotros con el logo de TC, la gran diferencia, todos ellos con cascos y chalecos antibalas, ¡nosotros sin nada! Grabamos unas imágenes espectaculares de esa guerra no declarada; sonido de balas, ambulancias, gases…Soldados israelíes con uniforme o de civil nos resguardaban intentando de que nuestras vidas no corrieran peligro… adrenalina full…decidimos recorrer hospitales y ahí pudimos ver la magnitud de los enfrentamientos…los heridos llegaban por cientos… Para culminar el trabajo necesitábamos vistas panorámicas, y para ello, nada mejor que el Monte de Sion que tiene la mejor vista de Israel para atestiguar lo que ocurría.

Al llegar, seguíamos escuchando el sonido de las ambulancias, balas y no estoy seguro si bombas, ahí vimos la carpa de CNN y su periodista José Levi, corresponsal de todo Medio Oriente. Nos acercamos, saludamos y compartimos un buen tiempo que terminó con unas fotos para atestiguar ese momento. En el diálogo con él, nos felicitó por los osados y atrevidos que habíamos sido en pleno conflicto, él por disposición de CNN y sus políticas, tenía que estar lejos y seguro de cualquier peligro.

¡El material logrado, estaba dos días más tarde y en exclusiva en El Noticiero y Eduardo compartiéndolas en vivo! Experiencia inolvidable.

Eduardo con el Productor y amigo Paolo Galarza.

Encuentro casual con el famoso colega de CNN José Levy.

Visitando los Estudios de Telemundo en Miami.

Compañeros de TyC en Guayaquil.

CAPÍTULO TRECE

LA FAMA ES COMO ESA ESPUMA
QUE CRECE Y SE MULTIPLICA

De pronto ya el Eduardo González del noticiero, el de la famosa frase: "Esto ya es Historia", aparece también en periódicos y revistas, es invitado a todo tipo de eventos y casas comerciales lo utilizan para publicitar sus mercaderías, pero como lo dice Lorena, la fama no cambió para nada a Eduardo y él siguió siendo el mismo. Mi hijo David que fue a probarse en equipos profesionales de fútbol de Ecuador, con la ayuda e influencia de su tío Eduardo, terminó también siendo modelo.

Estos son algunos trozos de publicaciones y entrevistas a Eduardo:

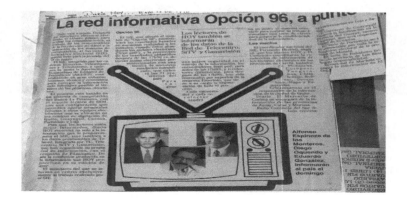

tema del día

RECUPERADO

Eduardo González después del infarto

Tranquilo. Así se muestra el periodista uruguayo, tras haber sufrido un infarto el 16 de mayo.

La primera en recibir calurosamente a los visitantes fue la perrita Chipi. Luego, la esposa del presentador de El Noticiero, Leticia de González, dio la bienvenida a su pequeña, pero acogedora vivienda.

En un ambiente de tonos melones, azules y rojos, que pintan las paredes de la entrada, sala y comedor, adornado con nueve obras de arte, se encontraba Eduardo González para contar sobre el infarto que sufrió y del cual se recupera.

Vestía ropa cómoda: camiseta con cuello color blanco, pantalón azul tipo calentador, sandalias y medias antimbólicas para evitar convulsiones.

Todo ocurrió la mañana del domingo 16 de mayo, cuando al despertar sintió un fuerte dolor en el pecho. Estaba solo en casa, pero su esposa a base de insistir trataba en la persiana, así que la llamó y ella, a su vez, se comunicó con Javier González, administrador de la iglesia a la cual acuden en familia.

Fue llevado de inmediato a la clínica Kennedy de la Alborada, donde le detectaron un infarto, del que aún no se determinan las causas. Cinco días permaneció internado, tres de los cuales los pasó en terapia intensiva.

Los médicos, tanto de la casa de salud como el cardiólogo particular, le aconsejaron que tomara unas vacaciones y que bajara de peso. Por lo pronto, alcanzó las 214 libras, solo ha bajado 14, pero aún tiene que perder 10 libras más.

A pesar de los momentos difíciles, malas noches y gastos médicos, el presentador toma esta experiencia como algo positivo. Además aprendió a decir "no" de vez en cuando. "Soy un hombre al que le gusta asumir retos".

Los chequeos son constantes y dentro de un mes tiene que realizarse la prueba de fuerza a fin de establecer cuál fue el motivo del infarto. Aunque él aduce que puede ser producto del exceso sufrido el pasado fin de año y de las múltiples actividades que realiza.

Su rutina diaria, antes de lo ocurrido, comenzaba a las 05:30. A esa hora iba a trotar por los alrededores de la urbanización Samanes 6, donde vive desde hace tres años. Luego, regresaba a casa a desayunar y partía para locutar en el noticiero y en "Música y Noticias", ambos espacios de radio Centro, hasta el mediodía.

Regresaba a su hogar para almorzar y pasar un momento con su familia. Se quedaba ahí hasta la hora de ir a TC Televisión para presentar El Noticiero de Las 19:00. Su retorno a su casa era a las 22:00.

Además, el periodista dictaba conferencias de motivación, las cuales dejará por un tiempo.

Otro de los aspectos que debe controlar es su alimentación. No puede ingerir comidas con sal, ni jugos con azúcar.

Hace poco tuvo una grata experiencia que le demuestra el cariño de la gente. Él y su cónyuge fueron a comer a la parrilla El Fortín, donde ordenó un pollo con limón. El mismo Sixto se lo preparó tal como lo quería, con todos los cuidados necesarios.

Sus ojos verdes reflejan paz y su rostro, un agradecimiento infinito a Dios, con quien comenta mantiene una estrecha relación desde hace tres años.

Agradece también a todas las personas que han estado pendientes de la recuperación de su salud. Su esposa indica que han recibido llamadas de personas que ni siquiera conocen, amigos y hasta personalidades del Congreso Nacional. "El único que no ha llamado es Lucio Gutiérrez", expresa él en tono de broma.

Para aquellos televidentes que extrañan su carisma y simpatía, el lunes se reintegra a la pantalla.

Si hubiera que escoger entre la radio y la televisión, él renunciaría a la primera, porque siente que lo suyo está en la pantalla.

Eduardo González, de nacionalidad uruguaya, era misionero antes de venir al país, donde vive desde 1990.

No obstante, ejercía el periodismo, aunque en su tiempo libre. Trabajos realizados en Telesistema, Cablevisión y actualmente en TC lo consolidan en su profesión.

También ha laborado en varias radios locales.

Un momento familiar

Tiene seis hijos, tres de ellos están fuera del Ecuador. Recientemente, llegó el mayor de ellos, Esteban, el cual supo que le ocurrió a su papá a través del correo electrónico.

"Me enteré al día siguiente mediante un e-mail que me envió mi hermana. Estaba en Estados Unidos estudiando la Universidad, y como me gradúo en Comunicación Social antes de venir, decidí que darme unos meses más en el país", expresa mientras abraza efusivamente a su padre.

Los otros vástagos de González son: Roberto, Ricardo, Estefanie, Eduardo y Erick, de 20, 18, 14, 13 y 10 años respectivamente. Pero junto a él solo están Esteban, Eduardo y Erick. Ellos estuvieron todo el tiempo acompañándolo en su rehabilitación.

Visita. Su hijo mayor Esteban, de 23 años, vino desde EE.UU. a ver al presentador.

En su televisor. Se aprecia a los presentadores, como Eduardo González y a la noticia, producto de una ardua labor que involucra a varias personas.

El trabajo **detrás** de la información

Desde los reporteros hasta el maquillador trabajan en equipo para sacar al aire un noticiero.

Una procesión que cada año convoca a cientos de fieles... María Fernanda Borja, el Noticiero, es el cierre de la información que esta reportera de TC Televisión presentó el viernes con motivo de la Semana Santa.

Estas y otras noticias llegan a la pantalla de su televisor por escasos segundos, pero se ha preguntado ¿qué hay detrás de los informativos que diariamente salen al aire en las diversas cadenas?

La respuesta es fácil, todo medio de comunicación se encuentra constituido por un gran equipo de trabajo que desde muy temprano se dedica a la tarea de mantener informada a la ciudadanía.

Directores, jefes, periodistas, camarógrafos, presentadores, editores, redactores hasta los maquilladores forman parte del grupo que hace posible las emisiones de El Noticiero a las 07:00, 12:45, 19:00 y 23:00, por la señal de TC Televisión.

Rafael Cuesta y Carlos Armanza son las mentes directrices de estos espacios y se reúnen diariamente con sus colaboradores para coordinar el tratamiento y las noticias que se tienen que cubrir. Estas quedarán pautadas para las diferentes salidas al aire.

Carlos Armanza comenta que el tiempo es el gran enemigo de los informativos, pues en pocos segundos el reportero debe resumir lo que un diario podría explicar en un reportaje de una página. "Es deber de todo periodista antes de llegar al canal leer los diarios, escuchar la radio para saber qué es lo que

está sucediendo en el país y el mundo", agregó.

Mientras los reporteros se encuentran en el lugar de los hechos, en el canal existe una persona pendiente del scaner de la Policía. El jefe se comunica con el personal de Quito para conocer cuáles son las novedades en la capital y los aportes noticiosos que servirán para los informativos. Los redactores arman notas leídas que solo necesitarán de la puesta de imágenes y se comienza a dar forma a estos espacios.

"En la mañana tratamos de entregar un resumen de las informaciones. Por la tarde, nuestro grupo objetivo abarca a las amas de casa por lo que damos énfasis a las noticias y poco análisis. En la noche somos varios pues nos ven todos los miembros de la familia y por la noche nuevamente queremos complacer a quienes antes de dormir tratan de mantenerse bien informados, pero de una

manera rápida. No podemos dejar de mencionar que la crónica roja es nuestro fuerte", añadió Armanza.

El equipo lo conforman Rafael Cuesta, vicepresidente de noticias; Carlos Armanza, subdirector; Sandra Grimaldi, Jorge Rendón, María Fernanda Borja, José Luis Calderón y María Sol Galarza, reporteros; Luis Gálvez, redactor; Juan Carlos Thoret, Mabel Cabrera, Carlos Hidalgo, productores; César Bustamante, Juan Flor, Marcos Quinche, Marcelo Alcoser, Antonio Acebo, Emilio Alvarado y Marlon Chica, camarógrafos; Marcia Almeida, Jimmy Jairala, Rocío Cedeño y Eduardo González, presentadores.

En Quito se cuenta con María Belén Loor, jefa de información; Jonathan Carrera, Fabricio Vela, Daniel Montalvo, reporteros; Yolanda Torres, Ana María Serrano y Carlos Estévez, locutores.

STALIN RAMOS LARA

Antes de salir al aire

Revisar los equipos, casetes, micrófonos, baterías y todos los implementos necesarios es parte del trabajo antes de salir del canal. Hecho los contactos necesarios los reporteros acuden al lugar donde se genera la información. Allí su carrera contra el tiempo se inicia pues saben que deben regresar a la estación televisiva para editar y entregar el producto final antes de que el ancor se encuentre frente a las cámaras. Un aire de tensión se siente en este sitio donde se concentra el trabajo del noticiero, papeles, televisores encendidos, puertas que se abren y cierran es parte de un día de labores.

Eduardo González
Presentador del Noticiero

Es figura principal del Noticiero, destacado por su singular estilo se locutar los acontecimientos diarios y su frase final; "Les recuerdo que esto, ya es historia".

El popular periodista comenta sobre su vida en familia y el respeto de los hijos con los padres.

"En mi hogar day protección a mis hijos para que crezcan en un ambiente de amor, de temor y reverencia a Dios, yo no me considero un padre ideal, pero trato de seguir las pautas para lograr ese objetivo, eso me enseñó mi padre quien me dio amor y me mostró el respeto a Dios.

En lo que tiene que ver con mi familia mantengo buenas relaciones con todos mis hijos, con los mayores soy buen amigo y con los menores cariñoso y consentidor.

"Anhelo que mis hijos lleven una vida recta y que nunca tengan que avergonzarse de nada"

se convierte en necesidad de estar junta de Dieb y Xavier y Kathy de Yánez.

Pere,

■ Eduardo y Lorena de González están del TODO seguros que su amor es por el resto de sus vidas.

❦

CAPÍTULO CATORCE

ENTRE VIAJES Y MÁS VIAJES

Ni en los más audaces sueños, podíamos haber llegado a imaginarnos lo que Dios tenía para nosotros cuando Él nos tomó desde aquel barrio pobre de Montevideo que vibraba con los goles de Spencer, pero Dios es así, y como dice su Palabra: "Fiel es el que os llama, ¡el cual también lo hará!". "Bendito Jehová, el Dios de Israel, ¡el único que hace maravillas!". ¡Y Dios lo hizo con nosotros! En uno de mis vuelos por el mundo sin nunca tener que pagar el costo de esos viajes, rodeado de ejecutivos y de viajeros que, sí tenían los medios para costeárselos, se me dio por abrir mi Biblia y fue allí en las alturas que encontré ese versículo en el Salmo 72 versículo 18, y al leerlo me lo personalicé de tal forma que lo ajusté sin violar su sentido y vi en ese pasaje: "Bendito Jesús, el Dios de Daniel, ¡el único que hace maravillas!". Y así también lo puede decir Eduardo y todo aquel que camina a diario con Dios por esta vida.

Estaba yo un día en Lima, Perú, dando unos cursos intensivos en la preparación de pastores, Eduardo me había mandado allí como me mandaba a todos lados, él era en ese entonces el encargado de la parte educativa y la preparación teológica de pastores en toda América del Sur, y cuando alguien llamó a la puerta, me encontré que era Eduardo. "¿Qué haces vos acá?", le pregunté asombrado por la sorpresa, y él mirando hacia el cielo me dijo señalando hacia arriba: "¡Pasaba por acá en un viaje de regreso a Quito, y decidí bajar a verte!". Y en esa conversación tan simple se revelaba una vez más, lo que era Dios y lo que era Eduardo. "¡Bajé a verte!", me dijo con su clásica sonrisa.

Las sorpresivas apariciones de Eduardo sucedían seguido por Uruguay o a Estados Unidos cuando yo todavía vivía allí, pero una visita relámpago en Perú, sí fue toda una sorpresa para mí.

Con Eduardo en Ecuador, tanto con Beverly como con Lorena, el ir y venir derribó las barreras fronterizas y casi constantemente nos encontrábamos tanto en Uruguay como en Ecuador o en Estados Unidos.

Y cuando Lorena y Eduardo lograron estabilizarse y regresar a Dios, Dios los dirigió en ese difícil camino de restaurar el daño causado en la familia; con el tiempo se fueron sanando las heridas y todos volvimos a ser una gran familia.

Mis hijas Cristina y Karina visitando a los tíos
Eduardo y Beverly en Guayaquil.

Eduardo y Beverly visitando a la familia en Uruguay.

Manojo de primos.

Siempre fuimos una familia unida y de forma increíble Dios nos unió aún más después de esa experiencia traumática por la que pasaron Eduardo y Beverly. Él sanó dolores y diferencias e hizo que el amor fuera tangible entre todos, hermanos, primos, padres, tíos, y ustedes lo pueden ver en las fotos y maravillarse de ver cómo se llevan, así como yo me maravillo de ver cómo mis hijos se quieren con sus primos y son como hermanos, quizás porque ven ese amor que también hay entre nosotros sus padres y abuelos, no se ignora lo que pasó… Dios ha obrado y hoy somos una familia más unida que nunca.

Dos míos, tres de Eduardo, todos de Penarol.

Con los "abuelos Armstrong" y los "abuelos González".

Asado en la casa de mis padres.

Visitándonos en mi casa en Shangrila.

Carta de Cristina a Karina

Ya siendo ellas adultas, encontré esta carta que destaca la visión que ambas tenían "del tío Eduardo" cuando eran niñas:

¿Te acordás Karina qué hermosos días pasábamos cuando el tío Eduardo nos visitaba en nuestra casa frente a la playa? Eduardo parecía tener un imán sobe nosotros, y todos íbamos detrás de él como sabiendo que teníamos la diversión asegurada. Recuerdo la vez que yo estaba recuperándome de una de esas enfermedades de niña y me dejaron ir con todos los demás a la playa…fue la vez que Eduardo se cayó de la silla y me reí tanto que ya no me sentí ni enferma…¡Estábamos todos riéndonos de la caída del tío Eduardo! Felices jugamos en la arena con él e hicimos pozos, castillos y fuertes jugando en ellos hasta el oscurecer. ¡Nada nos cansaba, y la parte más divertida era entrar al agua con el tío Eduardo! Hasta papá que no es de entrar al agua, también entró y se unió a la diversión. Sí, nos daba frío entrar al agua, y más que Eduardo nos salpicaba o nos empujaba hasta hacernos caer y entonces, el frío desaparecía…todo era jugar y reír; "No, no…a mí no, no es mi turno". Y conversando entre nosotras decíamos: "Decidamos a quién tira, ¿tah Karina?". Entonces yo te decía: "¿A quién quieres que tire al agua el tío Eduardo?". Y vos decidías a quién el tiraría; la gracia era que cuando tú elegías al candidato y lo animábamos a que el tío Eduardo lo levantara bien alto y lo arrojaba al agua exclamando con su voz de trueno: "¡AL AGUA PATO!", o inventaba una narración previa a la zambullida…y era tan divertido que la gente nos mirara y se divirtiera viéndonos lo que hacíamos en el agua.

Otros momentos inolvidables era cuando él, imitando a un relator de fútbol, relataba imaginarios partidos de fútbol y cantaba los goles diciendo: "ReeeeGooooLAAzoooo (Regolazo)". Fueron tan lindos esos momentos que vivimos Karina, jugando contigo y con el tío Eduardo.

Asado en casa de Susana.

Siempre amigos.

Visitándonos en Estados Unidos.

Los primos Ricky y David.

¡Aquello era como un sueño...!, íbamos envejeciendo y aparecían en escena nuevas vidas, más hijos y hasta nietos...también cambiaban los sitios y situaciones en las que estábamos. Más que un sueño era la realidad de Dios obrando de una forma maravillosa en cada uno de nosotros.

ESTA ES SU HISTORIA

David viviendo en Ecuador con Eduardo y Lorena.

Los siete hijos de Eduardo.

Esteban (hijo mayor de Eduardo) con Valeria (mi hija menor).

Hay amigos más unidos que un hermano

Esta verdad bíblica se dio de una forma hermosa entre Eduardo y "el bolita Aguirre", un arquitecto ex jugador profesional y ex Director Técnico de selecciones ecuatorianas de fútbol juvenil. Un apasionado del deporte rey (el fútbol). Con Eduardo se conocieron en el barrio apenas Eduardo, Beverly y Esteban llegaron a Ecuador...Un día se cruzaron y se saludaron como vecinos...ya después compartían caminatas de esas que sirven para mantenerse bien físicamente, pero terminaban comiendo en carritos de comidas callejeras... charlaban de fútbol, de Dios y de la vida. Las familias se hicieron también amigas y salían como tales a comer en restaurantes o en casa de ellos...y cuando fueron apareciendo hijos en sus familias, se hicieron "compadres", siendo padrinos del niño que nacía en la familia del otro, lo cual para ellos, era como ser familia. "El Bolita" estuvo siempre cerca de Eduardo y Eduardo cerca del "Bolita". Eran amigos, de ir al fútbol, a la iglesia, de caminatas y toda clase de sano compañerismo. Al "Bolita" le dolió cuando Eduardo y Beverly se divorciaron, pero siguió siendo el amigo incondicional y ayudó a Eduardo a rehacer su vida, y Eduardo llegó a la televisión gracias a contactos como el del señor Antonio Andretta que le consiguió la entrevista con un medio televisivo. Eduardo a su vez, acompañó a "el Bolita" cuando este dirigió la Selección Juvenil de Ecuador y le regaló una Biblia con dedicación al "Bolita" y a la Selección. Cuando se casó Maritza, la hija mayor del "Bolita", Eduardo fue padrino de la boda.

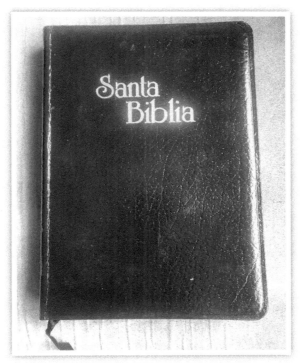

La Biblia que Eduardo les regaló.

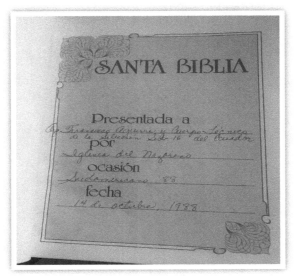

Dedicatoria de la Biblia.

Uno de los tantos encuentros entre las familias de Eduardo y del "Bolita".

Eduardo, el Bolita y Antonio Andretta en la boda de la hija del "Bolita".

"El Bolita" con Esteban, Roberto, Andrés y Erick.

Eduardo en casa del Bolita compartiendo un asado.

Eduardo y "el Bolita".

CAPÍTULO QUINCE

LAS IDAS Y VENIDAS DEL TÍO EDUARDO

Con Eduardo, él nunca se iba del todo, siempre estaba volviendo, a veces volvía por Uruguay, otras veces aparecía a visitarnos por Estados Unidos, o nosotros íbamos por Ecuador. Mi hija Cristina nos cuenta lo que significaba para ella las apariciones sorpresivas casi siempre de su "doblemente tío":

"Cuando fui creciendo, me fui dando cuenta de que por ser hermano de mi padre y estar casado con la hermana de mi madre, él era por partida doble mi tío. Y cuando yo nací, mis padres y mis tíos, estaban terminando sus estudios universitarios en San Antonio, Texas, muy lejos de Uruguay y de la familia, así que yo fui el centro de atención de todos ellos y Eduardo tenía adoración por mí, era como su hija y él era para mí como un segundo padre. Ese encanto mutuo fue creciendo con el tiempo y fue creando una sensibilidad especial entre nosotros; nos encontrábamos por todos lados…Ecuador, Uruguay, Estados Unidos…y aunque la familia creció, con Eduardo seguimos siendo igual. ¡No importaba cuál fuera su situación, esa unión nos mantenía en sintonía, y el vernos era algo superespecial y él me hacía sentirme especial, y cuando Dios lo levantó de la forma maravillosa como lo hizo, de pronto me encontré siendo la sobrina de una persona famosa, yo seguía viéndolo igual…era famoso para otros, para mí seguía siendo mi tío preferido!

"Aprendí de él a enfrentar la vida y siempre me fue aconsejando y fue un sostén ver lo feliz que se ponía al verme. Lo amo no solo

257

porque me nace amarlo, sino porque él me fue comprando con su cariño, voló distancias enormes, manejó horas para venir a verme y compartir momentos especiales conmigo".

Eduardo apareció para el bautismo presentación de mi Cristian

Para mí fue sumamente especial el que Eduardo conociera a Cristian, y más de la forma cómo sucedió todo; Eduardo regresaba de un viaje a Israel y el Medio Oriente, hacía escala en Miami y al otro día continuaría su viaje hacia Ecuador, durmió unas horas y ya con la intención de venir a visitarnos dándonos una de sus acostumbradas sorpresas, sacó cuentas y desafió al tiempo, se levantó y salió manejando por cuatro horas con el único fin de vernos y pasar un par de horas con nosotros conociendo así de paso a mi bebé. Esas "locuras propias de Eduardo" eran la que lo hacían aún más especial, levantarse a las tres de la mañana en medio de un largo y cansador viaje, no era algo para cualquiera, pero eran cosas que él hacía…era domingo y se vino derecho a la casa de mis padres, y al llegar el sorprendido resulto él, en la casa de mis padres no había nadie, no sabía dónde era mi casa, y no podía permitir que esas horas manejando fueran inútiles, así que tomó la decisión de ir hasta la casa de mis abuelos Armstrong, ellos sabrían dónde estábamos los demás, conocedor de la zona fue a ver a los Armstrong, no era muy cómodo ir a ver a quienes les había causado tanto dolor divorciándose de su hija, pero fue…los Armstrong justo estaban saliendo de su casa nada menos que para ir al bautismo de Cristian en una iglesia en Sarasota y esa era la razón por la cual no había encontrado a mis padres y hermanos en la casa. A punto de subir a su auto, los Armstrong fueron los primeros sorprendidos por la aparición de Eduardo y se alegraron en gran manera al verlo; era la primera vez que lo veían en diez años, ellos lo amaban como a un hijo, oraban diariamente por él y se regocijaron al verlo. El dolor quedó a un lado y hasta la prisa del momento, era tarde y tenían que llegar a como fuera a la dedicación de su primer bisnieto, abrazaron y saludaron a Eduardo y Eduardo los siguió en su auto hasta la iglesia donde estábamos los demás.

El culto ya estaba empezado en la enorme iglesia del Tabernáculo de Sarasota Florida, cuando al voltearme vi llegar nada menos que a mi tío Eduardo con mis abuelos y me llenó de emoción su aparición en un momento tan especial de nuestras vidas. En esa iglesia yo desarrollaba un ministerio bajo la supervisión del pastor principal y decidimos "presentar" dedicando a Cristian al Señor allí. Y ya en el culto, le hice saber al pastor que no solo estaban mis padres y mis hermanos, sino que estaban también mis abuelos jubilados de años de servicio misionero, y hasta un tío en medio de un viaje de trabajo para la televisión de Ecuador, el pastor se entusiasmó tanto que para el bautismo presentación de Cristian, nos hizo pasar a todos al frente…la iglesia rebosante con miles de personas y el pastor presentando a mi familia y mencionando el nombre de cada uno ante el aplauso de la gente, y cuando presentó a Eduardo abreviando parte de su historia, sintió el pedir a toda la iglesia que orara por él, fue un momento poderoso y olvidándose del tiempo le dio una atención especial a Eduardo orando y aplaudiéndolo y lo mismo hizo con mis padres y mis abuelos, y claro, el punto más alto fue cuando tomando a Cristian en sus brazos, se lo presentó y dedicó a Dios. El bautismo presentación de Cristian resultó toda una fiesta muy especial y mucho se debió a la presencia sorpresiva de Eduardo y a la bendición de que estuviera toda mi familia, una experiencia inolvidable resultó la dedicación de Cristian.

Al terminar la "dedicación" y el culto, no veía la hora de poder abrazar a mi tío Eduardo. Él volvía de un trabajo televisivo donde en el mismísimo Monte Sinaí, tuvo una experiencia muy especial y donde Dios le ratificó el llamado a predicar. Llegó justo a tiempo, y valió bien el esfuerzo de manejar por cuatro horas para venir a vernos y cuatro horas para volver derecho al avión que lo llevaría al Ecuador. Llevó 22 años entre que nací yo y nació Cristian, y resultó que, en ambas ocasiones, ¡Eduardo también renació al ministerio!

En el Monte Santo, Eduardo tuvo un encuentro cara a cara con Dios

Cuando Israel vagaba por el desierto sin animarse a tomar la tierra que Dios les daba, el Monte Sinaí era el lugar al cual Moisés subía para buscar la dirección de Dios…allí Dios le hablaba cara a cara y le indicaba qué hacer, fue allí incluso, que Dios le dio las tablas con los diez mandamientos que Dios escribió con su propio dedo. Experiencia impactante para Moisés, a veces eran días los que Dios utilizaba para hablar con Moisés. Y cuando Moisés descendía del Monte Sinaí, el pueblo veía su rostro reluciente, era un regreso a la realidad. La Biblia nos relata históricamente lo que en ese Monte sucedió, fue Dios, directamente hablando con el líder de Israel, diciéndole detalladamente lo que deberían hacer. Estos pasajes lo puedes encontrar en los capítulos 18 al 40 del libro de Éxodo. Al tercer mes de haber salido de la esclavitud de Egipto, Israel acampo a los pies del Monte Sinaí. El plan de Dios era que, de forma rápida, Israel creyera en sus promesas y tomara la tierra prometida a Abraham y a los otros ancestros, pero el pueblo no confío y Dios no pudo obrar de acuerdo con el plan original. ¡Las formas en las cuales Dios habló a Moisés, fueron impactantes, algo nunca visto! El relato bíblico nos cuenta que cuando Dios hablaba era tronando y en medio de fuego y relámpagos. A veces eran días los que Moisés pasaba cara a cara con Dios. Dios estaba listo, el pueblo judío no, y esa es la razón por la cual deambularon por cuarenta años por el desierto. Otros pasajes de la Biblia también nos relatan acontecimientos fabulosos del Monte Sinaí. Por supuesto que Dios no siempre habla con voz de trueno y en medio de rayos y relámpagos, en llamados personales e individuales, más bien Dios habla con un silbo apacible y dulce. Por medio de ese trabajo televisivo, Eduardo también tuvo su experiencia con Dios en el Monte Sinaí y así se lo contó a su hermana Silvia y Silvia me lo contó a mí:

"Eduardo decidió una madrugada estando allí a los pies del Monte Sinaí, subir por sí solo a esos lugares especiales y santos, lo impulsó a hacerlo algo misterioso e interno, era una inquietud personal que vivía en esos momentos en los que sentía que le había fallado a

Dios…Había ido hasta ese lugar a realizar un trabajo periodístico para el canal televisivo para el cual trabajaba, pero a la vez, sabía muy bien la historia de aquella montaña en la cual de manera tan clara Dios se le había manifestado a Moisés. El amanecer de ese día era espectacular, el sol asomó majestuoso y pintó el cielo de colores, Eduardo caminó sintiendo ya algo sublime y especial, posiblemente por todo lo que ese lugar significaba, subiendo y meditando se fue acercando a Dios de tal manera que lo sintió allí junto a él. Eduardo cayó de rodillas y habló con Dios. La presencia de Dios estaba allí, la sintió de forma clara, era un Dios que ama y que perdona y que se encontró con él en el mismísimo Monte Sinaí (el monte de Dios)… Dios sabía mejor que nadie todo lo que había ocurrido en la vida de Eduardo, lo amaba y nos estaba allí en ese momento para condenarlo o juzgarlo, estaba allí para perdonarlo, era el Dios que dice: 'Las cosas viejas pasaron he aquí todas son hechas nuevas', y Eduardo, arrodillado en un lugar de ese monte, se sintió alivianado de una carga que lo agobiaba desde hacía tiempo. ¡Dios lo hab*ía perdonado* y le daba la oportunidad de volver a empezar bajo de la montaña con el sol ya alto y sintiéndose renovado y aliviado, ahora sí podía volver a Dios y a la iglesia, Dios había vuelto a perdonarlo!

Encontrándonos en Miami

Diez años pasaron después de que él conociera a Cristian, diez años en los cuales Eduardo creció en fama y en éxito personal y más que nada, de crecimiento espiritual. ¡Y al cumplir esos diez años de vivir digno del llamado, conoció a mi Kayla Nicole! A mí me hubiera gustado ir a Ecuador, pero sabiendo de "sus pasadas por Miami" fuimos a verlo allí, queríamos que conociera a Kayla y también me interesaba conocer a sus amigos Tomalá, había sentido muchas cosas buenas de Fausto Tomalá y de su amistad con Eduardo y parecía ser de esos amigos "más cercanos que un hermano" y quería conocer a quienes hacían feliz a mi tío.

Y nuevamente, como acostumbrábamos, nos encontrábamos en las mismas fechas en el mismo shopping y en la misma tienda. No tenía idea de lo que ocurriría, pero sabía dónde estaría; fui bajando las escaleras junto a mis hijos, miro y ahí está Eduardo mirando para arriba, apenas nos vio se puso a gritar mientras nos acercábamos, por primera vez su mirada no estaba fija solo en mí, miraba a Kayla y decía: "¡Es mi Cristy…es igual a mi Cristy!". Nos abrazamos y saludamos en medio de la tienda con Eduardo y Lorena y conocimos a Fausto y a Violeta, ellos le decían: "¡Es tu niña Eduardo!". ¡Él se sonreía todo orgulloso y feliz, ver a Kayla era para él como volverme a ver a mí de pequeña! Eduardo se reía y en bromas a Kayla la llamaba "Cristinita"! "¡Llevémosla con nosotros al Ecuador!", le dijeron los Tomalá. Yo enseguida miré a Eduardo y le dije: "¡No te dejo que te la lleves sola porque si no, no vuelve!". Él se reía. Durante toda nuestra visita él la tenía en brazos y me miraba y la miraba con asombro y admiración por el parecido que nos encontraba; ahí me di cuenta, que él que era mi "doblemente tío", yo podía darle ahora la felicidad doblemente excepcional en dos personas, mi hija y yo. Para mí fue muy especial e imborrable la imagen de Eduardo llevando a Kayla en brazos y a Cristian de la mano por el shopping, hablando y riendo con ellos.

El día que mi abuela le robó la fama

En otra de "las apariciones sorpresivas" de Eduardo estábamos un día en el aeropuerto de Miami doña Maruja (mi abuelita), papá, mis hijos, Eduardo y yo…al pasar, un hombre joven se detuvo mirándonos de una forma particular, todos pensamos que sería alguien que había reconocido a Eduardo entre la muchedumbre, era algo que solía pasar, así que seguimos conversando, igual seguimos observando a ese hombre y lo vimos dubitativo e indeciso, parecía no decidirse si acercarse o no. Eduardo le sonrió, pero el hombre ya habiendo tomado una decisión, siguió de largo y fue derecho a hablar con mi abuela Maruja. "Disculpe…¿usted no vive cerca del Parque Rivera en Uruguay?", le preguntó el hombre y cuando mi abuela le contestó que "sí", el rostro del hombre pareció iluminarse de una forma especial, la saludó feliz y le dijo tener hermosos recuerdos de ella de cuando con otros niños lo llevaba a él también a la playa y a la iglesia, y enseguida, gracias a la información que él le dio, mi abuelita lo identificó y supo de quién se trataba. Mientras el hombre hablaba con mi abuela, yo miré a Eduardo con una sonrisa y en ella le decía: "Viste que no eres el único famoso, pensaste que te habían reconocido a vos y resultó que la famosa era la abuela!". A puro gestos faciales y sonriendo, Eduardo lo reconoció con asombro, y ya cuando el hombre siguió su camino, con Eduardo nos reímos de buena gana, y mi abuela quedó feliz de ese casual encuentro con uno de los ex niños que ella solía llevar a la iglesia.

Una carta para Eduardo

Cuando Eduardo se fue de forma inesperada, sorprendiéndonos esta vez con su partida, mi hija Cristina le escribió imaginariamente esta carta:

"Eduardo, mi tío Eduardo…¡Hola, mi querido tío! ¡Ya lo sé, estás en el cielo! Estás junto a tu hermana Susana y con tu padre José. ¡Y ahí estás con tu mejor amigo, Dios! Me imagino verte con tu corona cargada de joyas por cada alma y vida en las que Dios te usó para rescatarlos. Más importante que la gloria venidera en la cual tú ya estás, ha sido el que todos tus días junto a nosotros de este lado de la orilla, rebozaban con la presencia de Dios y fuiste una bendición constante. Sé que tu pasión por la vida y el servir a Dios, fue la razón por la cual no te fuiste antes y conseguiste que Dios te prestara unos años más para que todos de una manera u otra, te disfrutáramos y pudiéramos amarte y despedirnos de ti.

"Mi Cristina', como me decías en cada encuentro, es cierto, 'tu Cristina', ¡tu sobrina Cristina creció! Dios me concedió mis sueños mucho más sobreabundantemente de lo que yo pensaba o entendía… entonces 'tu Cristy González' pasó a apodarse 'La Sirena' en su página de Facebook y por allí nos comunicábamos, tú en Guayaquil y yo en Siesta Key, y sé que te llené la vida de alegría cuando se realizaron mis sueños. Nos comprendimos sin siquiera hablar, y cuando me aconsejabas como padre, yo sabía recibir tu consejo por la forma en que me lo decías, y a la vez, te apaciguaba esas preocupaciones de padre, contándote cómo Dios me iba bendiciendo, entonces nos reíamos. ¡Tu risa era capaz de trastornar mis emociones, y me llenaban de gozo! Sé que tu alcance es grande aun desde la eternidad, caminas conmigo y siento como que un imán me va dirigiendo desde el más allá, es como una música que me hace bailar. Creo que sabes los planes de Dios para mí y sientes deleite, es un misterio hermoso que me da paz y alegría.

"¿Recuerdas la cajita de música que papá me compró en Guayaquil? Sobre el terciopelo rojo una bailarina danzaba sin parar al son de la música, me sentía como que era yo la de esa cajita entre joyas relucientes danzando. Ahora al pensar en ti me vuelvo a sentir como bailando en esa cajita y lo hago pensando que eres tú el que está cantando esa melodía sobre mi vida y eso me hace querer seguir tus pasos, te siento más cerca que nunca. Eres para mí como cuando ya eras a mis ojos toda una estrella aun antes de serlo. Lo que más querías en esta vida, es lo mismo que quiero yo, salvar a todos, compartir las buenas nuevas, hablar del amor de Dios. Sé que el llamado y la promesa para ambos es la misma, y por eso me alegro al ver que tu ministerio y amor siguen cosechando frutos. Yo he seguido siempre tu rastro, así como una estrella sigue a la otra.

"Siento que en este mundo me tocó a mí ser tu anfitriona, mis padres se enteraron en Ecuador del embarazo que comenzaba mi vida, Dios los estaba usando allí para sembrar la iglesia que después ustedes habrían de continuar. Yo justo nací en el seminario en los días que tú y mi papá se graduaron en Teología. Me mediste con tu mano y estuviste en mi bautismo de dedicación, aprendí a sentir tu amor y entendí que me amarías para siempre. Estos vínculos nos fueron creando el sentir de estar siempre juntos y eso nos hacía querernos de una forma especial. Creo que es este vínculo el que nos permite estar siempre juntos o comprendernos aun cuando estábamos distantes o tú no podías hablar.

"Me has hecho conocer el camino proveniente de la eternidad, ahora esa gran felicidad tuya y veo mi vida a través de tus ojos. Repaso los momentos vividos juntos, y al estar con mis hijos veo en ellos características semejantes a las tuyas. ¿Recuerdas cuando fui a elegir mi primer auto? Me sugeriste un Corvette rojo y yo te añadí: 'Que fuera descapotable'. Te cuento que a Cristian le gustaría el mismo que tú me sugeriste a mí. ¿Recuerdas la conversación que tuvimos cuando quisiste comprarme una campera de cuero marrón en Miami? Ya sabrás que sin saber nada, Kayla escogió la misma campera este año, y palabra por palabra tuve con ella el mismo intercambio que tuvimos tú y yo. De seguro te acuerdas de cada regalo que te mandaba a Ecuador, mis saludos, mis posters, mis muchos deseos de verte, pues a mí me siguen llegando los tuyos, siento tu mirada fija y confianza en mí y eso me hace estar más segura.

"El que aparecieras de sorpresa a conocer a Cristian fue tan precioso como cuando me conociste a mí; tú no llegabas todavía a ser abuelo, pero el estar por unas horas de paso por Miami te animó a hacer la locura de manejar por cinco horas para conocerlo. ¡El sorprendido fuiste tú, ya que justo ese día era el bautismo presentación de nuestro Cristian! De tu viaje venías renovado espiritualmente y el mismo pastor principal de la iglesia en Sarasota repleta de gente te presentó como el distinguido visitante que llegó para el bautismo de Cristian.

"De una forma u otra has estado presente en toda mi vida y al escribirte mi corazón se llena de emoción y quisiera seguir escribiendo de ti muchas cosas más. Me alegra sobremanera el escribirte estas líneas ya en papel, nada menos que el día de tu cumpleaños, el día que naciste, no solo para contar buenas noticias sino para cambiar la historia de mucha gente.

"Con todo mi amor, tu sobrina Cristina".

Eduardo con Cristian (el hijo mayor de Cristina).

Eduardo con Cristina y Kayla

CAPÍTULO DIECISÉIS

HOMBRES FIELES EN EL SERVICIO A DIOS

Así era la mayoría de los participantes de ese programa de la Iglesia de Galilea llamado: "Hombres Fieles". Por un tiempo, "el Ñato" Eduardo García presidió ese movimiento, y "el Ñato" era de lo más sencillo que he visto, vivió para el fútbol y del fútbol hasta que conoció al Señor y allí su vida cambió, y también sus propósitos. No tenía muchos estudios, pero le sobraba entereza, ánimo y personalidad. Era una topadora de fe y optimismo. Forjó esa característica en canchas de fútbol, desde el ingrato puesto de "arquero", o sea, el que este encargado de cuidar el arco de su equipo. Dejó su casa en el interior de Uruguay, luego de sus comienzos juveniles en su natal Colonia, y se fue solito a probarse en su Peñarol, ese Peñarol que acaparaba conquistas y hazañas, el Peñarol reconocido en el mundo como "el Peñarol de los Milagros", y en un tiempo de transición tuvo que pelear su puesto nada menos que con Ladislao Mazurkiewicz que llegó a ser considerado como el mejor arquero del mundo. Él siguió siendo de Peñarol, pero al no tener oportunidad de jugar, al final optó por venirse al Ecuador y al Emelec. Y allí por años fue titular y llegó a ser una estrella histórica en el cuadro azul de Guayaquil; ganó todo como jugador y cuando ya retirado, le ofrecieron ser el director técnico de Emelec, ¡también como técnico llegó a ser campeón! Sin dudas, es Eduardo García una de las más grandes leyendas del "equipo eléctrico". Siempre fue un referente histórico y dirigente. Supo invertir el dinero conseguido en su carrera futbolística, y estableció por diferentes puntos de Guayaquil varios restaurantes famosos y conocidos como "La Parrillada del Ñato". Pues este hombre, estrella del balompié encontró a Dios en su camino y con "el Waio" y otros "Hombres Fieles" salió a los pueblos y a las calles a predicar el evangelio a las multitudes, y Dios lo usó también allí.

Fausto Tómala merecería por sí solo, tener un libro que relatara su vida. Fue una especie de Zaqueo en el que Jesús le prestó atención y vio en él, la capacidad extraordinaria de servicio. Que yo sepa, Fausto nunca fue a una escuela, le tocó crecer cerca de las playas del Pacífico y para hacer algún dinero trabajaba en lo que fuera, y así trabajando aprendió a sumar y a ir saliendo adelante en medio de la dificultad. Dormía en los barcos y ya temprano se dedicaba a limpiarlos, y después con los pescadores, fue saliendo a pescar a alta mar. Al pueblo costero de Palmar, lugar donde él creció junto a su familia, el agua por cañería no llegaba, y a este jovencito se le ocurrió juntar dinero con su trabajo para así comprar un camión que tuviera tanque como para traer agua de otros pueblos y distribuirla en Palmar, y le fue tan bien, que se compró otro camión y consiguió quien se lo manejara, y así su negocio creció. Y cuando el agua se solucionó para Palmar, él vendió sus camiones y se compró un barco de pesca, y en ese negocio también le fue bien. Le fue tan bien que ya de creyente, tuvo toda una flota de barcos, y cada vez que compraba un nuevo barco, hacía que Eduardo lo fuera a inaugurar con una especie de bautismo y un tiempo de oración. Lo de él llegó a ser una empresa de tal envergadura, que construyó una planta procesadora de pescado y de harina de pescado que daba trabajo a cientos de personas, tuvo cañerías hasta bien adentro del mar y por ellas los barcos descargaban el atún y otros peces que iban directamente hasta la planta. Fausto nunca se olvidó de donde venía, siempre siguió siendo sencillo, amable y humilde, con un corazón más grande que él mismo, una sonrisa en su rostro, y una mano extendida; él y su esposa Violeta, son pura generosidad y amor. Y Dios usa a ese hombre de una forma maravillosa sin importarle que no haya tenido la oportunidad de una buena educación, pero es un hombre inteligente, y como no siempre "educación e inteligencia van de la mano", Dios sigue mirando el corazón, y vaya si Fausto tiene vehemencia y corazón. Hoy es el pastor principal de la iglesia "Palmar de Galilea", una iglesia grande y hermosa que él tuvo la visión de construir.

Así como incluyo las historias de "El Ñato" Eduardo García y Fausto, sé que había muchas otras personas que también merecen ser destacadas, mi problema era que yo iba cada tanto y solo por unas semanas, y a todos no pude conocer, pero sí sabía que había otros soldados de Jesucristo dentro de la Iglesia Galilea, que eran usados de la misma forma en que Dios usaba a Eduardo García y a Fausto Tómala. Había tanto movimiento y era una iglesia tan activa Galilea, que había gente que trabajaba ayudando a estacionar y cuidar los vehículos de la gente que constantemente venían a la iglesia a hacer algo. Los cultos especiales eran los domingos, y para tener capacidad suficiente, hacían cultos repetidos. De lunes a sábado, la iglesia estaba abierta y siempre había alguna actividad o reunión, salían unos, entraban otros, y para alguien como yo que venía de afuera, aquello era sorprendente.

Esa dinámica absorbió a Eduardo y Lorena, y entusiasmados se metieron de lleno a servir a Dios. Y yo que tuve la oportunidad de escuchar a Eduardo predicar, lo vi llorar al compartir su testimonio de restauración, ¡y destacaba lo grande que había sido el amor de Dios por él! Y resaltaba "que si Dios lo pudo perdonar a él, ¡no había razón por la cual no pudiera perdonar cualquier otro pecado de aquellos que estuvieran escuchándolo predicar!". Y aunque tanto Eduardo como Lorena seguían con sus trabajos cotidianos, Eduardo en la televisión y Lorena en una empresa que editaba una revista, cada momento que tenían libre, lo usaban para servir a Dios. La iglesia les dio una oficina para que pudieran ejercer un ministerio de consejería, más las "barcas" y los "encuentros". De a poco fueron organizándose mejor y buscando la forma de tener más tiempo para servir a Dios, así Eduardo solo siguió con un noticiero a la mañana y otro a la noche; convenció a Lorena de dejar su trabajo en la revista y dieron más tiempo a estar con sus hijos, hacer cosas en la casa y estaban más tiempo en la iglesia, los dos pasaban noche y día sirviendo en la iglesia. Y si bien Eduardo siempre fue talentoso y capaz, esta versión de ahora mostraba a un Eduardo transformado y lleno del Espíritu Santo.

Galilea tenía los rieles adecuados, eficaces, y además vive en un constante avivamiento, el crecimiento suele ser notable. Las personas que se convierten pasan de inmediato a ser "soldados de Jesucristo", y ese querer servir a Dios contagia a todos y se ven señales y suceden milagros. No era solo cosa de cultos y predicaciones, era cosa de ministerios y de una dinámica de servicio y de llamado a servir. Ya los lunes comenzaban con "Avances Evangelísticos", y se salía a los barrios con ómnibus cargados de jóvenes y de líderes. Y mientras estos grupos de avanzada salían a los barrios donde ya funcionaban "barcas", en la iglesia se reunían los "Hombres Fieles" para alabar y orar. También ese culto de alabanza servía para informar de próximos proyectos. Y el entusiasmo de este programa liderado por "el Ñato" Eduardo García, los llevo a organizar "Cruzadas Evangelísticas" por todo el Ecuador. Iban de ciudad en ciudad utilizando estadios de fútbol para desde allí predicar el evangelio a multitudes. Con la fama de los predicadores, los estadios se llenaban para oír a los famosos predicando el evangelio, y por todos lados la gente se convertía.

Eduardo "el Ñato" García, a quien el apodo "el Ñato" lo hacía más conocido en todo el país, Eduardo Alcívar, dueño de una cadena de clínicas por todo el Ecuador, Eduardo González, el famoso presentador del noticiero televisivo; y con ellos también participaban, Cesar Rhon, hoy candidato a presidente del Ecuador y otros, se iban turnando para predicar y para dar sus testimonios. Eran personas conocidas, así que eso era un imán para atraer gente y para hacerlos más eficaces en la predicación. Y así iban de ciudad en ciudad, de estadio en estadio, con miles de personas escuchando el mensaje y muchos aceptando a Cristo como su Salvador.

Esas "Cruzadas Evangelísticas", no solo eran cultos a la noche en el estadio principal del pueblo o la ciudad, las actividades comenzaban a la mañana con atención médica y ayuda social. Uno de los líderes de "Hombres Fieles" era Carlos Alcívar, dueño de una cadena muy conocida de clínicas, las Clínicas Alcívar estaban por todos lados. Así que estas "Cruzadas Evangelísticas" llevaban consigo a médicos y medicinas de Clínicas Alcívar, y como para cada programa tenían un nombre, a esta parte de las cruzadas le llamaban "Brigadas Médicas". Estas "Brigadas Médicas" iban a donde los llamaran; y a los pueblos a donde iban, pasaban el día atendiendo gente; y la mayoría de esa gente, a la noche estaban en el estadio para oír la predicación del evangelio…Me cuenta Lorena, que era impresionante ver cómo se generaba todo un acontecimiento que movilizaba durante todo el día a todo el pueblo. Muchos iban por la curiosidad de conocer y ver a los famosos de cerca, y terminaban aceptando a Cristo.

Una casa de regalo

Desde hacía tiempo Lorena venía orando por una situación especial que le afligía, era debido a unos problemas que desde hacía tiempo tenía con unos vecinos que le hacían a Eduardo y a ella la vida imposible, así que Lorena pensó que la mejor solución era el que esos vecinos se mudaran. Ellos habían hecho todo lo posible por mejorar la situación, siendo amables con sus vecinos, pero la situación no mejoraba; a Lorena se le ocurrió pensar que quizás lo mejor era orar y pedirle a Dios que hiciera algo y "se llevara a esos vecinos, les diera otra casa en otro lugar apartados de ellos", y así oraba cada día, pero ¡oh sorpresa! ¡Dios le contestó la oración, pero de una mejor manera! Dios contestó de una forma que no se imaginaban.

Todos los jueves Eduardo y Lorena iban a una "Barca" que ellos lideraban en la casa de los Tómala. Fue un jueves normal con Fausto y Violeta reuniendo a vecinos y conocidos que iban invitando a su casa para participar de la "Barca" que allí tenían, era un lindo grupo de gente que participaban cada jueves en el estudio bíblico que Eduardo traía, oraban y compartían un tiempo juntos. Cuando Eduardo terminó su prédica, entregó la reunión a Fausto, y Fausto muy solemnemente dijo: "Gracias Eduardo, gracias Lorenita (y en forma de testimonio compartió en su estilo humilde), hemos estado orando en familia y con mi esposa Violeta, hemos sentido de parte de Dios, ¡darles esta casa a Eduardo y Lorena!".

La casa de Fausto y Violeta no era una casa cualquiera, era una enorme casa en una linda zona de Guayaquil, que tenía todas las comodidades para albergar a familias numerosas. Estaba construida en diferentes niveles, y en una de sus terrazas tenía una piscina. Constaba, además, con garaje propio, cuarto de servicio y estaba amueblada con muy buen gusto y comodidad. Dios los había prosperado de tal manera a Fausto y Violeta, que ellos se estaban construyendo una nueva casa en un barrio distinguido de Guayaquil. Ellos bien podrían haber vendido esa casa, pero generosos como son y obedientes a la voz de Dios, sintieron de Dios, ¡el dársela a Eduardo y Lorena! Algo que no es muy común de ver.

El general que se iba a suicidar

Un lunes estaba Eduardo predicando en la reunión de "Hombres Fieles", y al terminar la reunión se le acercó un señor a contarle lo que esa noche le había sucedido. Resultó que este hombre era un general del Ejército que había escuchado que "Galilea" era la iglesia donde Eduardo González predicaba, y justo ese lunes, este General pasó frente a la Iglesia Galilea y recordó que esa era la iglesia donde Eduardo González tenía un "movimiento" (así le llamaba él a eso de predicar el evangelio). Así que cuando pudo presentarse y conversar con Eduardo, le dijo: "Hoy pasé por acá de pura casualidad y vi que esta era la Iglesia Galilea, la iglesia que había sentido cosas muy buenas, tanto de la iglesia como de usted". Hizo una pausa para contener la compostura y siguiendo su relato, le dijo: "Pase por acá porque iba camino a suicidarme, así que paré y entré y Dios me habló por medio de usted, pase al altar y Dios no solo me perdonó, ¡sino que cambio mi vida!". Aparentemente, el general estaba teniendo problemas internos que ponían en peligro su carrera y su vida. De inmediato este militar, se convirtió y comenzó a servir de una forma extraordinaria. No solo se salvó de cometer un ERROR mayúsculo como es el suicidio, sino que salvó su carrera y se entregó de lleno al servicio de Dios. Y por dondequiera que anduviera él iba diciendo a todos que: "con Eduardo González él había aceptado a Cristo y Dios había salvado su vida, ya que ese día se iba a suicidar!".

Rodrigo Cabrera y su "encuentro"

Rodrigo Cabrera era un joven compañero de Eduardo de TC Televisión al cual Eduardo invitó personalmente a ir y participar de uno de los "Encuentros" que realizaba la Iglesia Galilea, y él nos cuenta lo que le pasó en ese "Encuentro":

"Me acuerdo muy bien de ese 'Encuentro', porque justo se realizaba dentro de lo que era la fecha de mi cumpleaños; yo sabía que Eduardo cumplía un 21 de septiembre, ya que el mío es el 22 del mismo mes, así que eso se nos hacía que no nos olvidáramos de cuando cada uno cumplía año. Les comento que me habían invitado a un 'Encuentro' de la Iglesia Galilea, y justo Eduardo estaba como mi guía; para ese día de mi cumpleaños unos amigos me habían preparado una fiesta, y eso me creó una situación de no poder hacer ambas cosas, así que sin avisar nada a nadie, hice todo lo posible para no ir al 'Encuentro' y posponerlo para ir a un siguiente; dentro de mí pensaba que esa decisión a nadie le iba a importar. El día de la salida para el 'Encuentro' salí tarde de mi casa a propósito, tomé un colectivo (ómnibus) de esos que van bien lentos, y todo eso para tener una excusa o motivo de 'perderme el encuentro'. Yo sabía que el 'Encuentro' tenía una hora de salida y mi objetivo era llegar tarde y que me hubieran dejado. De pronto sonó mi celular, era Eduardo González; yo no sabía quién ni cómo le habían dado mi número, ¡pero ahí estaba él llamándome! '¿Dónde estás?', me dijo. Yo le dije que estaba lejos, que no me esperaran. Pero él entonces me preguntó: '¿Por dónde andas?—y agregó—: ¡Te voy a buscar o te espero, pero me voy contigo!'. A mí no me quedó otra que bajarme del carro, tomarme un taxi; y aunque llegué bien tarde, ¡allí estaba Eduardo esperándome! ¡Ese fue mi mejor 'Encuentro' y todo gracias a él!".

Primera Alerta Roja en la Salud de Eduardo

Lorena estaba en un "Encuentro de mujeres", en uno de esos lugares apartados de todo, en los cuales generalmente se desarrollaban estos llamados "Encuentros", y en una de esas noches, Eduardo la llamó y así conversando con ella, le dijo que se sentía raro. "¿Qué será papito, será que estarás medio engripado?", le dijo ella sin darle mayor importancia; le aconsejó tomar ciertas medicinas y tratar de descansar. Oraron por teléfono y Lorena trató de calmarlo y animarlo a cuidarse, "Posiblemente mañana te sientas mejor, ¡debe ser algo pasajero!", le dijo. La madre de Lorena cuando Lorena tenía "Encuentros", se quedaba en la casa de Eduardo, y cuidaba de los niños y ayudaba en la casa. Lorena llamó a su madre y le pidió que le diera ciertas medicinas para la gripe. La cosa fue que Eduardo siguió sintiéndose mal, y tenía ahogos y dificultad para respirar; decidió llamar a Neyo, y Neyo le mandó a una persona para que lo llevara a la clínica. Apenas el doctor lo vio, les aviso que "Eduardo estaba teniendo un infarto masivo". Como era un infarto fuerte, llamaron a Lorena al "Encuentro"; la llamaron alrededor de las siete de la mañana y justo ella estaba teniendo la primera charla del día, y mientras ella presentaba su charla, veía cómo las demás "guías" estaban amontonadas entre ellas y como nerviosas para que Lorena terminara. Cuando Lorena terminó, enseguida le avisaron que tenía que regresar de apuro a Guayaquil porque Eduardo estaba teniendo problemas de salud.

El problema con esos "Encuentros" era que, al hacerlos en lugares apartados, estaban prácticamente alejados de cualquier servicio público, y hasta para ir a esos retiros, los participantes eran transportados desde la iglesia en ómnibus especiales que los llevaban hasta el lugar del "Encuentro" y se volvía a Guayaquil y recién regresaba el día que el "Encuentro" finalizaba y volvía a transportarlos hasta la iglesia. Así que Lorena tuvo que regresar a Guayaquil en un ómnibus de ruta, a ella ese viaje desde el lugar del retiro, se le hizo eterno. Oró todo el camino casi sin cesar, y aunque confiaba en Dios, le parecía que nunca iba a llegar.

Había acordado con unos hermanos de la iglesia, que la estarían esperando en un lugar de la carretera de forma que la pudieran llevar de inmediato a la clínica donde estaba Eduardo. Ella entró corriendo al hospital y ya cuando se vieron con Eduardo, fue un alivio verlo con vida. Se saludaron con ese tipo de saludo que trata de evitar desbordes emocionales. "¿Qué pasó Papito?", le preguntó ella, y enseguida le dijo: "¡Todo va a estar bien! ¡Estoy listo! ¡Si me tengo que ir hoy, estoy listo!", le dijo Eduardo. Parecía como que él se estaba despidiendo y dentro de todo se veía tranquilo y confiado. "Te he amado, he servido al Señor con todo mi corazón. ¡Estoy listo!", le agregó él. Ella le sonrió y tomándole de la mano le dijo: "Papi yo he venido orando en el ómnibus desde el "Encuentro" y Dios me dijo que todavía no es tu tiempo, y me dijo que esto que te ha pasado es para bien", le agregó.

Cuando Lorena habló con los doctores y ellos le mostraron las radiografías, una tercera parte de su corazón estaba necrosado a causa del impacto tan fuerte que había tenido su corazón. ¡El infarto fue fulminante!, le explicaron los doctores, pero le aseguraron de que se iba a recuperar bien. Y así se fue dando. Eduardo se fue recuperando; ¡lo pasaron a una habitación y le recomendaron que parara el estrés! ¡Y para que se recuperara bien, le aconsejaron a Lorena que se lo llevara a alguna playa alejado de todo!

Esa experiencia vino como otra de las extensiones que Dios le estaba dando siempre a su vida. Así que se fueron a su nueva casa en la playa, una que justo habían comprado con parte del dinero por vender su casa en Samanes. Para los dos fue un tiempo bien lindo, conversaron mucho, afirmaron aún más su relación, y resultó que allí en esos días de playa, descanso y recuperación, Lorena quedó embarazada de Elías. Así que cuando regresaron a Guayaquil y los entrevistaron en programas periodísticos y de farándula, en medio de la recuperación de Eduardo, le hacían bromas con el nombre del bebé, ¡y les sugerían que deberían llamarlo "Infartito"! ¡Pero el niño se llamó Elías! Y fue lindo para mí el poder visitarlos y pasear en brazos a Elías para que se durmiera.

Iglesia Galilea Palmar

Dios cuando quiere algo nos lo va mostrando y nos va hablando de diferentes maneras, hasta que ya no nos quedan dudas; así lo hizo en el Antiguo Testamento con diferentes profetas. Y así lo hizo también con Fausto Tómala.

Un día en el que Lorena y Violeta estaban en otro "Encuentro de Mujeres", Dios se le apareció a Fausto estando él recostado en una hamaca tomando siesta en su casa a la sombra, y le dijo claramente: "Quiero que vayas y prediques en Palmar". Fue tan clara la orden de Dios, que Fausto se levantó de la hamaca y llamó por teléfono a su esposa Violeta y le contó lo que Dios le había dicho.

A veces Dios nos habla en sueños, otras veces lo hace con pensamientos que va poniendo en nuestro corazón, pero sí, Dios habla; y además de "hablarnos" va comprobando su llamado con señales y cosas que van sucediendo. Para Fausto, que más bien trató de presentarle objeciones a Dios, él se puso en contacto con alguien conocido en Palmar, y lo usó como una "prueba" para sacarse la duda de que lo que le pasó era verdaderamente la voz de Dios. Él conocía bien Palmar y sabía que era un pueblo muy católico, así que este hombre al cual llamó era el católico más católico de Palmar, y a él que era el católico más respetado del pueblo, Fausto le contó de su intención de ir a comenzar una iglesia evangélica, y, oh, sorpresa que se llevó Fausto cuando este mismo hombre le contestó: "Venga nomás que yo mismo le abro mi casa para que usted nos predique acá". Con esa respuesta de este católico influyente en Palmar, las dudas y objeciones de Fausto se terminaron. En cierta manera a Fausto le había ocurrido como a Jonás y cuando Dios le habló para que predicara en Palmar, Fasto pensó: "Dios me manda a Palmar, y como son tan católicos, ¡nadie me va a querer escuchar!".

Este amigo católico de Fausto no solo le abrió la casa para que empezara Fausto una "Barca" allí, sino que él mismo invitó a sus amigos, familiares y vecinos, y cuando Fausto recorrió esos cien kilómetros para ir de Guayaquil a Palmar, había 30 personas esperándolo en la casa de este amigo católico. Muchos de ellos se convirtieron y allí comenzó la Iglesia Galilea Palmar. A la semana Fausto y Violeta comenzaron una "Barca" en la casa de este católico y al poco tiempo esos 30 de la primera vez, pasaron a ser cien.

Ya Fausto les había dicho a Eduardo y Lorena: "¡Dios nos está llamando a evangelizar y empezar una iglesia en Palmar, y queremos que ustedes nos ayuden!". Eduardo sujeto a la dirección de Neyo como pastor principal de Galilea, pensó que no le iba a poner inconvenientes, ya que uno de los propósitos evangelísticos de Galilea, era el de formar y organizar "Iglesias Hijas". Así que Eduardo y Lorena hablaron con el Pastor Neyo Pin, y él les dijo: "¡Vayan!; ustedes son enviados por Dios a abrir una iglesia hija allí".

Rumbo a Palmar

Bordeando el océano Pacífico, toda la costa ecuatoriana es hermosa; tiene sus sofisticadas ciudades, como el caso de Salinas y otros lugares, y conserva también pueblos y construcciones antiguas y precarias con muchos pueblos de pescadores, industrias de la sal y de los derivados de la pesca, tienditas turísticas con artesanías típicas del Ecuador, restaurantes y posadas como para todos los gustos y capacidad económica. La viboreante carretera, sube y baja por selváticas montañas de un intenso color verde contrastando con el color esmeralda espumoso del Pacífico. Mucha arena, mucha gente caminando, y al pasar por zonas pobladas abundan los retenes que impiden al tráfico andar a una velocidad peligrosa. Palmar es un pueblito más de pescadores y de gente que vive del mar. Un poco más adelante, esta "Cañitas", un balneario que ha sido escogido por jóvenes y no tan jóvenes, que quieren vivir en un área más liberal, un balneario tipo hippie con mucha población estadounidense y europea viviendo en chozas típicas. Cañitas es también un centro turístico con ferias callejeras con artesanías y restaurantes sencillos. Es un lugar especial para surfistas, pero es también un balneario tranquilo y muy lindo.

Entusiasmados por esta visión de Fausto de comenzar una iglesia en su pueblo, Eduardo y Lorena salieron un día en su carrito a investigar y espiar a Palmar. Y ya llegando a Palmar con la idea de que era un pueblito pequeño y con una sola calle principal, cuando tomaron por esa calle, vieron con asombro que el pueblo se extendía por todos lados y todas partes había gente y más gente. Cruzaron todo Palmar y dieron unas vueltas por allí, y subiendo a una montaña junto al mar, tuvieron una visión de todo Palmar. Estacionados en su auto, recorrieron con su mirada a "la tierra prometida", ¡y entonces oraron pidiéndole a Dios su dirección y Dios les mostró que los quería allí!

Bajando de la montaña fueron hasta donde Fausto y Violeta ya tenían un lugar propio, y ya con Fausto y Violeta había un centenar de personas. Como pueblo pesquero y con el origen pesquero del propio Fausto que, comenzando desde limpiar barcos a tener su propia empresa y flota de barcos pesqueros, había una sintonía especial entre Fausto y la gran mayoría del pueblo que de una forma u otra vivían de la pesca. Así que la multiplicación fue como "la pesca milagrosa" de los días de Jesús. El mismo pueblo de Palmar se benefició con trabajo o vendiéndole sus pescas a Fausto. Mejoraron las viviendas y hubo mejoras que la propia ciudad pudo hacer. Lorena nos dice: "La iglesia empezó a crecer y crecer de una forma maravillosa. Se empezó a llenar y llenar; y el Señor iba añadiendo cada día a los que iban a ser salvos". ¡Ya desde ese día que fueron a "espiar" y oraron por la dirección de Dios, no tuvieron duda alguna de que ese era el lugar donde Dios los quería!

Con la habilidad innata que Fausto Tómala tenía para los negocios, y con su determinación de servir a Dios y obedecerle en lo que fuera, consiguió una propiedad grande en la calle principal de Palmar a pocas cuadras de la playa, y allí comenzó la Iglesia Galilea Palmar, hija de la Iglesia Galilea Guayaquil y parte de la Iglesia Alianza Cristiana y Misionera del Ecuador. Al principio la entrada y fachada era típicamente un centro comercial, y la iglesia funcionaba al fondo, pero cuando Fausto vio cómo la iglesia crecía y crecía, tomó la determinación de derrumbar esas paredes del frente que todavía tenían la apariencia de un centro comercial, y reconstruyó la fachada ampliando la entrada y haciéndola una entrada de iglesia bien al estilo de lo que él tenía en su corazón desde el momento que adquirió esa propiedad. Y ya cuando el sueño se hizo realidad, la Iglesia Galilea Palmar fue el edificio más hermoso de todo el pueblo y venían personas de pueblos vecinos. Venían por curiosidad y ya después se quedaban; además, el ir a la iglesia de una "estrella de la televisión", hablar con él, saludarlo, bromear, etc., eran cosas que no tenían precio y era lo más natural contárselo a otros, y al contarlo, más gente venía a certificar que era así.

¡Para cuando Fausto demolió esas paredes del ex centro comercial, se iba a la iglesia y la iglesia se veía! Antes se veían los locales de un Centro comercial, y había que entrar por un costado para llegar a donde funcionaba la iglesia. Y ya para el primer domingo que Lorena y Eduardo comenzaron a ir a Palmar oficialmente como pastores junto a Fausto y Violeta, salieron y caminaron por Palmar;

para la gente del pueblo ver al famoso de la televisión, el que ellos veían día tras día traer las noticias, fue todo un acontecimiento que abrió aún más las puertas de la iglesia y atrajo a mucha gente que venía por la curiosidad de ver al famoso y terminaban convirtiéndose al oírlo predicar de una forma tan vehemente y profunda.

Violeta y Lorena los miércoles de tarde iban hasta Palmar y tenían un culto donde enseñaban el "Plan Ruta" que era un estudio básico de doctrina cristiana con temas como salvación, bautismo, y otras doctrinas bíblicas de la iglesia. Eran siete "rutas" o lecciones, que tenían el cometido de encaminar a los nuevos creyentes, y estas "rutas" era una prueba más de la sabia y completa dirección que la Iglesia Galilea tenía, eran lecciones bien planificadas y efectivas. Lorena nos cuenta más de esos comienzos en la Iglesia Galilea Palmar:

"¡Palmar tuvo tiempos muy hermosos! La iglesia se llenaba de una manera impresionante; teníamos eventos especiales, evangelistas y predicadores invitados; teníamos vigilias, comenzamos con "ANZA", que hizo que prácticamente todos los niños de Palmar llenaran la iglesia, teníamos hasta 300 niños. ¡Y el número de miembros que la iglesia llegó a tener fue de unos mil quinientos! Palmar fue sacudida por esa presencia de Dios en la Iglesia Galilea Palmar, y aun los que no venían a la iglesia, ¡sabían que algo estaba pasando allí! La iglesia era una fiesta continua y desbordante. Cuando los grupos de gente de Palmar que iban a los "Encuentros" regresaban, se hacían reuniones de alabanza con fuegos artificiales en la playa, y aquello era toda una novedad y una fiesta para todo Palmar. Buses llegando, fuegos artificiales y gente desbordada de felicidad, hicieron que la iglesia creciera aún más. La Iglesia Galilea Palmar no era solo en el templo, eran las calles, las casas que se abrían, los cultos de bautismos en la playa.

Tuve la bendición de estar varias veces en la hermosa Iglesia Galilea Palmar y en Palmar; me gustaba caminar por la playa cercana y ver a los pescadores haciendo su tarea rodeados de gaviotas y tendiendo gente que venían en busca de pescados. ¡Yo no era famoso y podía caminar tranquilo mirando toda la belleza de Palmar, y caminando por los negocios que la propia iglesia les daba la oportunidad de tener en las cuadras alrededor del templo, pude ver con mis ojos, todo lo que sucedía alrededor y no solo en la iglesia!

Fausto Tomalá junto a Eduardo

Lorena predicando en Palmar.

Eduardo asistiendo a la Iglesia Palmar después de su ataque cerebral.

Pastor Fausto Tomala visionario y fundador de la Iglesia Galilea Palmar.

❦

CAPÍTULO DIECISIETE

CAMBIOS Y MÁS CAMBIOS

Eduardo y Lorena pastoreaban dos iglesias a la vez y a más de cien kilómetros de distancia. Viajaban, iban y venían; a veces Eduardo predicaba a la mañana en Galilea Palmar y a la noche lo hacía en Galilea Guayaquil. Además, como director regional de la Costa, siempre andaba visitando a las iglesias y pastores de su región. A mí de solo pensar y ver todo lo que hacía, ya me agotaba.

"Cuando ya estábamos en Palmar, logramos vender la casa en Samales que todavía la estábamos pagando, y con ese dinero, compramos una en la Playa Sarambua, y eso nos permitió tener una casa en la playa para descanso y disfrutar, y a la vez estábamos a solo unos quince minutos de la Iglesia en Palmar y más cercanos a todo lo que era la Región Costa que estaba bajo la responsabilidad de Eduardo", según me contó Lorena.

Eduardo no solo llevaba una vida ajetreada por todas las tareas televisivas y de la iglesia, sino que también siempre estaba trayendo familia. Su hijo Esteban ya vivía o pasaba grandes periodos viviendo con él, mi hijo David también vivió con ellos mientras practicaba en equipos ecuatorianos de fútbol; pero además Eduardo traía de visita a sus otros hijos del matrimonio con Beverly, traía a mi madre y a veces aparecía yo de visita.

Para aliviarse de tantas responsabilidades y trabajo, él fue poco a poco dejando tareas en el canal; dejó programas como "Ocurrió Así" que había sido muy exitoso, dejó programas internacionales que grababan yendo a puntos neurálgicos del mundo y programas como "En los pasos de Jesús", que fue un recorrido mostrando todos los lugares por donde Jesús anduvo por Israel. Pero, aun así, él seguía demasiado ocupado, Y en sus tareas en la iglesia, tuvo que tomar la difícil decisión de escoger entre las dos "Galileas", la Galilea de Guayaquil con el Pastor Neyo que había hecho tanto por él, y la Galilea Palmar. Eligió seguir en Palmar y renunció también a su cargo como director regional para la Costa. Lo más difícil fue dejar Galilea Guayaquil. Y me imagino que tiene que haber sido difícil también para Neyo que tanto hizo preparando a Eduardo. Sé de lo difícil que es ver a posibles discípulos, irlos preparando de a poco con sacrificio y constancia, y de repente Dios los manda a otro lugar; lo sé porque a mí me pasó. Eduardo y Lorena hablaron con Neyo, y esa relación de amistad y amor, nunca se rompió, aunque Eduardo escogió seguir en Palmar. Cada tanto Neyo invitaba a predicar a Eduardo en Galilea Guayaquil, y Eduardo lo hacía con gusto. Eduardo siempre supo que en esa restauración que tuvo en su vida, se lo debía en gran parte a lo que Neyo hizo por él. Los hijos de Eduardo y Lorena siguieron en Galilea Guayaquil, y también los hijos que venían de Uruguay y mi hijo David.

Renuncia al noticiero

La prioridad de Eduardo para ese entonces era ya totalmente hacia la predicación y el ministerio; además por una situación política ya no era para él tan placentero hacer ese trabajo que lo había llevado hasta a ser elegido el noticiero número uno de todo Guayaquil. Como forma de controlar las informaciones que brindaban los medios, el gobierno decidió pones una especie de control, y para eso designó a diferentes personas en cada medio y canal, para que antes de informar al público, las noticias que iban a dar, se le presentaran de forma escrita a ese interventor y él analizaba lo que se podía decir y lo que no. Eduardo era apolítico, pero medidas como esa lo afectaban profundamente. ¡Y así un día conversando con Lorena, Eduardo le dijo su intención de renunciar al canal! "¿Estás seguro papito?", le preguntó Lorena sorprendida, y le recordó la forma maravillosa en la que Dios lo había usado en la televisión. Pero igual Eduardo renunció. ¡Ese tipo absurdo de control no iba con Eduardo, y eso también lo llevó a tomar la decisión de dejar el informativo!

Esa decisión de dejar el noticiero, sí fue un gran cambio para Eduardo, pero le daba más tiempo para servir a Dios. Con el grupo de "Hombres Fieles" iban pueblo por pueblo haciendo "cruzadas evangelísticas" en estadios, iglesias y donde fuera. De viernes a domingo el trabajo era constante, y Lorena y la familia lo acompañaban. A veces hasta después de los cultos en Palmar de la mañana, iban a algún otro pueblo donde se estaban realizando la "Cruzada evangelística". Predicar el evangelio, era su locura, así que, si dejaba de hacer algo, enseguida lo reemplazaba con alguna actividad evangelística o de la iglesia. Quieto no se quedaba, y estaba siempre superactivo.

Otra luz roja de su salud

Y en medio de todo ese trajinar, Eduardo tuvo otra "alerta roja", otra señal de peligro. Sucedió en una mañana típica y normal de ellos; Eduardo llevaba a los niños al colegio mientras Lorena preparaba el desayuno para ellos, y desayunaban juntos antes de que Eduardo se fuera a la radio a hacer un programa periodístico con amigos, en el cual comentaban cada mañana de una forma conversacional las noticias más importantes del día.

Eduardo llevó sin problemas a los niños al colegio, pero ya volviendo, de pronto no supo dónde estaba. Así que llamó a Lorena y le dijo: "Lore, no sé qué me pasa, pero no sé dónde estoy". "¿Ya dejaste a los chicos?", le preguntó Lorena. "Sí, ya los deje y sé que estoy volviendo a casa, pero, no sé dónde estoy", le respondió Eduardo todo confundido. "Papito, párate donde estés, ¡y yo voy a buscarte!", le dijo Lorena dándose cuenta de que algo raro estaba sucediendo. Eduardo sabía mejor que nadie el camino que hacía todos los días llevando a los chicos al colegio. Eduardo no aceptó la sugerencia de Lorena, y le respondió: "No, no quiero parar, no me gusta sentirme como me siento, ¡necesito saber dónde estoy!". Él siguió manejando sin saber a ciencia cierta dónde estaba. Lorena trató de detenerlo y pensó en avisarle a su hermano taxista, para que él que andaba en la calle, tratara de encontrarlo, pero Eduardo no quería saber de nada que no fuera seguir. Así que Lorena consiguió que le fuera diciendo por dónde andaba. "¡Estoy en la papáya!", dijo Eduardo confundiendo más a Lorena, quien a pesar de todo mantenía la calma. Lorena se dio cuenta de que lo que Eduardo estaba tratando de decirle era que estaba de piyama, y le salió "papáya". Cuando Lorena vio lo grave de la situación, le insistió en que parara que ella lo iba a buscar. "No, no, ¡ya llego!", le decía Eduardo. "¿Puedes leer algo? Dime dónde estás", le dijo ella con el conocimiento que tenía sobre el funcionamiento del cerebro en casos así de "isquemias parciales", y ya se daba cuenta de lo que le estaba sucediendo a Eduardo.

¡La cosa fue que Eduardo llegó! Lorena además de mantenerse comunicada con Eduardo, se preocupó de hablar con el guardián de la garita que vigilaba la cuadra donde ellos vivían, y le pidió que: "le abrieran la barrera a Eduardo y se aseguraran de que llegara a la casa". También llamó a Neyo y llamó a un doctor. Comunicándose con el doctor, este le dijo que: "como estaba actuando Eduardo, parecía estar teniendo un isquemia cerebral", y le aconsejó a Lorena a que siguiera haciéndole preguntas sencillas que lo mantuvieran ocupado. Lorena entonces le fue preguntando: "¿Cómo te llamas?", "¿Cuántos hijos tienes?", "¿En qué país vives?", y él le contestaba todas las preguntas con claridad de mente, el problema era que cambiaba el uso de las letras o usaba palabras diferentes; así en vez de decir que "tenía siete hijos", decía: "Siete hijas", y debido a eso es que le había salido "papáya" en vez de "piyama". ¡Aparentemente, la gran preocupación por la cual Eduardo no se detenía a esperar a que Lorena lo fuera a buscar, era porque estaba de piyama!

Así que ya en la casa y sabiendo que iba a tener que ir al doctor, decidió darse una ducha, para luego vestirse y dejar de andar de "papáya". Lorena lo acompañó para cuidarlo y para no dejar de hablarle y hacerle preguntas que le mantuvieran la mente activa. El doctor y el pastor llegaron casi a la misma vez, y cuando Eduardo terminó de vestirse, salieron todo rumbo a la clínica. Enseguida le certificaron que estaba teniendo un derrame cerebral, así que lo pusieron en cuidados intensivos, y estuvo así por tres días; solo Lorena podía entrar a verlo, y entraba por pequeños lapsos de tiempo. Los doctores le dijeron que: Estaba bien y fuera de peligro, pero que tenían que mantenerlo adormecido para evitar el trabajo cerebral que lo tenía muy disparado. Eduardo volvió a recuperarse bien; lo pasaron a una habitación intermedia, y allí siguió su proceso de recuperación.

Para ese entonces Eduardo y Lorena habían podido comprarse un apartamento en Punta Barandua; era un apartamento cómodo en una zona balnearia muy tranquila, y de esa forma al tener un lugar en la playa, ya no tenían que andar molestando a Fausto usando su apartamento en Salinas. Además, tanto como los Tómala, también la familia de Eduardo y Lorena era una familia numerosa, y más como eran Eduardo y Lorena que siempre, además de sus hijos, muchas veces tenían también a los hijos de Eduardo y Beverly y hasta a mis hijos y mi madre. Así que ya toda la "prole" González Erazo vacacionaban en Punta Barandua. Y la compra de esa propiedad les vino bien de bien para la recuperación y el descanso necesario para Eduardo, tanto para cuando tuvo el ataque al corazón como ahora con esta isquemia cerebral.

Para cuando Eduardo superó el problema de esa isquemia cerebral, ellos ya tenían ese apartamento en Punta Barandua, y les vino muy bien para la recuperación de Eduardo. Seguía recuperándose a pesar de su ansiedad por volver a predicar. Él seguía con algún problema en el uso de frases, y sin darse cuenta, cambiaba el orden de las oraciones o las palabras, y para un predicador ese es un problema, pero él igual se salió con la suya y retornó a predicar. Lorena consultó con el doctor para saber si era necesario que hiciera algún tipo de terapia", y el doctor le dijo que apenas se le desinflamara el cerebro, iba a superar ese problema, y así fue. Igual Lorena lo seguía llevando al doctor a pesar de que Eduardo muchas veces no quería ir. Lo que Lorena nunca supo ni le dijeron, fue que, en casos de ataques cerebrales, estos suelen repetirse a los tres años. Esa isquemia fue en el 2007, y para cuando Elías tenía cinco años en el 2010, tuvo ese ataque cerebral que le afectó bastante y del cual nunca pudo recuperarse del todo.

Ana Bujulbasich se acuerda de Eduardo González

Eduardo nunca quedó muy convencido que el dejar la televisión hubiera sido una buena decisión, así que a veces lo asaltaban las añoranzas y extrañaba el mundo de la televisión, a los amigos y al rol importante que él desarrollaba. Y cuando conversando con Lorena, a veces le decía de su deseo de regresar. Lorena lo entendió, pero a la vez le expresó sus dudas de que al haber el renunciado, lo volvieran a tomar. Y era cierto, además, que los canales seguían intervenidos por orden del gobierno y no se veían posibilidades de cambio. "Sí, ¡es cierto!", dijo Eduardo, pero agregó: "¡Igual me gustaría volver!". Al final acordaron orar y dejarlo en las manos de Dios; no harían nada, solo orar. La Biblia nos dice: "Deléitate asimismo en Jehová, Y Él te concederá las peticiones de tu corazón, encomienda a Jehová tu camino, ¡espera en Él y Él hará!", (Salmos 37, 4 y 5). Justo en ese tiempo Ana Bujulbasich estaba presentando un proyecto para comenzar cada mañana con un programa que se llamaba: "En las mañanas", era una especie de revista que incluía diferentes actualidades y temas de cada día, y ella pensó en invitar a Eduardo para que él estuviera encargado de una sección titulada: "¡A la comunidad!", y que ese segmento tuviera un punto de vista que incluyera algo de la Palabra de Dios, orar y dar consejos. Y eso a Eduardo le encantó, pero quien no estaba muy de acuerdo con ese enfoque, era la productora, así que ella le decía llamándole la atención a Eduardo: "¡No hables tanto de Dios!", le recordaba que ese no era un programa cristiano; "Modera tu vocabulario, recuerda que no estás en una iglesia, estás en un programa de televisión!". Decirle eso a Eduardo, con su carácter, ¡era como tirar un cerillo encendido a un tanque de gasolina! Eduardo volvía todo afectado a la casa, y llegó a decirle a Lorena: "No sé si esto sea de Dios". Y Lorena con su sabiduría espiritual lo aconsejaba adecuadamente: "Que haya problemas no quiere decir que no sea de Dios", y le agregaba: "¡Yo creo que Dios te puso allí para honrarte y usarte!". Eduardo se calmó y decidió esperar. Y los que monitoreaban el rating en la televisión, vieron con asombro que cada vez que empezaba el segmento de Eduardo con su: "Servicio a la Comunidad", el rating de audiencia aumentaba considerablemente.

Y esta productora que al principio se oponía a la forma de Eduardo hablar, ya con el rating de audiencia, se dio cuenta de su error, y cambió totalmente con Eduardo, ya le decía: "¡Ora! ¡Habla de Dios!". La situación cambió tanto que, en vez de ser "Esto ya es Historia", ahora paso a ser "El Pastor Eduardo González". Y desde esa especie de pastoreado en el programa de Anita Bujulbasich, Eduardo fue una luz para la audiencia y para los compañeros del canal, muchos comenzaron a ir a la iglesia y a los "Encuentros".

Casi que, sin saberlo, Ana Buljubasich logró ser el nexo del retorno de Eduardo González a TC Televisión, fue la contestación a las oraciones de Eduardo y Lorena, y también fue una oportunidad para los directivos del canal que anhelaban contar con el aporte y rating que Eduardo había logrado con "El Noticiero". Acordaron una reunión con Eduardo y allí la propuesta del canal intentó también convencer a Eduardo de un retorno, aunque fuera parcial, de trabajar en "El Noticiero". Eduardo aceptó encargarse del informativo de los domingos con tal de incluir en ese acuerdo, su participación en la Revista de Ana Buljubasich: "A la Mañana".

Tan grande fue el impacto y la forma cómo Dios usó a Eduardo en el canal que hasta cambiaron una tradición con la que el canal festejaba las navidades para sus empleados. Año a año las autoridades del canal organizaban una misa, y como para entonces había tantos evangélicos en el canal, que Eduardo decidió hablar con el dueño y le dijo: "Mira, con esto de las "misas navideñas" está sucediendo que cada vez que haces una de estas misas, el grupo que va es minúsculo, y muchos optan por no ir. ¿Por qué no haces a la vez de la misa, un culto, y así el que quiera ir a las misas va a la misa, y el que quiera ir a los cultos, va a los cultos?". Y la propuesta le pareció bien al dueño del canal y decidió empezar con los cultos a la vez que las misas. Y sucedió que, hasta muchos católicos en vez de ir a la misa, preferían ir a los cultos, ya que allí se hacían programas con dramas y cánticos con la participación de sus hijos, y eso era muy atrayente.

La salud de Eduardo pasó de ser una "alerta amarilla" a "una luz roja"

"Después de un viaje a Quito, Eduardo regresó cansado", me contó Lorena, y me siguió contando: "Ya ese fin de semana habíamos hecho un maratón, predicando en varios pueblos; así que pensamos que ese cansancio posiblemente se debiera a un agotamiento por la acumulación de trabajo.

"Volviendo de esas predicaciones por los pueblos, lo llevé al aeropuerto y él se fue directo a Quito, y yo me fui a Palmar a cubrir a Eduardo y predicar en su lugar; al regreso de Palmar, fui nuevamente al aeropuerto de Guayaquil a esperar el retorno de Eduardo desde Quito; y del aeropuerto, nos fuimos directo a la Iglesia Galilea Guayaquil, ya que Eduardo tenía que predicar allí en el culto de la noche. Pero como lo sentí cansado, llamé al doctor y él vino a atenderlo, le recetó más medicamentos y le aconsejó más descanso".

Entre Eduardo y Lorena tenían una interesante y extraña sensibilidad, y muchas veces, cuando uno tenía una afección, el otro la sentía en su cuerpo y en su salud; si Eduardo andaba mal Lorena lo sentía o sucedía que ella también se enfermaba; y si la que andaba mal era Lorena, Eduardo también lo sentía en su cuerpo, aunque estuviera lejos. A veces Eduardo la llamaba desde donde estuviera y le preguntaba: "¿Mi amor, estás bien? —y le agregaba—: ¡Estoy sintiendo que no estás bien!". A Lorena le pasaba lo mismo. Y sucedió que cuando iba a ser el cumpleaños de la pastora Violeta, Lorena comenzó con una migraña bien molestosa, ella le preguntó a Eduardo: "Papito, ¿te sientes bien?", "Sí, ¿por qué?", le respondió Eduardo, y ella le dijo: "Porque hace más de dos días que ando con esta migraña y ya el dolor de cabeza es insoportable. No he tenido una migraña así por mucho tiempo".

Lorena trató de dormir para así de esa manera se le pasaba un poco el dolor constante que tenía. Eduardo se acostó junto a ella, y le dijo: "Si no te sientes bien, ¡mejor no vamos al cumpleaños de Violeta!". "¡Sí vamos!", le dijo Lorena, y a la noche fueron nomás. Pero ya de regreso a la casa, Lorena se puso peor, así que Eduardo le dijo: "Mami, duérmete que yo cuido a Elías en su cuarto, ¡y ya cuando él se duerma vuelvo contigo!". Eduardo conversó con Elías, le contó cuentos, y como Elías no se dormía, Eduardo trajo el colchón de la cama de Elías, lo puso cerca de la cama de ellos y ahí sí se durmió Elías. Eduardo entonces se acostó junto a Lorena y ahí le hablaba, y como era bromista y molestoso, le decía: "Ya te vas a morir, ¿me vas a dejar algo? ¿Qué tengo que hacer para recibir lo que me dejes?", y así jugaba con ella molestándola; y entonces más serio le dijo: "Yo no podría vivir sin ti, así que tú no te puedes morir!". "Mi amor, tengo migraña, ¡no me voy a morir!", le dijo Lorena riendo. Y como ella solía hacer, puso su cabeza sobre el pecho de él, y se durmió toda la noche.

A la mañana siguiente él la despertó diciéndole: "Lore, despiértate y hazme un café que me tengo que ir al canal, ¿cómo te sientes?", le preguntó Eduardo. La migraña había desaparecido, así que ella le dijo que se sentía perfectamente bien. Eso tranquilizó y alegró a Eduardo que aprovechó para ponerse al día con el informativo de su canal utilizando la televisión del cuarto. Lorena entró al baño a darse una ducha, y desde allí oyó que sonó el timbre de la puerta, era Juan Carlos que venía como todos los días a hacer trabajos de mejoras y mantenimiento en la casa. Desde el cuarto, Lorena sintió cómo Eduardo le abrió la puerta a Juan Carlos y le dio indicaciones sobre lo que debía hacer. Y ya cuando Lorena salió del cuarto, Eduardo estaba sentado en el sillón del living, así que Lorena le preguntó: "¿Quieres la leche? ¿Qué te hago para desayunar?". Era raro, pero Eduardo no le contestó, y hacía un movimiento extraño. Lorena se acercó y sentándose junto a él le dijo: "¡Papi, te hice una pregunta!". ¡Él la miraba como queriéndole hablar con los ojos, pero no hablaba y en sus ojos se veía desesperación! "¡Papi no juegues!—le rezongó ella agregando—: ¡Ya sabes que no me gustan esas clases de juegos!".

¡Él era así y Lorena pensó o prefería pensar que todo era un juego de Eduardo! Pero cuando lo miró mejor, vio que él estaba botando espuma por la boca. Cuando vio eso, se dio cuenta de que no era un juego y corrió por la casa llamando a Esteban, a Andy, a Erick, a Juan Carlos; enseguida ellos vinieron y Lorena dijo: "¡Hay que moverlo y llevarlo al hospital!". El problema era que Eduardo estaba muy pesado y grande como para bajarlo por la angosta escalera; a Juan

Carlos se le ocurrió sentarlo en una silla y entre todos bajarlo hasta donde Lorena ya había puesto el auto en marcha y le había abierto todas las puertas. Como pudieron, lo metieron en el auto y salieron de apuro para el hospital.

Ya en el hospital empezó el tiempo del infarto cerebrovascular, Lorena estaba junto a él en el cuarto de emergencia mientras lo atendían, y parada allí, ella escuchaba a los doctores hablar y con angustia los sentía decir: "¡Se nos está yendo!". Lo reanimaron y ya conversando entre ellos, decían: "¡Ha perdido mucho tiempo de oxígeno!". Y ya en ese momento a Lorena la sacaron del cuarto de emergencia y le pidieron que avisara que era imprescindible una medicina que en ese momento no tenían, así que Lorena comunicó esa necesidad a otra trabajadora de la salud, pero por más que buscaron, nadie en Guayaquil tenía esa medicina. Había sí en Quito, pero demoraría en llegar; igual la pidieron y cuando finalmente llegó, se la dieron, pero por la demora, no le hizo efecto alguno; cuando el cerebro pierde oxigenación hay que darle esa medicina de inmediato, y con Eduardo no sucedió así. La clínica no tenía esa medicina, otros hospitales de Guayaquil tampoco, y para cuando llegó desde Quito, ya se había perdido mucho tiempo, y esa medicina es justamente para recuperar el tiempo que un cerebro no recibe oxigenación. Así que, debido a la urgencia del caso, tuvieron que hacerlo entrar en un coma inducido, ya que la actividad cerebral era de grados mayores.

Ese tiempo del coma inducido, fue el peor tiempo para todos los que desde Uruguay, Ecuador y Estados Unidos estábamos pendientes de lo que minuto a minuto pasaba con Eduardo. Esteban tuvo la fuerza y el amor de escribir y hablar en una especie de transmisión en directo, lo que iba aconteciendo con su padre.

En coma inducido fue trasladado a una sala de cuidados intensivos y allí nadie podía verlo, ya que la atención médica era constante. Para entonces justo llegó un doctor que venía de España y él sabía de casos semejantes al de Eduardo. Ya uno de los doctores le había informado a Lorena que, "como al cerebro de Eduardo se le tapó una arteria que es justo la que lleva el oxígeno al cerebro, y debido a que el infarto había sido masivo, la falta de oxigenación iba a hacer que Eduardo muriera solo en cuestión de horas y solo cabía esperar". La cosa fue que este doctor llegado de España, sabía cómo lograr que: "la arteria vaga", que es una arteria finita que está justo detrás de la aorta, y si se lograba hacer funcionar esa "arteria vaga", entonces esa arteria podría llevar oxígeno al cerebro de forma mínima pero necesaria. Así que, por medio de un cateterismo, que fue lo que le hicieron, eso les daba una mínima esperanza de vida para Eduardo. Le hicieron ese cateterismo y Eduardo seguía peor, y cuando los doctores informaban de la situación a los familiares y allegados, ellos decían: "¡Faltan horas, solo faltan horas!—y agregaban—: Él no lo va a lograr! ¡No va a resistir!". Le cortaban partes inflamadas del cerebro y descartaban aquellas que ya estaban muertas.

Estaban en un piso de los de más arriba, y allí amontonados esperando había familiares, amigos, periodistas, cámaras, pastores, gente de la iglesia, y todos angustiados y casi en silencio. Lorena que también estaba allí, se levantó de su silla y buscando un lugar a solas, se fue al baño y allí oró a Dios, y le dijo: "Tú me tienes que decir ¿qué hacer? ¿Qué va a pasar con Eduardo? Yo nunca voy a estar preparada, pero ¿necesito saber qué vas a hacer con Eduardo, si te los vas a llevar o lo vas a dejar? ¡Yo necesito oírlo de ti para saber dónde me voy a parar!". En ese momento y de una forma bien clara, dice Lorena que Dios le dijo: "¡Te lo voy a dejar! ¡No va a morir!".

Lorena se lavó la cara y salió del baño creyendo; salió nuevamente a la sala de espera donde todos continuaban esperando algún informe de última hora. Y así rodeada de gente y de ese murmullo expectante, se le acercó un señor que ella nunca había visto antes ni lo volvió a ver después, "¿Usted es Lorenita?", le preguntó el hombre, "Sí", respondió Lorena, y el hombre le dijo: "¡El Señor me manda a decirle que Eduardo no va a morir! ¡Que solo crea!". Lorena se puso a llorar, y como justo en ese momento salieron los doctores a informar cómo seguía Eduardo, Lorena desatendió al hombre y fue a escuchar lo que los doctores decían. Ella nunca más vio a ese hombre que vino a traerle ese mensaje de Dios. Lorena afirmó su decisión de creer; era muy difícil creer en ese momento. Era bien difícil que Eduardo saliera de ese cuadro, de esa terapia intensiva, pero había una palabra y había que creer.

La lucha siguió, siguió la agonía de saber el qué iría a pasar en el próximo minuto, en la próxima hora, el próximo día. Era ya el segundo día en terapia intensiva y Lorena no se movía de allí; los demás se iban y volvían, se llevaban las cámaras y también volvían, más Lorena seguía allí. En esos ocho días en que Eduardo estuvo en el CTI, ella ni se fue a la casa ni por un momento; los muchachos venían a la mañana y le traían ropa, y a la noche, aunque le ofrecían quedarse y relevarla, ella no aceptaba. Se bañaba en el baño cercano a la sala de espera, se cambiaba de ropa, y seguía firme y expectante a todo movimiento. No quería irse por temor de que algo pasara justo en el momento en que ella no estuviera. Por segundos le permitían ver a Eduardo desde la puerta; parecía dormir todo conectado a raros aparatos y permanentemente cuidado u observado.

Los pronósticos seguían siendo poco alentadores, se había hecho todo lo posible, ahora había que esperar el milagro. En un momento Eduardo despertó y abrió los ojos, parecía no entender nada. Sin despojarse de la cautela, los doctores le informaban a Lorena "que lo estaban sacando del coma inducido y parecía estar reaccionando bien". Llegó el momento en que le permitieron acompañarlo sentada próxima a la cama. De a poco Eduardo estaba volviendo. Pareció reconocer a Lorena.

CAPÍTULO DIECIOCHO

¡EDUARDO VIVE!

¡Volver para la casa con él ya era todo un milagro! Desde hacía unos días habían llegado sus hijos desde Uruguay, dormían en la casa, pero pasaban casi todo el día en el hospital; a Estefany, la única hija, y la menor del matrimonio con Beverly, le daba temor ir al hospital a ver a su padre en ese estado, quería, pero era difícil para ella. Ahora ya con Eduardo en la casa, estaban todos los hijos juntos, se daban fuerza los unos a los otros y ya sabían que la recuperación iba a ser larga, difícil y complicada. Lorena se ocupaba de que todo estuviera bien y a la vez cuidaba y acompañaba a Eduardo. Los demás seguíamos los acontecimientos a la distancia. ¡Apenas pude solucionar algunos problemas y conseguir la autorización en mi trabajo, saqué pasajes y me fui a ver a Eduardo!

Por las noticias e información que ya me habían pasado, yo ya me iba haciendo la idea de que iba a ver a un Eduardo diferente; sabía de algunas secuelas que el último ataque cerebral le había dejado, mi gran pregunta era si él me conocería y me recordaría, también estaba curioso por ver en él ese problema con el habla que ya me habían avisado que tenía. ¡Con todo eso y mi equipaje para pasar allí unas semanas, llegué hasta su casa! Ya era raro que no fuera él quien me recogiera en el aeropuerto, tampoco me recibió en la puerta y sentí cuando le avisaban diciendo: "Llegó Daniel!". Para verlo tuve que ir hasta su cuarto, me recibió con unos sonidos de alegría que no precisaban traducción, el EEEeeehhh y su risa voluminosa llenó el dormitorio. Abrazo; alguna lágrima por parte de él; yo traté de evitar que se emocionara por temor que le pudiera hacer mal. "¡Ah, pero estás bien de bien!", le dije yo y él volvió a emitir unos sonidos mezclados con risa. Fue lindo el reencuentro y yo traté de adivinar posibles preguntas de él, y le conté sobre David, mi familia, amigos y sobre todos los que le mandaban saludos y mensajes.

Ya hablando después con Lorena ella me fue interiorizando sobre el estado de Eduardo, su prodigiosa e intacta memoria del pasado más lejano, de lo que le había pasado parecía no recordar nada y escuchaba atentamente cuando Lorena o alguien compartía detalles de los momentos cruciales por los que habían pasado. En privado, Lorena me dijo que según le había dicho el doctor: "Eduardo no era del todo consciente de su problema con el habla y que inclusive, era muy probable que él pensara que estaba hablando de forma normal". El sonido más utilizado por él era un "¡Queque queque!", que resonaba como una metralleta disparando palabras de forma repetida. Yo lo paseaba en su silla de ruedas, llevándolo por los pasillos de la casa, y cuando él quería ir por cierto lugar, solo me decía: "Que que que", y me señalaba con su mano por dónde quería ir. Cuando pasábamos por la cocina, recorría con su mirada para estar seguro de que todos los placares estuvieran correctamente bien cerrados, y si por ahí algún placar tenía la puerta abierta, su "que que que que", sonaba a enojo y recién se calmaba cuando hacía que quien había dejado esa puerta abierta la cerrara, entonces él me miraba con una sonrisa como diciéndome: "¿Viste cómo los tengo a todos bajo control?". ¡Con el "que que que" hasta discutía, menos conmigo, se enojaba con todos, y si se daba cuenta de haberse desbordado en su enojo, le daba un abrazo al que fuera, y su enojo se transformaba con una sonrisa y algún sonido cariñoso! Era el típico "Waio" de siempre. Dando vueltas por su casa y llevándolo en su silla de ruedas, yo le iba cantando viejos coritos de la iglesia, y él con una sonrisa placentera y pacífica, parecía decirme: "¡Qué lindo!".

Día a día iba progresando, venían especialistas que le ayudaban a ejercitar músculos, hacer ejercicios de movilidad; le aconsejaron utilizar la piscina que tenía en una terraza junto a su cuarto, y Juan Carlos que se daba idea para todo, le acondicionó hasta la temperatura de la piscina. Todos en la casa estaban pendientes de Eduardo, y como Eduardo estaba excedido de peso y con dificultades de movimiento, el que más lo ayudaba y podía hacerlo gracias a su disposición y su cuerpo grande y entrenado, era Esteban, él lo llevaba hasta al baño, lo ayudaba a caminar y a hacer ejercicios que le había mandado la terapeuta. Para acostarse o levantarse de la cama, Eduardo necesitaba ayuda, y ahí Esteban siempre estaba a la orden. Ahora, ya además de mis paseos llevándolo en la silla de ruedas, él también caminaba por los pasillos usando un bastón o sujetándose a Esteban.

Y salvo algún enojo pasajero, él estaba siempre de buen humor y apetito; payaseaba hasta para comer una banana y cuando todos nos reíamos, él se reía más fuerte aun. Disfrutaba de ser el centro de atención. Fue aumentando su vocabulario y payaseaba diciendo: "¡Lorena pelota!", y hacía graciosas morisquetas. Y cuando conversábamos todos en la cocina o alrededor de la mesa del comedor, era normal que se hiciera entender lo que pensaba, y entonces decía un: "¡Sííí!" bien expresivo, y si él pensaba que era "no", ahí se le hacía más fácil con la mano o la cabeza, señalar que "No".

Todo lo de Eduardo era sorprendente, si yo le hablaba de personas del barrio donde crecimos, él recordaba todo y hasta sus nombres, y se reía cuando yo contaba anécdotas sucedidas en nuestra niñez, adolescencia y juventud, se acordaba de todo y de todos. Y Lorena contaba que en las veces que tuvo que llevarlo al médico y a otros lugares, ella manejando le preguntaba por dónde agarrar y él con su mano le indicaba por dónde ir, y si por ahí, ella se equivocaba y no seguía las instrucciones él le decía: "¡Lorena pelota!", y los dos terminaban riéndose.

Yendo a la casa en la playa

Tenían para ese entonces un precioso apartamento con una vista hermosísima del mar, en el balneario Puerto Santa Lucía. Ir allí era lo que más le gustaba a Eduardo. Ya a la salida de Guayaquil, al detenernos en el peaje, como enjambre venían los vendedores al reconocer a "Eduardo González", y él saludaba a todos y se reía. Le gustaba ser famoso y ver cómo la gente lo quería. Él disfrutaba tanto de esos viajes que, al verlo feliz a él, todos disfrutábamos. Hacíamos lo que él quería; en vez de por los pasillos de su casa, en la misma silla de ruedas él me guiaba como mostrándome todo el lugar donde tenía su casa. ¡Fue hermoso que Dios le extendiera la vida y que nos permitiera disfrutar como disfrutamos! La Iglesia Galilea Palmar no quedaba muy distante de la casa de playa de Eduardo y Lorena, así que el domingo, Eduardo volvía a usar su traje, y era una bendición para toda la iglesia verlo allí sentado en la primera fila de asientos. Él saludaba a todos con sonrisas y gestos que hacían que no se necesitara de una conversación.

Otro cumpleaños feliz de Eduardo

¡Rodeado de amigos y familia celebramos el cumpleaños 60 de Eduardo! ¡Fue un cumpleaños fantástico e inolvidable! Lo fuimos preparando con tiempo y bajo la iniciativa de Lorena y la clase de adultos de la Iglesia Galilea de Guayaquil. Fuimos haciendo todo lo posible y así mi madre y hermanos pudieron venir desde Uruguay, yo hice los arreglos pertinentes y me vine desde Kansas (Estados Unidos). El día de su cumpleaños fue espectacular, y todas esas semanas que pasamos con él en familia, fueron sensacionales.

Él gracias a su esfuerzo y constancia, estaba bastante mejor; ya su vocabulario era un poco más fluido y con más palabras; pese a estar demasiado excedido de peso, se movilizaba por sí solo con la ayuda de un bastón, así que anduvimos por todos lados y ya casi todos los días. Recorrimos Guayaquil, fuimos al apartamento en Puerto Santa Lucía, paseamos un día entero llegando hasta la bella Cuenca, y a lo único que Eduardo no se animó fue a acompañarnos a ver al Emelec, pero en todo lo demás, anduvo con nosotros para todos lados y fue como nuestro guía divertido como siempre.

Paseando por el Mall del Sol, constantemente la gente lo rodeaba para saludarlo o sacarse fotos con él; ¡toda una celebridad el "Waio"! Hasta los empleados de diferentes tiendas o boutiques, salían a saludarlo y él disfrutaba de todo ese cariño y popularidad. ¡Estaba radiante de felicidad y para nada le importaban su apariencia y dificultades, él las solucionaba con abrazos, sonrisas y bromas! Cuando nos llevó al Estadio Capwell, asomados por las ventanas de las oficinas del estadio, las personas lo saludaban al reconocerlo.

¡También fuimos al Monumental del Barcelona, caminamos por el centro y por la bahía y en un restaurante cualquiera comimos el delicioso y tradicional encebollado!

Esos días en el cumpleaños de Eduardo, fue como estar en un "Campamento González"; largas charlas repletas de risas y rica comida, momentos de piscina y el paseo nuestro de cada día. Conversando un día alrededor de la mesa, Lorena entusiasmó a Eduardo con la idea de "que, si seguía mejorando, ¡el próximo paso sería ir de paseo a Uruguay!". Y eso le encantó a Eduardo, pero cuando dentro de ese entusiasmo, Lorena le insinuó que: "Hasta más adelante, podían venir a visitarme a mí a Estados Unidos!". Eduardo abrió sus ojos y boca en esos gestos típicos de él y se hizo entender que: "¡Él quería venir a visitar a Daniel!", y no hubo cómo convencerlo de que "primero a Uruguay y después a lo de Daniel", él afirmó con sus gestos que su deseo era: "Venir a visitarme a mí primero y después ir a Uruguay". ¡Era increíble cómo se hacía entender! Se hacía entender de tal forma que ni cuentas te dabas de sus problemas para hablar; ¡él se comunicaba y se hacía entender!

Un día volviendo con Lorena en su auto, ella me comentó su fe en la posibilidad de sanidad total para Eduardo, su confianza y fe eran admirables y propias de una mujer de fe. Quizás no debí decirle mi pensar sobre el asunto de la enfermedad de Eduardo, pero lo hice aun lamentando apagarle su ilusión. Recuerdo que, finalizando esa corta conversación con ella, le dije: "Yo prefiero que Dios me sorprenda sanándolo y me alegrare si lo hace, pero hoy por hoy no creo que Dios lo va a hacer!".

La hermosa fiesta de cumpleaños

Con Eduardo y su colorido sombrerito tipo penacho, sentado en un sillón del living. ¡Todos pasamos una noche fabulosa! ¡Sin duda Eduardo fue el más feliz! "¡Que viva el Santo!", repetidamente sonó el grito en la sala y los "viva" de todos los demás. Hubo risas, fotos, saludos, comida y, sobre todo, mucho compañerismo y amor. Si yo pudiera elegir cómo irme de este mundo, me gustaría irme con una fiesta así.

La despedida

Así como llegamos de a uno, así nos fuimos yendo en diferentes días. La gente en el aeropuerto enseguida reconocía a Eduardo, lo notabas en la forma cómo lo miraban y hablaban entre ellos murmurando: "Mira quién está allí, Eduardo González". Y algunos se animaban a venir a saludarlo. Un grande el Waio; él nos despidió a todos con su abrazo y su sonrisa. Todavía recuerdo muy bien cuando me tocó a mí partir. Hice todo mis trámites y ya para cuando llegó el momento de embarcar, llegó el sorpresivo anuncio que la puerta de partida no era esa por la que yo pensaba usar, sino que quedaba exactamente en el otro extremo de la terminal. Nos despedimos evitando demostrar emociones de tristeza y recuerdo caminar solo sin animarme a mirar atrás, es que iba llorando.

Pasaron los meses y los años, y a diario nos escribíamos con Eduardo, a mí me parecía verlo como lo veía cuando estuve allí, él se sentaba con su laptop en un sofá de su cuarto, y se leía cuanta publicación o saludos le mandaban, leía con atención y contestaba con el "me gusta" a quien fuera que le había mandado. Aparentemente, todo seguía bien, y hasta empecé a sonar con la posibilidad de su visita; mi idea era ir a esperarlo a Miami y me alegraba pensando en darles un tour por sitios que compartimos juntos, como San Antonio donde estudiamos y pasamos tantas horas felices. Pero en un día normal de trabajo, se me acercó mi hijo David y me dio la noticia: "¡Murió Eduardo!".

El mensaje que me envió "el Bolita Aguirre"

A veces enmudezco, están enredados los pensamientos, se limitan las manos a escribir, es como un tormento silencioso...Así pase días atrás al enterarme de que mi hermano, compadre y amigo Eduardo, partió...

Cuando mi padre amado falleció, un connotado periodista deportivo escribió sobre él, un artículo que titulaba: "El hombre que no debió morir". Esa frase se grabó para siempre en mi alma, y cuando nuestro hermano Eduardo falleció, esa frase volvió a mí.

En el deporte, con Eduardo compartimos criterios, coincidimos mucho en el fin del mismo. Personalmente, he sido un enamorado silencioso de mi profesión y del fútbol…

Eduardo que era como un hermano para mí, se leía casi todas las cosas que yo escribía, y con una sonrisa en los labios y un gesto de su cabeza, asentía mirándome; era paciente…

Rigoberto Francisco Aguirre Cirio, "El Bolita Aguirre".

El Pastor Neyo Pin Rodríguez tuvo la oración
en el 60 cumpleaños de Eduardo.

Eduardo vivió feliz, se fue feliz...¡*Es Feliz!*

Eduardo se fue bien al estilo Waio…riendo, bromeando, amando…quizás él no se daba cuenta de que estaba enfermo, que no podía hablar bien y tenía problemas de movilidad. Mas, yo creo que sí, él se daba cuenta de su situación y condición, pero a pesar de eso, él siguió siendo el mismo Eduardo alegre, juguetón y payaso… estaba agradecido a Dios por esa extensión de vida, por poder estar en familia, ir a la iglesia, y a la vez, tenía paz y sabía que lo esperaba una vida eterna. ¡Íbamos con la esperanza de fortalecerlo y resultaba que él nos fortalecía a nosotros! Su partida fue en un abrir y cerrar de ojos, se fue con un "hasta luego", se fue de la forma sorpresiva con la que solía aparecer y sorprender.

Acertadamente, Facundo Cabral ha dicho que: "La muerte es solo una mudanza a un lugar mejor", y tiene razón, porque la misma definición de la palabra "muerte" significa "separación" y no "fin". Él supo bien que "Él *había sido historia*", y ahora solo le esperaba disfrutar de la vida eterna, no nos dejó, solo se nos adelantó.

Daniel González.

SOBRE EL AUTOR

A la edad de 21 años respondió al llamado de Dios que tenía desde niño e ingresó al Instituto Bíblico Nazareno en régimen de internado. Dos años después (1972) comenzó un copastorado con otro estudiante y amigo en una pequeña iglesia en Montevideo. Fue un pastorado tan exitoso que publico varios artículos en publicaciones internacionales de la iglesia. Se graduó del Instituto Bíblico en el año 1973. Para entonces, ya había participado en un Congreso para pastores de América del Sur en Buenos Aires, Argentina. Ese mismo año fue elegido para representar a Uruguay en un Congreso Mundial de Jóvenes de la Iglesia del Nazareno en Fish, Suiza. Se casó en 1975 con Linda Armstrong (hija de misioneros a Uruguay) y tienen cinco hijos. En 1976 se mudan a San Antonio, Texas, para continuar sus estudios teológicos en el Seminario Nazareno Hispanoamericano. Junto con su hermano Eduardo (casado con la otra hija de los mismos misioneros) se graduaron obteniendo sus Licenciaturas en Teología. Viviendo ya en Kansas, cursa estudios de Misiones en el principal seminario nazareno y trabaja en las oficinas mundiales de la denominación en publicaciones internacionales. En 1980 es elegido para integrar por cinco años el Concilio Mundial de Jóvenes Nazarenos como Representante de América del Sur. Viaja por toda la región organizando el movimiento juvenil en las iglesias y distritos. Para ese entonces, ya había regresado a Uruguay y pastoreaba la iglesia principal. En 1985 es nombrado Misionero Doméstico con la tarea de organizar el funcionamiento de los distritos en Uruguay, y a la vez dicta cursos intensivos por toda América del Sur. En 1992, en La Universidad Católica de Montevideo toma curso de postgrado en Sexología.

Lightning Source UK Ltd.
Milton Keynes UK
UKHW020619270223
417720UK00011B/1799